고대한일관계사 연구

최 재 석 저

景仁文化社

서 문

　나는 그동안 고대한일관계사에 관하여 발표한 논고들을 『百濟의 大和倭와 日本化過程』, 『日本古代史研究批判』, 『統一新羅·渤海와 日本의 關係』, 『正倉院 소장품과 統一新羅』, 『古代韓日佛教關係史』, 『古代韓國과 日本列島』, 『古代韓日關係와 日本書紀』, 『(수정·증보) 일본 고대사의 진실』, 『고대한일관계사 연구 비판』 등에 수록하였다.

　본서는 지금까지 간행한 저서에 수록하지 못한 논고 8편을 모아 책으로 묶은 것이다. 여기에는 일본고대사의 시대구분, 정창원 관계 논문, 그동안 일본 학자들이 거국적으로 왜곡해 온 미마나(任那)의 정체, 백제가 일본을 경영해 온 물적 증거 등에 관한 논고가 포함되어 있다. 그리고 고대한일관계사와 한국고대사 연구의 기본문제 또는 기본시각을 다룬 논문을 함께 수록하였다.

　일본 학자들은 일본고대사 연구에서도, 고대한일관계사 연구에서도 한결같이 고대 한국은 일본의 식민지였다고 주장하고 있다. 하나의 독립국으로 유지될 수조차 없는 고대 일본의 정치 상황을 고려한다면 이들 주장의 허구성을 쉽게 폭로하고 극복할 수 있을 것이다. 이를 바탕으로 고대한일관계사를 포괄하는 한국고대사 연구가 이루어져야 할 것이다.

　뒤돌아보니, 20수년에 걸친 한국사회사 연구를 일단 끝내고 고대한일관계사 연구에 착수한 지도 금년으로 어언 20수 년이 되었다. 본서를 끝으로 본인의 한일고대사 연구는 일단 끝을 맺게 되었다. 감개가 무량하다.

　끝으로 경제성이 없는 본서를 출간해 주신 경인문화사 한정희 사장님과 편집부 여러분의 노고에 감사를 드린다.

2010년 10월 일

저자

iv

목 차

서 문

본서 게재 논고의 발표지명과 연도

제1장 「일본고대사의 시대구분과 한국: 그 서설적 탐구」『한국학논총』(국민대)
　　　33, 2010.

제2장 「古代 韓·日관계사 연구: 金鉉球와 崔在錫의 비교」『民族文化論叢』29,
　　　2004.

제3장 「日本 正倉院 소장 한약제를 통해본 統一新羅와 日本과의 관계」『民族文
　　　化研究』26, 1993.

제4장 「日本 正倉院의 染織과 그 製作國」『東國論叢』(人文社會科學篇) 33,
　　　1994.

제5장 「가야와 미마나(任那)는 동일국인가: 가야·미마나 관계 재론」『新羅史學
　　　報』3, 2005.

제6장 「6세기의 백제에 의한 大和倭 경영과 法隆寺 夢殿의 觀音像: 百濟 武寧
　　　王·聖王·威德王 三代의 大和倭 경영 재론」『韓國學報』109, 2002.

제7장 「21세기 한국고대사 연구의 기본문제: 한국고대사는 처음부터 다시 써야 한
　　　다」『韓國學報』103, 2001.

제8장 「古代 韓日관계사 연구의 기본 시각」『韓國學報』112, 2003.

제1장 일본고대사의 시대구분과 한국

1. 머리말

20여년 동안 고대한일관계에 관한 논저를 발표해 왔기 때문에[1] 이제는 일본고대사의 시대구분에 관한 논고를 집필할 수 있는 단계에 도달하지 않았나 생각한다.[2] 일본고대사에는 다행히 4개의 시대로 세분화 할 수 있는 획기적인 정치적 현상이 나타나 있으므로, 이것들에 의거하여 일본고대사를 구분할 수 있을 것이다.

첫 번째 시대는 4세기 중엽부터 664년까지의 시대로,[3] 한반도 사람들이 일본열도로 집단 이주한 시기부터 白江口전투 후 당나라 군대가 일본으로 진주한 664년까지의 시기이다. 이 시기는 백제가 일본(야마토 왜)을 경영한 시기이다. 다음은 당나라 군대가 일본에 주둔했던 시기로

---

1) 지금까지 발표한 저서(논문집)는 다음과 같다.
   최재석, 1990, 『日本古代史研究批判』, 일지사 : 1990, 『百濟의 大和倭와 日本化過程』, 일지사 : 1993, 『統一新羅·渤海와 日本의 關係』, 일지사 : 1996, 『正倉院 소장품과 統一新羅』, 일지사 : 1998, 『古代韓日佛敎關係史』, 일지사 : 2000, 『古代韓國과 日本列島』, 일지사 : 2001, 『古代韓日關係와 日本書紀』, 일지사 : 2010, 『고대한일관계사 연구 비판』, 경인문화사 : 2010, 『고대한일관계사 연구』(본서).
2) 필자는 그동안 「일본 古代美術史의 시대구분과 한국」을 발표한 바 있다(1997, 『韓國學報』 89).
3) 일본고대사의 시작 연대는 이시와타리 신이치로(石渡信一郞)의 견해를 따랐다.

당나라 군대가 진주한 664년부터 그 군대가 철수한 672년까지의 시기
이다. 셋째 시기는 당나라 군대가 일본에서 철수한 672년부터 발해의
무장군인집단이 일본에 입국한 727년까지의 시기로 주로 신라가 일본
의 정치와 문화를 지도한 시기이다. 마지막으로 727년부터 919년까지
의 시기는 신라와 발해 두 나라가 일본에 영향을 준 시대이다. 이렇게
볼 때 일본고대사는 한국과 밀접한 관계에 놓여있음을 알 수 있다.

2. 4세기 중엽부터 664년까지 시대

오랫동안 '皇國史觀'에 기초한 '야마토중심사관'(大和中心史觀) 때
문에 일본 내에서는 올바른 고대사가 연구·발표된 바 없다. 이 사정
을 이시와타리 신이치로(石渡信一郎) 씨에게 들어보기로 한다.

이시와타리 신이치로는 우선 일본고대사학계의 비판부터 시작한다.
1945년 이후 일본의 고대사 연구가 '황국사관'에서 해방되어 크게 전진한
것처럼 말하고 있으나, 실제는 1945년 이전에 비해 그다지 변하지 않았다
고 말한다. 이 정체는 일본고대사학자나 고고학자의 사관과 큰 관계가 있
는데, 1945년 이전의 황국사관에 유래하는 '야마토중심사관'이 일본고대
사 연구의 발전을 저지하였다는 것이다. '야마토중심사관'은 고대의 일본
국가 형성이 한국에서 도래한 사람들과 관계없이 행해졌으며, 야마토에
생겨난 야마토왕 정권 내지 야마토 정권은 야요이(弥生) 시대 내지 고분
시대 초부터 일본열도를 지배했다고 생각하는 사관이다. 이시와타리는
현재의 일본고대사학자나 고고학자는 이 '야먀토중심사관'에 매달려있기
때문에 세부적인 부분의 연구는 진행할 수 있지만 그 성과를 이용하여
고대 일본을 명확히 묘사할 수는 없다고 지적한다.[4] 이는 일본고대사학

---

4) 石渡信一郎, 2001, 『百濟から渡來した應神天皇』, 東京: 三一書房, 11쪽.

계 최초의 올바른 지적이라 할 수 있겠다.

일본의 고분 시대가 시작하는 것은 4세기 중엽 경이며 고분 시대 중기는 5세기 제3 사반기에, 후기는 6세기 중엽 경에 시작된다. 현대 일본인의 주류가 된 남한 사람이 가장 많이 도래한 시기는 고분 시대 중·후기이다.

전기 고분 문화는 한국의 가라(가야)지역 고분과 흡사하고, 5세기 말 이후의 고분 문화는 백제의 고분 문화와 흡사하다. 일본에서 고대국가를 건설한 세력은 고분 시대에 일본으로 건너간 남한 사람이다. 전기 고분 문화를 가져온 집단이 가라계 집단이고 5세기 말 이후의 고분 문화를 가져온 집단은 백제계 도래 집단이다. 곤다산(譽田山) 고분의 被葬者는 백제에서 도래한 사람이며 천황가의 시조이다. 즉, 곤다산 고분[應神陵]의 피장자는 5세기 후반에 건너온 백제의 왕자 昆支인데, 그는 왜국의 왕위에 취임하고 5세기 말에 백제 왕조를 수립하였다.[5]

요컨대 4세기 중엽부터는 한반도의 가라지역 사람들이, 그리고 5세기 말 이후부터는 백제 사람들이 집단적으로 일본에 이주하여 정치와 문화를 건설하였음을 알 수 있다. 일본의 고대사는 한국고대사이며 동시에 고대한일관계사라고 주장하는 본인의 견해가[6] 여기서도 증명되는 셈이다. 『日本書紀』 오진(應神) 천황조에는 백제에서 야마토왜로 집단 이주한 이주민의 기사가 여러 번 나오는데 이러한 기사는 위의 사실을 뒷받침한다고 하겠다. 『일본서기』에서 윤색된 부분을 제거하고 그 기사를 제시하면 다음과 같다.

A-1. 應神 7년 9월. 고구려 사람·백제 사람·미마나 사람·신라 사람이 함께 일본에 왔다. 韓人들이 못[池]을 팠다. 그래서 못을 한인못(韓人池)이라 이름 지었다.

A-2. 應神 14년. 이 해에 弓月君(유쓰기노키미)이 백제로부터 왔다. 궁월군

---

5) 위의 책, 13~14쪽.
6) 최재석, 2000, 『古代韓國과 日本列島』, 一志社, 머리말.

이 120고을(고호리)의 백성을 인솔하고 일본에 왔다.

A-3. 應神 14년 2월. 백제의 비단 바느질 여자가 왔다.

A-4. 應神 15년 8월 6일. 백제의 阿直伎(아지기)가 좋은 말 두필을 가지고 왔다.

A-5. 應神 16년 2월. 王仁이 典籍을 가져와서 가르쳤다.

A-6. 應神 20년 9월. 阿知使主(아지노오미) 부자가 17고을(고호리)의 백성을 거느리고 왔다.

A-7. 應神 31년 8월. 신라에서 토목기술자가 왔다.

A-8. 應神 39년 2월. 백제에서 7인의 부녀자가 왔다.

4세기 중엽부터 일본으로 이주한 가라(가야)사람들이 이주 후 한반도의 가라와 정치적인 유대관계를 유지하였는지 아닌지에 대하여는 알 길이 없다. 그러나 5세기 말부터 백제인이 집단적으로 이주한 후 본국인 백제와 밀접한 관계를 맺어 왔다. 백제 무령왕(501~522년 재위)은 513년(무령왕 13) 6월에 오경박사 段陽爾를 파견하였으며[7] 그로부터 3년 후인 516년(무령왕 16) 9월에는 오경박사 漢高安茂를 보내 3년 근무 임기를 마친 단양이와 교체케 하였다.[8]

그리고 547년, 즉 성왕 25년 4월에는 백제관리 東城子言을 파견하고 그때까지 백제에서 파견되어 근무한 德率 汶休麻那와 교체하였으며,[9] 5년 후인 554년(성왕 32)에는 오경박사, 승려, 易博士, 曆[달력]博士, 醫博士, 採藥師와 음악인 등으로 구성된 대규모의 일본 경영팀을 파견하여 이때까지 일본에서 근무하던 팀과 교체하였다.[10]

백제 성왕의 아들 위덕왕은 588년에 백제 관리 5인, 高僧 5인, 일반 승려 4인, 사찰건축공 2인, 佛塔 제조기술자 1인, 기와[瓦] 제조전문가 4인, 佛畵전문가 1인으로 구성되는 일본 불교 경영팀을 파견하였는데, 이

---

7) 繼体 7년 6월.
8) 繼体 10년 9월.
9) 欽明 8년 4월.
10) 欽明 15년 2월.

는 『일본서기』 스슌(崇峻) 1년조에 기록되어 있다.

7세기에 들어서도 백제와 일본 관계는 여전하였다. 643년(皇極 2)에는 백제왕자 豊이 백제 본토가 아닌 일본에서 꿀벌을 놓아길렀으며,[11] 660년(齊明 6) 12월 24일에는 일본천황(齊明)이 백제 무왕의 조카인 福信의 지시에 따라 쓰쿠시(筑紫)로 행차하여 백제 구원군을 보내려고 병사를 준비하였다.[12]

663년 白江口전투에서 나당연합군에 패한 뒤 백제 장군들이 백제에서 야마토왜에 이르는 해상 루트상에 있는 요지, 예를 들면 쓰시마(對馬島), 쓰쿠시(筑紫), 나카토(長門), 사누기(讚吉), 야마토(大和) 등에 백제 山城을 구축한 사실, 그리고 663년 白江口전투에 참전한 倭軍이 백제왕 豊의 군대였다는 사실, 백제왕 풍이 663년 백강구전투에 패하여 도주하자 풍의 아들 忠勝, 忠志가 풍의 군대인 왜군을 거느리고 나당연합군에 항복한 사실[13] 등은 그때까지 일본은 백제가 경영한 지역이었음을 보여주는 것이다. 이렇게 볼 때 이보다 1년 후인 664년에 당의 군대가 일본에 진출할 때까지는 일본은 백제가 경영한 영토임이 분명해지는 것이다.

501년부터 522년까지 재위한 武寧王, 523년부터 553년까지 재위한 聖王, 554년부터 597년까지 재위한 威德王은 일본 경영팀을 파견하여 그곳을 경영하였을 뿐만 아니라[14] 경영의 결과로 얻어진 성과도 여러 번 백제로 가져왔다. 위의 3왕 가운데 무령왕과 위덕왕은 각각 한 번 정도 일본에서 물품을 가져온 데 비해 성왕은 여섯 번씩이나 일본에서 군대·인부를 비롯하여 말·보리·木船·활·화살 등을 가져왔다고 『일본서기』에 기록되어 있다. 『일본서기』에서 그 내용을 제시하면 다음과 같다.

---

11) 皇極 2년.
12) 齊明 6년 12월 24일.
13) 최재석, 2001, 『古代韓日關係와 日本書紀』, 一志社, 215쪽 참조.
14) 최재석, 2002, 「6세기의 백제에 의한 大和倭 경영과 法隆寺 夢殿의 觀音像」 『韓國學報』 109(본서 제6장 수록).

B-1. 512년(무령왕 12; 繼體 6) 4월 6일. 倭人 호즈미노 오시야마(穗積押山)로 하여금 말 40필을 보냈다.

B-2. 546년(성왕 24; 欽明 7) 정월 3일. 일본 경영에 참여한 백제관리 奈率 己連 등이 良馬 70여필, 배 10척을 가지고 귀국하였다.

B-3. 548년(성왕 26; 欽明 9) 10월. 370인을 백제에 파견하여 得爾辛에 城을 축조하는 것을 도왔다.

B-4. 550년(성왕 28; 欽明 11) 2월. 백제에 使人을 보내 활 30구(1구 = 50개)를 바쳤다.

B-5. 551년(성왕 29; 欽明 12) 3월. 일본이 보리 종자 1,000석을 백제왕에게 바쳤다.

B-6. 553년(성왕 31; 欽明 14) 6월. 일본이 우치노오미(內臣)를 보내 良馬 2필, 木船 2척, 활 50장, 화살 50구를 보냈다.

B-7. 554년(성왕 32; 欽明 15) 정월 9일. 일본 우치노오미(內臣)로 하여금 援軍 1,000명, 말 100필, 배 40척을 보냈다(성왕은 이러한 무기로 7월에 신라를 공격하였다).

B-8. 556년(위덕왕 3; 欽明 17) 정월. 백제 왕자 惠가 일본에서 귀국할 때 병기와 良馬를 많이 보냈다.

위의 기사를 표로 제시하면 <표 1>과 같다.

〈표 1〉 백제가 일본(야마토왜)에서 징집한 군대·인부와 징수한 물품

연대	물 품							
	말	선박	보리종자	활	화살	인부	군대	병기
512년(무령왕 12; 繼體 6)	40필							
546년(성왕 24; 欽明 7)	70여필	10척						
548년(성왕 26; 欽明 9)						370인		
550년(성왕 28; 欽明 11)						30구		
551년(성왕 29; 欽明 12)			1,000석					
553년(성왕 31; 欽明 14)	2필	2척		50장	50구			
554년(성왕 32; 欽明 15)	100필	40척					1,000명	
556년(위덕왕 3; 欽明 17)	많이							많이

앞에서 언급한 바와 같이 무령왕은 왕 12년(512)에 일본에서 말 40필을 가져왔으며, 위덕왕은 왕 3년(556)에 구체적인 수량을 밝히지는

않았으나 많은 양의 말과 병기를 가져왔다. 성왕은 왕 26년(548)에 370인의 인부를 일본에서 데리고 와서 성을 수축케 하였으며, 29년(551)과 32년(554)에는 각각 1,000석에 이르는 막대한 양의 보리와 무려 1,000명에 달하는 군대를 징집하여 백제로 데리고 왔다. 이 밖에 성왕 24년(546)에는 70여 필의 말과 10척의 선박을, 8년 후인 32년(554)에는 100필의 말과 40척의 선박을 징집하여 백제로 가져왔다. 28년(550)에는 30구(1,500개)의 화살, 31년(553)에는 50장의 활과 50구(2,500개)의 화살을 일본에서 가져왔다. 『삼국사기』 성왕 32년(554) 7월에 백제가 신라를 공격했다는 기사가 있다. 이보다 6개월 전인 정월 9일에 백제가 일본에서 군대를 징집하고 많은 군수물자를 징수하였으니 백제는 이러한 군대와 물자를 가지고 신라와 전쟁을 하였음을 알 수 있다.

이와 같이 6세기인 무령왕·성왕·위덕왕 시대에 백제가 통치한 일본에서 백제는 군대를 징집하고 말, 보리종자 등 여러 물자를 가져왔는데, 이로부터 100여 년이 경과한 7세기 후반에도 다음 절에서 언급하는 바와 같이 왜병(왜병은 백제왕 豊의 군대였다)을 징집하고 많은 양의 활·綿·布·가죽·볍씨 등을 가져왔다. 이것들은 백제가 일본을 경영한 결과 얻어진 것이라 할 수 있다. 6세기와 7세기를 통해 백제는 변함없이 일본에서 군대를 징집하고 각종 물자를 가져온 것이다.

3. 664년부터 672년까지의 시대

신라가 660~663년에 백제를 멸망시킨 후 고구려 공격 준비에 여념이 없는 사이에 당나라는 白江口전투 다음 해인 664년에 백제군과 왜군이 후퇴해 있는 일본에 단독으로 군대를 진격시켰다. 그 해부터 672년까지 8년 동안에 도합 6회에 걸쳐 군대를 일본에 파견한 唐은 쓰쿠시 도독부

(筑紫都督府)를 기지로 하여 일본(야마토왜)을 경영하였다. 당은 백제의
熊津에 군대와 도독부를 상주시켜 백제를 직접 경영하였으나, 일본에 대
해서는 군대를 상주시키지 않고 다만 매회 6개월 정도 군대를 파견함으
로써 일본을 경영하였다. 야마토왜(일본)의 강역이 좁고 또한 백제왕의
군대인 왜군은 663년 백강구전투에서 크게 패하여 백제왕은 도주하고 백
제 왕자인 충승·충지 등이 왜군을 거느리고 나당연합군에 항복하여 왜
군의 거의 전부가 괴멸되었으므로 당은 군대를 일본에 상주시킬 필요를
느끼지 못하였을 것이다. 군대를 상주시키지 않고도 일본 지배가 가능하
였기 때문이다.

그러나 당은 신라와의 싸움에 패하여 백제에서 철수하였고, 거의 같은
시기인 672년에 일본에서도 철수하였다. 당은 4년 뒤인 676년에는 고구
려에서도 철수하여,[15] 다시는 한반도를 넘보지 못하게 된다.

660년 義慈王의 항복이 당의 백제 진출을 가져오고 668년 평양성 함
락이 당의 고구려 진출을 가져왔듯이, 663년 白江口전투의 패전과 일본
군을 거느린 백제 왕자 충승·충지 등의 항복은 당의 일본 진출을 가져왔
음을 알 수 있다.

백제에 주둔하는 당의 총사령관이 백제 본토와 일본을 지배하고, 백제
부흥을 위하여 백강구전투에 참전한 왜군이 바로 백제왕의 군대였다는
사실만으로도, 일본이 지리적으로 백제 본토와는 떨어져 있다고 하더라
도 분명히 백제 영토였음을 알 수 있다.

660년 백제 의자왕이 항복하자 당은 그해에 웅진에 도독부를 설치하
여 백제의 옛 땅을 통치하였으며, 663년 백강구전투에서 백제왕의 군대인
왜군이 패하여 항복하자 664년 쓰쿠시에 도독부를 설치하여 672년 5월
쓰쿠시도독부가 철수될 때까지 8년간 각각 약 2,000명으로 구성되는 대

---

15) 최재석, 1999,「신라 文武大王의 對唐·對日 정책」『韓國學報』95(『古代韓國
과 日本列島』수록) 참조.

부대를 6회에 걸쳐 파견함으로써 야마토왜를 지배하였다. 이들의 일본 체류 기간은 대체로 5~6개월 정도였다. 당은 백제 주둔 총사령관으로 하여금 백제와 야마토왜를 통치하게 하였는데, 백제는 웅진도독부를, 야마토왜는 쓰쿠시도독부를 기지로 하여 양 지역을 관리하였다. 그러나 백제 주둔 총사령관이 야먀토왜를 지배하기 위하여 야마토왜에 파견한 당의 使人을『일본서기』는 식민지 사람이 종주국인 일본에 조공하러 온 것으로 표현하고 있다. 또 당의 사인들이 야마토왜에 파견될 때마다 야마토왜로부터 받아온 막대한 양의 전쟁배상물자를『일본서기』는 종주국인 야마토왜의 왕이 마치 야마토왜의 속국인 당에 '하사'한 물건인 것처럼 표현하였다. 심지어는 야마토왜에 파견된 백제 주둔 총사령관의 사인들이 왜왕이 죽었다는 소식을 듣고 상복을 입고 왜왕이 있는 곳을 향하여 세 번 절하고 哭을 하였다고 왜곡하고 있다.

일본조정이 668년 11월에 전쟁 배상물자(絹·綿·가죽·선박)를 신라에 전달하고, 또 671년 11월에는 신라왕에 진상할 물자(絹·거친 견[絁]·綿·가죽 등)를 신라 사인에 수여하였지만, 일본에는 664년부터 672년의 기간 동안 당나라 군대가 주둔하고 있었다.

한반도와 일본의 정세가 당에 불리하자, 672년에 일본에서도 철수한 것으로 보인다. 670년 7월 당의 지배하에 있던 옛 백제의 80여 城을 신라가 정복하고, 671년 6월에는 신라와의 싸움에 패하였으며 같은 해 10월에는 신라와의 해전에서 크게 패하였다. 한편 일본에서는 당의 군대가 주둔중인 671년 11월에 일본조정은 당이 아니라 신라왕에게 신라 사인을 통하여 비단, 가죽 등 고가의 물품을 대량 선물하였다. 더욱이 672년 6월에는 일본을 지배하고 있던 백제계 지배층을 축출하고 신라가 창출한 정권을 수립하기 위한 전쟁인 壬申의 전쟁이 일어났으니, 그 바로 직전인 같은 해 5월에 당은 일본에서 철수하지 않을 수 없었을 것이다.

4. 672년부터 727년까지의 시대

패전국인 백제 = 일본은 668년 패전에 의한 전쟁배상물자와 전승국인 신라에 대한 복속의 의미로 막대한 양의 물자를 지급하였고 일본을 방문한 신라 사인에 대해 극진한 대접을 하였다. 그뿐만 아니라 일본은 신라의 정치제도를 수입하였으며 왕도 이전, 불사 신축 등 중요한 정치적 개혁이 있을 때는 신라인을 초청해 놓고 그들의 인정을 받아야 했다.[16]

일본인들은 각종 사찰(호류지·도다이지)과 왕경(후지와라쿄·헤이조쿄)의 조영, 기본법인 다이호레이(大宝令)의 제정 등이 중국의 것을 수용함으로서 이루어졌다고 주장하고 있으나, 그러한 증거는 없다. 중국파견 일본대사의 비서가 물건을 구매하러 시장에 갔다고 체포되었다가 겨우 풀려나 선박으로 돌아온 예에 나타나 있는 바와 같이 중국파견 일본 사인이 중국 관헌에 의해 냉대받은 사실, 또한 일본 사인이 중국에서 얻은 지식 내지 정보 수준이 상식에도 미치지 못한 보잘것없는 것이었다는 사실[17] 등을 고려에 넣는다면 그러한 주장은 근거 없는 것임을 알 수 있다. 일본의 각종 제도와 신라와의 관계는 <표 2>에 잘 나타나 있다.

일본 왕도인 후지와라쿄(藤原京)는 일본에 있는 다른 고대 사찰, 예를 들면 호코지(法興寺), 창건 호류지(法隆寺), 시텐지(四天寺), 야마다테라(山田寺), 재건 호류지(法隆寺) 등과 마찬가지로 모두 한국자(韓國尺·高麗尺)를 사용하여 조영되었으며 헤이조쿄(平城京)도 그 原型이 후지와라쿄이니[18] 이 역시 신라의 것을 수용한 것임을 알 수 있다. 헤이조쿄에서 출토된 유물도 후지와라쿄의 것과 동일하다.

---

16) 최재석, 1993, 『統一新羅·渤海와 日本의 關係』, 一志社, 172쪽.

17) 최재석, 2000, 『古代韓國과 日本列島』, 一志社, 344~350쪽.

18) 최재석, 1998, 『古代韓日佛敎關係史』, 一志社, 203~207쪽.

〈표 2〉 일본의 사찰·왕경 조영 및 제도 제정과 신라와의 관계

일본의 사찰·왕경조영 및 제도 제정	일본파견 신라사인의 도착과 귀국년월	신라파견 일본사인의 출발과 귀국년월	중국파견 일본사인의 출발과 귀국년월
호류지(法隆寺)재건 (680~690년대)	679. 10.~680. 6.		
	680. 11.~681. 8.	681. 7.~681. 9.	
	681. 10.~682. 2.		
	683. 11.~684. 3.	684. 4.~685. 5.	
	685. 11.~686. 5.		
	687. 9.~688. 2.	687. 正.~689..正.	
	689. 4.~689. 7.		
	690. 9.~690. 12.		
	692. 11.~		
	693. 2.~	693. 3.~	
	695. 3.~	695. 9.~	
	697. 10.~698. 2.		702. 2.~704. 7.
	742. 2.~	740. 4.~740..10.	
도다이지(東大寺)	743. 3.~		
조영(743~752)	752. 윤3.~		752. 윤3.~753. 6.
후지와라쿄(藤原京) 조영(690~694)		687. 正.~689. 正.	
	689. 4.~689. 7.		
	690. 9.~690.12.		
	692. 11.~		
	693. 2.~	693. 9.~	
	700. 11.~	700. 5.~700. 10.	702. 6.~704. 7
	703. 正.~703. 5.	703. 10.~704. 8. (신라왕에 선물)	
	705. 10.~706. 正.	704. 10.~705. 5.	
		706. 11.~707. 5.	
헤이조쿄(平城京) 조영(708~710)	709. 3.~709. 6. (신라왕에 선물)	712. 10.~713. 8.	
	714. 11.~715. 3.		
		718. 5.~719. 2.	
다이호레이(大宝令) 제정(701)		693. 3.~	
	695. 3.~	695. 9.~	
	697. 10.~698. 2.	700. 5.~700. 10.	
	700. 7.~		

헤이조쿄 조영 중인 709년 3월에 일본을 방문한 신라 사인 金信福을 통하여 일본 조정은 견 20필, 미노지방산 비단 30필, 絲 200구, 면 150屯 등의 물품을 신라왕에게 증정하였는데,[19] 이 사실에 의해서도 헤이조쿄 조영의 주인공이 어느 나라 사람인가를 알 수 있다.

일본의 사찰과 왕경 조영, 기본법인 다이호레이의 제정 등은 신라와의 교섭을 무시하고서는 올바르게 이해할 수 없다. 이 문제는 일본 파견 신라 사인이나 신라파견 일본 사인의 파견 시기와 빈도에 밀접하게 관련되어 있다. 이러한 상황은 <표 2>에서도 분명히 나타나 있다. 일본의 사찰·왕경 조영과 제도 제정은 신라와 밀접한 관계가 있고 중국파견 일본 사인과는 전혀 관련이 없음이 여실히 나타나고 있다.

672년은 당의 군대가 일본에서 철수한 해인데 이 해부터 727년 발해의 무장군인단이 일본에 상륙할 때까지 55년간은 주로 통일신라가 일본의 정치를 지도한 시기이다. 일본 古來의 복제를 금지하고 신라 복제를 채택하고, 승마제와 冠位制를 제·개정하는 등 국정의 전반적인 개혁이 대부분 680년대와 690년대에 행해졌다.[20]

신라에 의한 일본의 국정개혁을 신라 사절의 일본 체류 여부와 결부시켜 본다면, 사절의 일본 체류 중에 이들의 직접 지도로 행해지는 것과 이들의 귀국 이후에 행해지는 것, 두 범주로 나눌 수 있을 것 같다. 전자의 예를 들면 681년 4월 3일의 禁式 92조, 同 4월 12일의 姓의 수여는 680년 11월 24일부터 681년 8월 20일까지 일본에 체류한 신라 대사 金若弼의 지도하에 이루어졌으며, 685년 1월 21일의 冠位制 개정은 684년 12월 6일부터 685년 3월 14일까지 일본에 체류한 신라 사인 金物儒의 지도에 의한 것임을 알 수 있다. 그리고 690년 11월 11일부터 사용한 달력(元嘉曆과 儀鳳曆)도 690년 9월 23일부터 690년 12월 3일까지 일본에 있었

---

19) 위의 책, 217쪽.
20) 최재석, 1993, 『統一新羅·渤海와 日本의 關係』, 一志社, 277쪽.

던 신라 사인 金高訓이 신라에서 가져다 준 것이다.

한편 682년 3월 28일의 백제의 복제와 日本古來服制(옛부터 내려오는 복제)의 금지, 한 달 후인 4월 23일의 신라식 머리묶음[結髮]과 乘馬制의 채택은 신라 사인이 일본에 다녀간(682년 2월 2일)지 한두 달 후에 시행된 것이다. 또, 684년 10월 1일의 8종의 姓의 제정은 684년 3월 23일 신라 사절이 일본을 다녀간 뒤 6개월 만에 실시된 것이다. 그리고 683년 3월 2일의 律令制에 의한 僧正·僧都·律師의 임명은 682년 6월에 일본에 갔으나 『일본서기』가 그 귀국일시를 밝히지 않은 신라 대사 金釋起에 의하여 행해졌을 가능성이 높다.

각각 685년 12월 19일과 686년 1월 10일에 일본천황은 여러 王卿들에게 신라식 朝服과 신라식 두루마기·바지를 1습씩 수여하여 입도록 하였는데, 이것은 일본국정 지도의 임무를 띠고 685년 11월 27일부터 686년 5월 29일까지 일본에 체류한 신라 사절 金智祥의 지시에 의한 것임을 알 수 있다. 이렇게 볼 때 그 조복과 두루마기·바지는 일본에서 만든 것이 아니라 신라에서 가져왔을 가능성도 있다고 하겠다.

689년부터 690년 사이에 여러 가지 행정개혁을 단행하였는데, 이것은 685년 11월·687년 9월·689년 4월에 일본에 간 신라 사인(김지상·김살모·김도나)과 687년 1월부터 689년 1월까지 2년 동안이나 신라에 체류하면서 신라 율령을 공부한 일본 사인 다나카노 노리마로(田中泫麻呂)의 노력의 결과로 이루어진 것임을 알 수 있다. 실제로 신라 율령과 조코겐레이(淨御原令)는 동일한 것이다.[21]

신라는 적어도 한반도를 통일한 668년부터 당과 적대관계를 가지게 되었는데, 670년부터 676년에 이르는 동안 5차에 걸친 육·해전에서 당나라에 대승을 거두었다. 이 적대관계는 그 후도 계속되어 689년 12월에는 664년부터 672년까지 당이 일본을 경영하던 시대에 들어온 것으로 보이

---

21) 위의 책, 280쪽.

는 당의 유희인 双六놀이를 일본에서 금지시켰다. 신라는 당과의 전쟁기
간(670년 10월~676년 11월) 중인 675년 2월과 676년 11월 3일에도 각각
신라 왕자 忠元과 무관들, 신라 사인 金淸平과 金好儒와 무관들을 파견
하여 일본의 국정을 지도하였다고 『일본서기』에 기록되어 있다. 이밖에
신라는 일본 국정을 지도하기 위하여 685년 11월 27일과 687년 9월 23일
에도 사인들을 일본에 파견하였다.[22] 687년에는 친히 신라왕자 金霜林이
신라 관리들을 거느리고 가서 일본 국정을 지도하였다고 『일본서기』는
기록하고 있다.

　신라 왕국의 國喪이나 헤이조쿄 조영을 통해서 신라와 일본과의 관계
를 살펴보자. 이 사정을 『쇼쿠니혼기(續日本紀)』를 통해서 알아본다.

　사료 C-1~C-6에 나타나 있는 바와 같이 703년 정월 9일 신라 사인들
이 신라 효소왕이 세상을 떠났음을 일본에 알리자 일본 조정은 그해 윤4
월 1일에 일본 전국에 대사령을 내렸으며, 그 해 10월 25일에 귀족계급의
사인을 신라에 파견하여 신라왕에게 비단 2필, 絁비단 40필을 선물하였
던 것이다. 일본 국왕이 아니라 신라 국왕이 세상을 떠났는데도 일본 천
황은 자신들의 국왕이 세상을 떠난 것처럼 전국에 대사령을 내린 사실에
당시의 신라와 일본의 관계가 여실히 나타나 있다고 하겠다. 신라의 강요
에 의했건 일본의 자의에 의했건 일본이 신라 국왕의 喪에 임하여 전국에
대사령을 내린 것은 일본이 신라를 종주국으로 의식하고 있음을 나타내
는 것이다.

　지금 『續日本紀』에서 이에 관한 기사를 제시하면 다음과 같다.

　　C-1. 703년(성덕 2; 大寶 3) 정월 9일. 신라국이 薩韓 金福護와 金韓 金孝
　　　　元을 파견하여 국왕(효소왕)의 喪을 알렸다.
　　C-2. 703년 윤4월 1일. 전국에 大赦하였다. 신라의 사절을 나니와(難波)의
　　　　어관에서 향응하였다.

---

22) 위의 책, 275·278쪽.

C-3. 703년 5월 2일. 김복호 등이 귀국하였다.

C-4. 703년 9월 22일. 從5位下의 하다 히로타리(波多廣足)를 신라파견 일본대사로 임명하였다.

C-5. 703년 10월 25일. 천황은 신라파견 하다 히로타리와 누카다노 히토타리(額田人足)에게 신라왕에게 선물할 비단 2필과 명주 40필을 수여하였다.

C-6. 704년(성덕 3; 慶雲 원) 8월 3일. 신라파견 일본대사 하다 히로타리 등이 신라에서 귀국하였다.

706년 일본은 왕도인 헤이조쿄(나라)의 조영계획을 신라에 보고하고, 그것을 인정받기 위해 일본 귀족인 從5位下 미노무라지 기요마로(美努連淨麻呂)를 신라에 파견하여 신라관리를 초청하였다. 초청을 받은 신라는 헤이조쿄 천도 1년 전인 709년 신라대사 金信福을 일본에 파견하였다. 신라로부터 새로운 왕도 조영을 승인받는 일이 얼마나 중요한 것인가는 일본이 신라대사 일행을 맞이하기 위해 쓰쿠시(筑紫)까지 해륙 양방면으로 迎接使人團을 파견한 것에도 나타나 있다. 새로운 왕도 조영의 인준에 대한 감사의 표시로 일본조정은 일본에 초청한 신라대사를 통해 신라국왕에게 견 20필·미노지방 특산비단(美濃絁) 30필·絹絲 200구·綿 150屯을 진상했다. 710년 3월 새로운 왕도 나라(奈良)로 천도한 후 일본은 다시 사인을 신라에 파견하여 감사의 표시를 하였다.[23]

710년 3월에 왕도를 후지와라쿄(藤原京)에서 헤이조쿄(平城京)로 옮겼지만, 3년간의 역사를 끝내고 고향으로 돌아가는 국민이 식량이 떨어져 노상에서 굶고 사망하는 사례가 속출하였다. 이리하여 헤이조쿄 조영의 공사는 천도 후에도 끝나지 않았으나, 712년 10월에 대체적인 정리가 되자 일본대사 미치노키미 오비도나(道君首名)를 신라에 파견하였다. 그는 약 10개월 동안 경주에 체류하게 하면서 한편으로는 聖德王에게 헤이조쿄 遷都에 대해 보고하고 713년 8월에 귀국하였다. 새로운 왕도[新都]로

---

23) 최재석, 1998, 『古代韓日佛敎關係史』, 一志社, 217쪽.

천도했다는 보고를 받은 신라는 일본의 새 왕도의 조영과 천도를 승인하기 위해 714년 11월에 金元靜 등 20여명을 일본에 파견하였다. 그러자 일본정부는 入京하는 신라사 일행을 호위하기 위하여 전국에서 기병 990기를 동원하였으며, 같은 달 15일에는 신라대사 일행을 영접하기 위해 나라에서 배로 10여 일이나 걸리는 쓰쿠시(筑紫)까지 使人을 파견하였다. 같은 해 12월 26일에는 기병 170기를 거느린 일본 관인이 새 왕도의 교외까지 나가 이들을 영접하였다. 일본정부는 새로운 수도 조영과 천도를 인정해 준 데 대한 감사의 표시로 무려 綿 5,450근과 선박 1척을 신라대사에 증정하였다.[24]

그리고 714년부터 722년까지 일본 사인의 신라파견과 이에 따른 신라 사인의 일본 파견은[25] 새로운 왕도(奈良)의 천도와 기본법 요노율령(養老律令)의 편찬 준비를 위한 목적 때문인 것으로 이해된다.

5. 727년부터 919년까지의 시대

727년 발해에서 파견된 무장사절단은 일본으로 가는 도중에 漂流하여 대사·부사를 포함하여 16인이 사망하고 8인이 살아남아 일본의 변두리 해안에 도착하였는데, 일본은 그들을 마치 종주국에서 온 사절처럼 극진히 대접하였다. 이때부터 발해와 일본의 관계는 시작된다.

조선·항해술이 유치하여 단독으로는 해외에 나갈 수 없고 신라의 협조에 의해서만 이웃나라 한국에도 갔다 올 수 있는 처지에서,[26] 일본 사람들은 바다를 건너온 발해인들을 고구려국의 고구려 사람으로 의식하며 거국적으로 후대하였다. 일본에 파견한 발해의 사절단은 모두 34회인데,

---

24) 위의 책, 219~220쪽.
25) 위의 책, 218~219쪽.
26) 최재석, 2001, 『古代韓日關係와 日本書紀』, 一志社, 87~88쪽.

이 가운데 727년 제1회부터 759년 제5회에 이르는 사이에 파견된 5회의 발해사인은 모두 무장군인으로 바다 밖으로는 나가보지 못한 일본인으로 서는 그들을 정복군대의 출현으로 의식하였을 것이다. 그러지 않고서야 표류에서 살아남은 8인의 발해인에 대하여 발해국 왕 몫과 발해 국사 몫 으로 絁·絲·綿·彩帛·綾 등 다량의 고가의 직물을 선물할 수 있었겠는가.

여기서 발해와 일본과의 관계를 한마디로 요약하면 발해에 대한 일본 의 복속이 될 것이다. 지금 이 관계를 좀 더 구체적으로 서술하면 다음과 같다.

① 발해인들이 일본 항구에 도착하면 그들은 일본천황이 항구까지 보 낸 위문사의 위문을 받고 從者가 딸린 말을 타고 일본 병사의 호위를 받 으면서 일본 왕도(나라, 후에는 교토)로 입경한다.

② 발해인들을 영접하기 위해 일본정부는 12종의 官人을 임명한다. 예를 들면 수행원, 의복 뒷바라지를 하는 관인, 음식 뒷바라지를 하는 관 인, 선언문을 받아쓰는 관인 등이 있는데 노고를 위로하는 임무를 담당한 관인만 4종이나 된다. 즉, 발해인이 항구에 도착하면 그곳까지 가서 입항 할 때까지의 노고를 위문하는 관인, 왕도 근교에 도착하면 그곳까지 마 중 가서 노고를 위문하는 관인, 일본 체류시의 노고를 위문하는 관인, 귀 국 시 왕도에서 출항지 항구까지 가서 노고를 위문하는 관인 등 4종이다.

③ 일본정부는 발해인 대표에게 일본의 상급귀족의 位階(從2位~正3 位)와 그것에 상응하는 관복을 주었다. 반면에 일본이 발해국왕에게 준 조공품을 발해 왕도까지 운반할 일단의 일본 관인에게는 발해인이 받은 위계보다는 훨씬 낮은 위계(正6位上)를 수여하였다. 일본이 발해인에게 준 선물도 일본 관리가 발해국의 왕도까지 운반해야 했다.

④ 약 190년 동안 34회에 걸쳐 평균 100여 명의 발해인이 일본으로 파견되었으며(쳐들어갔다는 표현이 적합할 것이다) 그때마다 일본 조정

은 발해국왕과 발해인 일행 전체에 그 위계에 따라 막대한 양의 선물을
해야 했다. 일본에 흉작이 들어 전국의 백성이 굶주려도 발해국왕과 발해
인에 대한 조공만은 반드시 해야 했다. 발해는 일본정부의 의사에 반하여
수많은(평균 100여명) 인원으로 구성되는 사인을 빈번히 보내어 체류 중
에는 극진한 대접을 받았고 귀국 시에는 막대한 양의 귀중한 물건(금·
은·비단 등)을 가져갔다. 이리하여 어떤 때는 가져간 綿이 10,000屯이 되
는 일도 있었다.

  ⑤ 일본은 자기들이 발해 사인에 수여한 조공품을 발해사에게 인도하
지 않고 일본왕도→출항지→발해 항구를 경유하여 발해 왕도까지 운반
하기 위해 일단의 관인과 그 책임자인 발해 파견사인[送使]을 임명하고,
그 일에 종사케 했다. 이들은 말하자면 조공품 운반단이라 할 수 있을 것
이다.

  ⑥ 발해사 대표의 위계가 아무리 하위라 해도 이들을 위해 일본천황은
일본의 귀족이나 중신과 함께 여러 번 잔치를 열어야만 했다.[27]

  ⑦ 끝도 한도 없이 계속 밀어닥치는 발해국사의 일본 방문으로 국가
재정의 빈곤이 해를 거듭할수록 더해 져 견딜 수 없을 정도까지 이르게
되자, 일본정부는 798년에 발해사가 6년에 한 번씩 올 것을 요청하게 되
었고, 824년에는 12년에 한 번씩 올 것을 간청하였다. 그러나 발해국사는
일본정부의 간청에도 불구하고 매년 또는 2~3년마다 그들이 원하는 시기
에 일본에 파견되어 막대한 양의 고가품을 가져갔다.

  이상과 같은 발해사와 일본정부 간의 관계는 발해에 대한 일본의 복
속관계 이외에 아무것도 아닐 것이다. 일본은 이와 같이 발해에 대한 복
속의 대가로 ① 당파견 일본조공사의 입당·귀국의 원조, ② 일본 승려의
입당·귀국의 원조, ③ 在唐 일본승려의 편지·학자금 전달, ④ 당에 관한

---

27) 최재석, 1993, 『統一新羅·渤海와 日本의 關係』, 一志社, 385~386쪽.

정보 확보 등의 혜택을 발해로부터 얻어 냈던 것이다.[28)]

이와 같이 발해는 727년부터 919년까지 무려 34회에 걸쳐 일본에 사인을 파견하였으며, 그때마다 막대한 양의 귀중품을 가져갔다. 이중에서 776년 12월 일본에 파견된 제9회 발해사가 일본에서 가져간 물품을 살펴보자. 발해는 발해 국왕 몫으로 견 50필·紬 50필·絹絲 200구·綿 300屯, 왕후 초상 비용으로 견 20필·紬 20필·綿 200屯, 이밖에 발해 국사가 강요하여 황금 小 100냥·수은 大 100냥·金漆 1岳·漆 1岳·椿油 1岳·수정염주 4連·檳榔扇 10本 등을 가지고 갔다.[29)]

한편 일본은 804년(신라 애장왕 5) 5월에는 사인을 신라에 보내 황금 300냥을 진상하였으며[30)] 882년(신라 헌강왕 8) 4월에 또 사신을 신라에 보내 황금 300냥과 명주 10개를 진상하였다.[31)] 9세기 말까지 일본은 신라에 당나라 파견 일본 사인이나 일본 학생의 入唐과 귀국을 도와줄 것을 청했는데, 신라는 이를 들어 주었을 뿐만 아니라, 입당 일본 사인이나 일본 유학생의 편지를 일본에 전해주고, 일본 본국에서 당나라 체류 일본 유학생에 보내는 편지나 학자금도 전달해 주었다.[32)]

나라시대(710~784)부터 헤이안(平安)시대 초기인 900년 사이에 일본은 중국에 6회의 사인을 파견한 데 비하여 신라에는 그 3.5배에 해당하는 21회의 사인을 파견하였으니[33)] 일본이 신라 문물 도입에 얼마나 열의를 보였는가를 알 수 있다. 7세기 말의 호류지(法隆寺) 재건이나 왕경인 후지와라쿄(藤原京) 조영, 그리고 기본법인 다이호레이(大宝令) 제정 시기에 일본 사인이 중국에는 파견되지 않고 빈번히 신라에 파견되었다는 사실이 상기된다(<표 2> 참조).

---

28) 위의 책, 400쪽.
29) 위의 책, 398쪽.
30) 『삼국사기』 신라본기 애장왕 5년 5월.
31) 『삼국사기』 신라본기 헌강왕 8년 4월.
32) 최재석, 1993, 『統一新羅·渤海와 日本의 關係』, 一志社, 146~148쪽.
33) 위의 책, 167쪽.

신라는 9세기 말에 짧은 기간이나마 군대를 파견하여 서부 일본을 지배한 일이 있다. 신라는 893년 5월 22일 규슈의 히젠(肥前)에 군대를 상륙시켜 히고국(肥後國)으로 진군시켰으며, 894년 4월 14일에는 신라군을 대마도에 상륙시켰으나 같은 해 10월 6일에 철수시켰다. 1년 수개월의 짧은 기간 동안이지만 신라는 히젠(肥前), 히고(肥後), 치쿠젠(筑前)을 점령한 것이다.[34]

이렇게 볼 때 9세기의 일본은 발해와 신라 두 나라의 영향 하에 있었다고 말할 수 있다. 727년 이후부터 일본은 신라와 발해 두 나라에 복속하였지만 그 양상은 차이가 있어 보인다. 발해에 대해서는 그들을 고구려를 계승한 강대국으로 의식하고 무인집단이 일본에 출현한 데 겁을 먹고 장기간 조공품을 제공한 데 비하여, 신라에 대해서는 일본의 정치를 지도한 전통과 정치 제도를 위시한 불교문화와 조선·항해술의 선진성 때문에 신라왕에게 여러 번 많은 황금을 진상하고, 신라에 복속하였다.[35]

6. 맺는말

한국과의 관계의 시각에서 보면, 일본고대사는 4세기 중엽~664년, 664~672년, 672~727년, 727~919년 등 4기로 나누어진다.

4세기 중엽부터는 한반도의 가라(가야)지역 사람들이, 그리고 5세기 말 이후부터는 백제 사람들이 집단적으로 일본에 이주하여 그곳의 문화

---

34) 최재석, 1992,「9世紀 新羅의 西部日本 進出」『韓國學報』69(『統一新羅·渤海와 日本의 關係』수록).

35) 『삼국사기』哀莊王 5년(804) ; 憲康王 8년(882).
또『삼국사기』애장왕 7년(806) 3월과 헌강왕 4년(878) 8월에 신라왕이 朝元殿에서 일본 사인을 인견하였다고 기록하고 있으니 이때도 일본은 신라왕에게 많은 황금을 진상한 것으로 생각된다.

와 정치 주인공이 되었다. 5세기 말부터 백제인이 집단적으로 이주한 일본 땅은 본국인 백제와 밀접한 관계를 맺어왔다. 기록상으로는 513년부터 일본(야마토왜)은 백제왕의 통치하에 놓이게 되는데 이러한 사정은 664년 당의 군대가 일본에 진출할 때까지 계속된다.

백강구전투 다음 해인 664년부터 672년까지 8년간은 나당연합군에 패전한 백제군과 왜군이 후퇴해 있는 일본에 당의 군대가 진주하여 이를 지배하고 당의 문화를 일본에 심기도 한다.

670년부터 676년까지 5차에 걸친 육·해전에서 당나라군대에 대승한 통일신라는 672년부터 727년까지 55년 동안에 28회의 사인을 파견하여 일본을 통치한다. 이 기간 동안 신라는 각종 사찰·왕경을 조영하였을 뿐만 아니라 기본법인 다이호레이(大宝令)도 제정하며 일본의 새로운 국가건설을 도와준다. 이리하여 신라의 국왕이 세상을 떠도 일본은 신라처럼 大赦令을 내리기에까지 이르게 된다.

727년부터는 일본은 발해와 신라의 두 나라에 복속되지만 그 양상은 차이가 난다. 선물 내지 조공품의 시각에서 보면 일본은 신라보다 발해에 훨씬 더 예속적이었다고 할 수 있다. 발해에 대하여는 고구려 영토를 회복한 나라인 동시에 배를 타고 바다를 건널 수 있는 일단의 무인집단의 출현에 겁을 먹고 919년까지 34회나 일본을 찾은 발해인에게 막대한 양의 조공을 계속하였다. 다른 한 쪽인 신라는 13회의 사인을 파견하여 일본을 지도하였다. 이 기간에는 발해인의 출현으로 신라와 일본의 관계가 그만큼 비중이 낮아졌다고 하겠다. 그리고 한 때(893~894)이기는 하나, 신라가 서부 일본을 점령하기도 하였다.

제2장 고대한일관계사 연구
-金鉉球와 崔在錫의 비교-

1. 머리말

일본 고대사학자들에 의한 고대한일관계사, 한국 고대사, 일본 고대사
에 관한 연구는 주제의 표현은 조금씩 다를지언정 내용은 대동소이하다.
대개 『삼국사기』가 조작되었다고 주장하거나 혹은 고대 한국은 일본
의 속국 내지 식민지였다고 주장하는 것이 그 내용이었다.[1] 필자가 『삼국

---

1) 최재석, 1985, 「『三國史記』初期記錄은 과연 造作된 것인가」『韓國學報』
38 : 1986, 「末松保和의 新羅上古史論批判」『韓國學報』43 : 1987, 「三品
彰英의 韓國古代社會·神話論批判」『民族文化研究』20 : 1987, 「今西 龍
의 韓國古代史論批判」『韓國學報』46 : 1988, 「末松保和의 日本上代史論
批判」『韓國學報』53 : 1988, 「池內 宏의 日本上代史論 批判」『人文論集』
33 : 1989, 「太田 亮의 日本古代史論 批判」『日本學』8·9합집 : 1989, 「津
田左右吉의 日本古代史論 批判」『民族文化研究』23 : 1990, 「黑板勝美의
日本古代史論 批判」『정신문화연구』38 : 1990, 「坂本太郎 外 3人의『日
本書紀』批判」『韓國傳統文化研究』6 : 1990, 「오늘날의 日本古代史研究
批判: 江上波夫 外 13人의 日本古代史研究를 中心으로」『韓國學報』60 :
1990, 「平野邦雄의 日本古代政治過程論 批判」『日本古代史研究批判』:
1991, 「韓國內 日本研究誌에서의 韓·日古代史 서술: 日人學者를 중심으로」
『朴成壽教授華甲紀念論叢』: 1992, 「任那歪曲史 비판: 지난 150년간의 代
表的 日本史學者들의 地名歪曲비정을 중심으로」『겨레문화』6 : 1992, 「六
國史와 日本史學者들의 論理의 虛構性」『韓國傳統文化研究』8 : 1993, 「鈴
木靖民의 統一新羅·渤海와 日本의 關係史研究批判」『정신문화연구』50 :

사기』가 조작되었다고 주장한 일련의 일본고대사학자들을 비판한 글을 발표한 해가 1985년이고 보면 필자가 고대한일관계사 연구에 종사한 지도 20년이 가까워진다(2004년 현재). 그동안 이에 관하여 발표한 논고는 7권의 논문집으로 간행되었다.[2]

한편 김현구 교수도 1985년 이후 3권의 저서를 간행한 바 있으나 대표적 저서는 1985년 것으로 생각된다.[3] 고대한일관계사에 관하여 막연하나마 金교수와 필자 사이에 견해의 차이가 있다는 것은 알고 있었으나 최근에 어떤 계기로 양자의 견해를 비교해 두지 않으면 안 되겠다는 생각을 하게 되었다. 본고는 金교수의 대표 저서에 나타난 견해와 필자의 견해를 비교한 것이다.

2. 고대한일관계사 연구의 시각

1) 崔在錫의 시각

고대한일관계사에 관한 金교수와 필자의 견해 차이를 논하기 전에 고

1993,「三品彰英의『日本書紀』研究批判:『日本書紀 朝鮮關係記事考證(上)』을 中心으로」『東方學志』77·78·79 합집 : 1996,「田村圓澄의 古代韓日佛敎關係史연구 비판」『民族文化』19 : 1996,「古代 韓日佛像관계 연구 비판: 松原三郎과 毛利久의 주장을 중심으로」『韓國學報』85 : 1999,「鈴木英夫의 古代 韓日關係史 연구비판」『百濟研究』29 : 2002,「鈴木靖民의 古代韓日關係史研究 비판」『民族文化』25 : 2003,「井上秀雄의 古代韓日 관계사 연구비판」『민족문화』26.
 2) 최재석, 1990,『백제의 大和倭와 日本化過程』: 1990,『日本古代史研究批判』; 1993,『統一新羅·渤海와 日本의 關係』: 1996,『正倉院 소장품과 統一新羅』: 1998,『古代韓日佛敎關係史』: 2000,『古代韓國과 日本列島』: 2001,『古代韓日關係와 日本書紀』.
 3) 金鉉球, 1985,『大和政權의 對外關係研究』: 1993,『任那日本府研究』; 金鉉球 外 3인, 2002,『일본서기 한국관계기사연구』(1).

대한일관계사 연구에 있어 양자의 시각을 비교해 두는 것이 필요할 것 같다. 편의상 필자의 시각을 먼저 피력하고자 한다. 필자는 무엇보다 7세기까지 일본의 정치 상황을 파악하는 것이 일본고대사 내지 한일관계사를 파악하는 데 가장 핵심이 된다는 인식에서 출발하였다.

종래 일본고대사나 고대한일관계사의 서술은 고대 일본의 정치 상황에 대한 구체적인 언급 없이 이루어져 왔는데 지금까지 고대사를 왜곡한 사람들은 거의 대부분이 이러한 태도를 취했다. 고대 일본의 정치 상황을 구체적으로 파악하는 것은 일본이 당시 고대국가로 성장하였는가, 또는 당시 일본이 한국에 건너와서 고대 한국(일부 또는 전부)을 속국 내지 식민지로 삼을 수 있었는가의 여부를 판가름할 수 있는 중요한 근거의 하나가 된다.

고대 일본의 정치 상황을 파악하기 위해서는 일본천황의 왕권 정도와 일본의 官位시행 시기, 조선·항해 수준, 강역, 일본열도의 각 지역 지명에 대한 연구가 필요하다. 663년 白江口전투에 참전한 일본군의 성격, 663년 백강구전투에 패전하여 일본으로 후퇴한 백제장군의 일본에서의 행동 등은 7세기의 한일관계를 나타낸다. 그러나 이 절에서는 끝의 두 사항에 대하여는 언급하지 않기로 한다. 먼저 일본천황이 거주하는 거처와 왕권에 대하여 살펴본다.

(1) 天皇의 거처와 王權

A-1. 仁德 元年(431) 1월 3일. 大鷦鷯尊(仁德)이 즉위하였다. 皇后를 존중하여 皇太后라 하였다. 難波에 室을 만들었는데 高津宮이라 하였다. 궁전은 漆도 하지 않고 나무나 기둥에 장식도 하지 않았으며 지붕의 茅[띠]의 끝도 절단하여 간추리지 않았다.

A-2. 仁德 4년(434) 3월 21일. 이날부터 옷이나 신은 해어져 떨어지게 될 때까지 사용하고 음식물은 썩지 않으면 버리지 아니하여 (中略) 백성의 부담을 덜어 주었다. 궁전의 울타리는 망가져도 만들지 않고 지붕

의 띠는 파손되어도 잇지 않았다(下略).

A-3. 皇極 2년(643) 4월 28일. 權宮(임시거처)에서 옮겨서 아스카(飛鳥)에 있는 檜나무껍질로 이은 新宮으로 옮겼다.

A-4. 齊明 元年(655) 是冬. 飛鳥 소재의 나무껍질로 이은 宮이 화재를 입었다. 그래서 飛鳥의 川原宮으로 遷居하였다.

A-5. 齊明 元年(655) 10월 13일. 小墾田(奈良縣 高市郡 飛鳥)에 궁궐을 지어 瓦家로 하려고 하였다. 深山廣谷에 있는 궁전건축용 재료는 썩은 것이 많아서 宮을 짓는 것을 중지하였다.

위의 사료에서 우선 日本(야마토왜)의 王(天皇)이 거처하는 가옥은 7세기 중엽에 이르러 띠 지붕에서 전나무 껍질[檜皮] 지붕으로 변화하였으며 7세기 중엽까지도 기와지붕으로 된 가옥이 아니었음을 알 수 있다.

이렇게 볼때 일본천황의 거처는 왕궁이 아니라 중류계층이 거주하는 가옥에도 뒤떨어진다는 인상을 갖게 된다. 이러한 집에 거주하는 일본천황의 왕권은 어느 정도인지 알아보자. 『日本書紀』에서 이에 관한 사료를 제시하면 다음과 같다.

B-1. 雄略 14년(470). (前略) 小根使主가 누워서 사람에 말하기를 "天皇의 집(城)은 견고하지 않다. 우리 아버지 집이 견고하다" 고 하였다. 천황이 사람을 통하여 이 말을 듣고 사람을 파견하여 根使主의 집을 보게 하였다. 정말로 그러하였다(下略).

B-2. 雄略 14년(470). (前略) 천황은 그때 비밀히 舍人을 파견하여 복장을 살피게 하였다. 사인이 복명하기를 "根使主가 착용하고 있는 玉의 머리장식이 대단히 아름답고 모두 말하기를, '전에 使人을 영접할 때도 착용하고 있었다'고 합니다." 천황은 자신도 보려고 생각하여 臣連에 명하여 잔치 때와 같은 복장을 한 根使主를 접견하였다. 왕후는 하늘을 보고 한탄하고 소리를 내어 울었다. 천황이 이상히 여겨 "왜 그렇게 우는가" 하자, 왕후가 자리를 내려와서 대답하기를 "이 玉 머리장식은 옛날 나의 兄의 大草香王子가 安康天皇의 勅을 받들어 저를 階下께 보낼 때 준 물건입니다. 그래서 根使主에 의심을 품고 바보스럽게도 눈물이 나서 웁니다." 천황은 이 말을 듣고 놀라고 크게 노하였다(下略).

B-3. 安閑 元年(534) 7월. (前略) 천황은 勅使를 파견하여 良田을 구하게 하였다. 根使主는 命을 받들어 大河內直味張에게 말하기를 "지금 그대는 비옥한 良田을 내놓아라"고 하였다. 味張은 갑자기 아까워서 勅使를 속이고 말하기를 "이 논은 고립되면 물 대기 어렵고 溢水가 있으며 침수되기 쉽다. 고생하는 일이 대단히 많으며 수확은 대단히 적다"고 하였다. 칙사는 그 말을 그대로 복명하여 비밀히 할 수가 없었다.

사료 B-1은 야마토왜의 한 호족의 집이 '天皇'의 집보다 견고하다는 것을 나타낸 기사이고, B-2는 야마토왜의 한 호족이 같은 지역에 거주하는 王室의 보물을 전하지 않고 착복하여 패용하고도 유유히 왕실 회합에 나타났다는 기사이다. B-3은 야마토왜의 이웃인 河內의 왕이 비옥한 良田을 달라는 야마토왜 왕의 청을 거절했다는 기사이다.

이렇게 볼 때 야마토왜 왕의 거처나 권력은 같은 지역의 호족보다 훨씬 뒤떨어짐이 분명하다고 하겠다.

사료 B에 의하여 일본의 古代皇室이 존재하였다고 가정하더라도 그들의 권력이나 거처 등을 볼 때, 일반 평민과 다름없는 존재였음을 알 수 있다. 이러한 천황으로서는 他國에 대한 침략은 고사하고 자기 나라인 일본도 제대로 통치할 수 없음을 알게 된다.

거처나 권력 면에서 일본천황이 같은 지역에 거주하는 호족보다도 뒤떨어졌다는 사실은 자연히 일본천황이 실제로 존재하였는가 하는 의문을 낳게 한다. 이 의문에 간접적으로 대답을 주는 것은 일본천황의 평균수명과 천황과 천황 사이에 존재하는 空位기간의 존재이다. 일본천황의 평균수명[4]과 空位기간[5]을 제시하면 <표 1> <표 2>와 같다.

먼저 <표 1>을 통해서 다음과 같은 상황을 알 수 있다. 첫째, 『日本書紀』와 『古事記』의 저술 연도는 불과 8년밖에 차이가 나지 않는데도 두 사서에 기록된 역대 천황의 수명은 상당히 차이가 난다. 이것은 기

---

4) 古田武彦, 1973, 『失われた九州王朝』, 東京: 朝日新聞社, 126쪽.
5) 水野 祐, 1954, 『(增訂)日本古代王朝史論序說』, 東京: 小宮山慶一.

록이 사실이 아님을 보여주는 것이다.

둘째, 초기 시대의 천황 즉, 제1대 진무(神武)부터 15대 오진(應神)까지의 수명은 대체로 100세 이상으로 정확하게 기록되어 있는 반면 오히려 그보다 훨씬 後代인 16대 닌토쿠(仁德)부터 40대 지토(持統)까지 왕의 수명은 기록하지 않은 것도 조작되었을 가능성을 높인다.

〈표 1〉 歷代天皇의 수명

天皇名	『日本書紀』	『古事記』	天皇名	『日本書紀』	『古事記』
1 神武	127세	137세	21 雄略	?	124세
2 綏靖	84세	45세	22 清寧	약간	?
3 安寧	57세	49세	23 顯宗	?	38세
4 懿德	77세	45세	24 仁賢	?	?
5 孝昭	113세	93세	25 武烈	?	?
6 孝安	137세	123세	26 繼體	82세	43세
7 孝靈	128세	106세	27 安閑	70세	?
8 孝元	116세	57세	28 宣化	73세	?
9 開化	111세 또는 115세	63세	29 欽明	약간	?
10 崇神	120세	168세	30 敏達	?	?
11 垂仁	140세	153세	31 用明	?	?
12 景行	106세	137세	32 崇峻	?	?
13 成務	107세	95세	33 推古	75세	?
14 仲哀	52세	52세	34 舒明	?	?
神功皇后	100세	100세	35 皇極	讓位(重任)	?
15 應神	110세	130세	36 孝德	?	?
16 仁德	?	83세	37 齊明	?	?
17 履中	70세	64세	38 天智	46세	?
18 反正	?	60세	39 天武	?	?
19 允恭	?	78세	40 持統	讓位	?
20 安康	?	56세			

〈표 2〉 歷代天皇의 空位期間

天 皇 名	空 位 期 間		
	年	月	日
1 神武 ~ 2 綏靖	3	9	26
4 懿德 ~ 5 孝昭	1	4	-
6 孝安 ~ 7 孝靈	1	0	1
7 孝靈 ~ 8 孝元		11	5
11 垂仁 ~ 12 景行	1	0	26
13 成務 ~ 14 仲哀	1	6	28
15 應神 ~ 16 仁德	2	10	17
16 仁德 ~ 17 履中	1	1	14
18 反正 ~ 19 允恭	3	-	-
19 允恭 ~ 20 安康		11	28
22 清寧 ~ 23 顯宗		11	14
26 繼體 ~ 27 安閑	2	10	-
29 欽明 ~ 30 敏達		11	16

야마토왜 왕의 수명이 현실로 받아들이기 힘들 정도로 장수인 점도 그러하지만 역대왕 사이에 존재하는 空位期間의 시각에서도 야마토왜 왕의 존재를 의심하게 한다. <표 2>에 의하면 공위기간에 관련된 王이 여러 번 등장하고 또 그 공위기간은 3년 9개월에서 11개월에 이르기까지 長短의 차이가 난다. 이러한 사례가 여러 번 나타나는 것은 천황의 존재를 사실로 받아들이기 어렵게 한다. 단적으로 말하면 이러한 현상은 책상 위에서의 조작이 아니고서는 일어날 수 없는 것이다. 다시 말하면『일본서기』에서 역대 천황의 존재를 긍정적으로 보려는 사람조차도 그러한 수명이나 空位기간을 알게 되면 天皇의 존재에 대하여 회의를 느낄 것이다.

(2) 일본에 官位가 시행된 시기

『일본서기』에 의하면 일본에서 처음 官位가 시행된 때는 스이코(推古) 11년(603) 12월 5일로 되어있다. 603년에 관위가 시행되었다는 기사도 좀 의심스러우나 일단 사실을 반영하는 기사로 받아들인다면, 적어도

6세기까지는 일본에서 관위가 시행되지 않았다고 생각할 수 있다. 더욱이 지도자(天皇)도 존재하지 않았으며 존재하였다고 하더라도 같은 지역에 거주하는 호족의 권위나 권력보다도 뒤떨어졌으며 또한 수도 없이 여러 번 백제왕이 백제관리(백제사인)를 이 지역에 파견하였다면 이는 곧 일본은 백제가 경영한 지역이었음을 보여주는 것이라 할 수 있을 것이다. 거듭 말하거니와 日本에 官位가 시행되기 이전인 바로 6세기에 백제는 여러 번 官人·五經박사·승려 등을 파견하여 일본을 경영하였던 것이다.[6]

(3) 일본의 조선·항해 수준

다행히도 『日本書紀』 등 일본의 歷史書는 당시 일본의 조선·항해 수준을 파악할 수 있는 기사를 싣고 있다.

> C-1. 齊明 3년(657) 이 해. 使人을 신라에 보내 沙門 智達, 間人連御廐, 依網連稚子 등을 신라국의 사인에 붙여 大唐에 보내고 싶다고 하였으나 신라가 듣지 않아 沙門 智達 등이 그대로 귀국하였다(『日本書紀』).
>
> C-2. 天平寶字 6년(762) 4월 17일. 遣唐使가 배를 타고 安藝國(岡山)에서 難波(大阪) 江口에 도착하였는데 어울에서 배가 뜨지 않고 끌어도 어의치 않아 출발하지 못하다가 파도에 동요하여 船尾가 파열되었다(『續日本紀』).
>
> C-3. 承和 7년(841) 9월 15일. 大宰府 보고에 對馬島司가 말하기를, "멀리 바다의 풍파가 위험하여 年中 貢物이나 4번의 公文도 빈번히 漂沒하였다. 傳聞컨대 신라 배는 능히 파도를 헤치고 나아간다. 신라 배 6척 중 1척을 分給할 것을 청한다"하니 그렇게 하였다(『續日本後記』).
>
> C-4. 承和 6년(839) 8월 20일. 唐에 도착한 (日本船) 3척의 배의 선원이 日本선박의 부실함을 싫어하여 楚州에서 신라선원 60인이 운항하는 신라 배 9척을 타고 귀국하였다(『入唐求法巡禮行記』).

---

6) 최재석, 1999, 「『日本書紀』에 나타난 百濟에 의한 大和倭 경영 기사와 그 은폐 기사에 대하여」 『韓國學報』 96(『古代韓日關係와 日本書紀』 수록) 참조.

C-5. 舒明 11년(639) 9월. 大唐의 학문승 惠隱 惠雲이 新羅送使를 따라 入京하였다(『日本書紀』).

C-1은 657년(齊明 3; 무열왕 4) 日本(당시는 야마토왜)이 사인과 沙門(僧)을 신라에 파견하여 신라에서 당나라로 가는 선박에 태워줄 것을 청하였으나 신라가 이를 거절하여 그대로 귀국하였다는 것을 나타내는 기사이다. 대개의 경우 신라는 일본인의 신라 선박 同乘을 허락하였으나 이때만은 거절하였다. 657년 唐으로 떠나지 못한 沙門 智達 일행은 다음 해인 658년 7월 신라 배를 얻어타고 唐에 도착하여 불교를 공부하였다.[7] 이 기사에 의하여 당시 일본의 조선·항해 수준을 알 수 있는 것은 여간 다행한 일이 아니다. 당나라에 유학한 일본의 학문승이 귀국길에 신라 送使의 배를 얻어 타고 일본 王京까지 왔다는 『日本書紀』 조메이(舒明) 11년 9월조의 기사(C-5)는 당나라 ↔ 신라 ↔ 일본의 전 항로를 신라 배가 장악하였다는 것을 나타낸다. 신라는 경주 → 울산 → 남해안 → 중국 루트와 경주 → 울산 → 筑紫 → 難波 루트 등 두 개의 해상 루트를 장악하고 관리하여[8] 신라인을 실어 나르고 일본인에게도 편의를 제공하였다. 新羅送使는 신라 - 중국 - 일본 사이를 왕래하는 신라사절의 해상수송을 담당한 관리였다.[9]

이러한 일본의 조선·항해 수준은 7세기뿐만 아니라 8·9세기에도 향상되지 않았다. 사료 C-2는 8세기에 일본이 배를 만들어 遣唐使를 탑승시켰으나 조선술과 항해술이 미숙하여 큰 바다로 나가기도 전에 內海인 大阪에 이르는 동안에 배가 파손되었음을 나타낸 기사이고, C-3은 9세기에 일본은 대마도에서 北九州로 항해하는 배도 만들지 못하였음을 나타낸

---

7) 『日本書紀』 齊明 4년 7월조.
8) 田村圓澄, 1994, 『飛鳥·白鳳佛敎史 (上)』, 東京: 吉川弘文館, 193쪽 : 최재석, 1998, 『古代韓日佛敎關係史』, 一志社, 116쪽.
9) 최재석, 2000, 『古代韓國과 日本列島』, 353·329쪽.

기사이다. C-4는 일본의 마지막 遺唐日本使를 태우고 간 선원 자신들이
귀로에 일본 선박을 기피하고 신라 선박을 선호하여 신라 선박으로 귀국
한 사실을 나타내는 기사이다. 이 遺唐日本使를 태운 3척의 선박은 일본
에서 唐나라로 출발할 때도 동승한 신라인의 항해기술 지도로 唐나라까
지 갈 수 있었다고 圓仁의 『入唐求法巡禮行記』는 전하고 있다.

(4) 일본의 강역

『日本書紀』에 의거하여 日本(야마토왜)의 강역을 살펴보고자 한다.

畿內라는 용어가 『日本書紀』에 최초로 등장하는 것은 646년(大化 2)
정월 1일이다. 692년(持統 6)에 이르러 畿內 이외에 '四畿內'라는 용어가
등장한다. '畿內'의 지역적 범위에 대하여 『日本書紀』(大化 2년 正月 1
日)는 다음과 같이 규정하고 있다. 즉 畿內의 범위는 동쪽은 名墾(伊賀國
名張郡)의 橫河(名張川)까지, 남쪽은 紀伊(紀伊國 和歌山縣 伊都郡)의 兄
山(背山)까지, 서쪽은 赤石(播磨國 明石郡)의 櫛淵까지, 북쪽은 近江의
狹狹波(지금의 大津市內)의 合坂山(逢坂山)까지이다. 이 범위는 大和·河
內·攝津·山城과 近江의 일부를 포함하는 지역이다.

우선 '畿內' 내지 '四畿內'에 일어났던 여러 사건을 살펴보자. 『日本
書紀』에서 그것에 관한 기사를 뽑아서 제시하면 다음과 같다.

畿內에 관한 『日本書紀』의 기사
D-1. 646년(大化 2) 정월 1일. 처음으로 京師를 다스리고[修] 畿內國의 國
    司·郡司·關塞(중요한 곳의 守壘)·斥候·防人·驛馬·傳馬를 두고 鈴
    契를 만들고 地方의 구획을 정하라고 하였다.
D-2. 646년(大化 2) 3월 22일. "(前略) 畿內에서 諸國에 이르기까지 한 장
    소를 정하여 시체를 파묻고 여러 곳에 함부로 매장해서는 아니 된다
    (中略)"고 하였다.
D-3. 669년(天智 8) 겨울. 高安城을 수리하고 畿內의 田稅를 그곳에 모았다.
D-4. 676년(天武 5) 正月 25. 지시를 내려 "國司를 임명할 때 畿內 및
    陸奧·長門 이외는 모두 大山位 이하의 사람을 임명하라"고 하였다.

D-5. 676년(天武 5) 5월. (前略) "畿內의 山野 가운데 본래부터 禁制한 곳
　　은 함부로 베든가 태워서는 아니 된다"고 하였다.

D-6. 676년(天武 5) 9월 10일. 王卿을 京과 畿內에 파견하여 사람별로 병기
　　를 조사하였다.

D-7. 677년(天武 6) 5월. 이 달 한발이 있어 京과 畿內에서 기우제를
　　지냈다.

D-8. 681년 (天武 10) 정월 19일. 畿內 및 諸國에 지시하여 여러 神社의
　　社殿을 수리하게 하였다.

D-9. 683년(天武 12) 12월 17일. 지시를 내려 "모든 문무관 및 畿內의 有位
　　者들은 四季의 시작되는 날(1, 4, 7, 10월)에 반드시 參朝하라(中略)"
　　고 하였다.

D-10. 684년(天武 13) 2월 28일. 淨廣肆 廣瀨王·(중략)·判官·錄事·陰陽
　　師·工匠 등을 畿內에 파견하여 도읍을 정하는 데 적합한 장소를 시
　　찰하고 점치게 했다.

D-11. 685년(天武 14) 9월 11일. 宮處王·廣瀨王(중략) 등을 京 및 畿內에
　　파견하여 각각 人夫의 무기를 교열했다.

D-12. 685년(天武 14) 10월 12일. 淨大肆 伯瀨王·(중략)·判官 이하 합계
　　20인에게 畿內의 임무를 주었다.

D-13. 690년(持統 4) 정월 23일. 弊帛을 畿內의 神들(天神地祇)에게 나누
　　고 封戶와 神田을 늘렸다.

D-14. 690년(持統 4) 3월 20일. 京과 畿內의 사람으로 나이 80 이상 자에게
　　嶋宮의 벼를 한 사람 당 20束씩 주었다.

D-15. 690년(持統 4) 4월 7일. 京과 畿內의 耆老·耆女(66세 이상자?) 5,031
　　인에게 한 사람 당 벼 20束을 주었다.

D-16. 690년(持統 4) 4월 14일. 지시를 내려 "冠位가 올라가는 年限을 百官과
　　畿內의 사람으로, 有位者는 6년 無位者는 7년으로 한다"고 하였다.

D-17. 691년(持統 5) 5월 18일. 왕이 지시하기를 "(중략) 서울(京)과 畿內의
　　여러 절의 승려는 5일간 독경하라"고 하였다.

D-18. 691년(持統 5) 10월 13일. 畿內 및 諸國에 長生地(殺生 금단의 장소)
　　를 각각 千步(1步는 고구려 자로 5尺 4方)씩 설치하였다.

D-19. 692년(持統 6) 4월 5일. 四畿內(大和·山城·攝津·河內)의 인민들로
　　荷丁이 된 자의 그 해의 調役을 면제했다.

D-20. 692년(持統 6) 閏5월 3일. 지시를 내려 京師와 四畿內에서 金光明經
　　을 강설하게 했다.

D-21. 692년(持統 6) 6월 11일. 四畿內에 大夫·謁者(『後漢書』順帝紀의
　　　표현)를 보내 기우제를 지냈다.

D-22. 692년(持統 6) 9월 9일. 班田의 大夫들을 四畿內에 파견했다.

D-23. 693년(持統 7) 정월 13일. 京師 및 畿內의 有位者로 80세 이상자에
　　　게 衾 한 채, 絁 2필, 綿 2돈, 布 4端씩 수여하였다.

D-24. 695년(持統 9) 6월 3일. 大夫·謁者를 京師 및 四畿內의 諸社에 보내
　　　기우제를 지냈다.

D-25. 697년(持統 11) 6월 6일. 지시를 내려 經을 京畿의 諸寺에서 읽게
　　　했다(持統王의 병치유를 위하여).

'畿內'에 관한 기사 가운데 다음과 같은 현상이 주목된다. 669년 이후
에는 자주 畿內가 등장할 뿐만 아니라 거기에 관한 기사도 구체적이다.
그러나 그 이전에는 646년(大化 2) 한 해에만 언급되었는데 기사내용도
추상적일 뿐만 아니라, 669년까지 23년이라는 긴 공백이 존재한다. 畿內
에 관한 기사 가운데 사실로 인정되는 기사를 정리하면 다음과 같다.

669년 ················ 田稅
676년 ················ 山野 규제
676, 685년 ········ 兵器 조사
677, 692, 695년 ··· 祈雨祭
681, 690년 ········ 神社 수리, 封戶·神田 늘림
683년 ················ 畿內有位者의 天皇拜禮
684년 ················ 畿內에서 신왕도 물색
690, 693년 ········ 66세 이상, 80세 이상 고령자 우대정책, 畿內 거주자
　　　　　　　　　　　관위제도 규정
691년 ················ 殺生금단 장소 지정, 畿內 거주 승려에 독경 지시
692년 ················ 金光明經 강설, 班田收授者 畿內 파견

『日本書紀』에는 조작·윤색된 기록이 많으므로 그 진위를 가려내기가
어려운 경우가 많다. 그러나 노력만 한다면 야마토왜의 강역을 어느 정도
는 파악할 수 있을 것으로 생각된다.

倭(大和)·山城·攝津을 포함하는 지역 즉 四畿內가 야마토왜의 강역으로 정착된 시기는 백제가 패망한 후인 7세기 말에 이르러서이다.

〈그림 1〉 7세기 일본의 강역

(5) 日本列島 各地의 地名

좀 장황스럽지만 일본열도 각지의 地名에 대하여 살펴보고자 한다.

영국인이 新天地 北美대륙이나 호주에 집단이주하여 그곳을 개척할 때 그들이 거주하는 지역을 거의 영국 지명으로 명명한 것처럼 韓民族이 신천지인 日本列島에 집단이주하여 그곳을 개척할 때도 그곳의 지명을 韓國國名을 따서 명명하였다.

당시 일본 원주민은 문신을 하고, 맨발로 다녔으며, 文字도 없는 종족이었다(『晋書』倭人傳;『北史』倭國傳). 이러한 지명은 개척 당시에 붙인 것도 있을 것이며, 그 유래는 開拓時에 소급되지만 命名 자체는 後世에 이루어진 것도 있을 것이다. 물론 한국국명(고구려, 백제, 신라, 가야)으로 된 지명이 없이 '가라'라는 이름으로 한민족이 집단적으로

거주한 지역도 있을 것이며, 이미 지명이 자연적으로나 또는 고의로
소멸된 곳도 있을 것이다. 그리고 神社·佛寺名이 韓國名으로 되어 있
거나 또는 佛寺·神社의 主神이 韓國人으로 되어 있는 곳도 적지 않다.
그러나 여기서는 地名이 韓國國名으로 된 지역만을 살펴보고자 한다.

高麗人(高句麗人)은 武藏뿐만 아니라 일본 각지에서 집단생활을 하고 신
천지를 개척하였는데 高句麗名이 地名으로 된 것을 적으면 다음과 같다.[10]

〈표 3〉 高(句)麗라는 地名이 있는 곳

村落·山川名	해당 지명이 있는 國名·縣名	村落·山川名	해당 지명이 있는 國名·縣名
1. 巨麻鄕	河內·大阪府	16. 高麗郡	武藏·埼玉縣
2. 高麗橋	攝津·大阪府	17. 高麗鄕	同 上
3. 巨麻鄕	河內·大阪府	18. 高麗村	同 上
4. 大狛鄕·高麗村·	山城·京都府	19. 高麗町	同 上
上狛村·狛寺		20. 高麗本鄕	同 上
5. 大狛鄕·狛田村高麗	同 上	21. 高麗山村	同 上
6. 狛野莊	同 上	22. 南高麗村	同 上
7. 胡麻驛	京都府	23. 高麗峠	同 上
8. 胡麻鄕村	丹波·京都府	24. 高麗川(川名)	同 上
9. 胡麻牧	丹波國	25. 高麗川(地名)	同 上
10. 狛山·狛野山·高麗山	山城·京都府	26. 高麗川縣	同 上
11. 狛渡	同 上	27. 高麗原	同 上
12. 狛山	同 上	28. 狛江鄕·狛江村	武藏·東京府
13. 高麗寺山·高麗山	相模·神奈川縣	29. 小間子原	武藏·千葉縣
14. 高麗寺村	同 上	30. 高麗山·高麗村	伯耆·島取縣
15. 巨摩郡·北巨摩郡	甲斐·山梨縣	31. 高來寺村	筑前·福岡縣
中巨摩郡·南巨摩郡			
駒井村·駒獄			

일본에서 高麗(高句麗)를 Korai 또는 Koma로 읽는데 Korai에는 ①
高麗 ② 高來의 한자를 借用하고, Koma에는 ① 巨麻 ② 狛 ③ 胡麻
④ 巨摩 ⑤ 駒 ⑥ 小間의 한자를 차용하였다.

新羅人이 집단적으로 거주하고 있는 地域名은 다음의 14종의 漢字를

---

10) 朝鮮總督府 中樞院, 1940, 『朝鮮の國名に因める名詞考』.

차용하고 있는 것 같다. ① 新羅(Siraki) ② 志木(Siraki) ③ 新坐(之良岐, Siraki) ④ 白木(Siraki) ⑤ 志樂(Siraku) ⑥ 設樂(Siraku) ⑦ 白子(Sirako) ⑧ 四樂(Sirako) ⑨ 白城(Siraki) ⑩ 白鬼(Siraki) ⑪ 白濱(Sirahama) ⑫ 眞良(Sinra) ⑬ 信羅(Sinra) ⑭ 新良(Sinra).

〈표 4〉 新羅라는 地名이 있는 곳

村落·山川名	해당 지명이 있는 國名·縣名	村落·山川名	해당 지명이 있는 國名·縣名
1. 新羅郡·新坐郡·志木·白子村	武藏·埼玉縣	11. 白木村	加賀·石川縣
2. 白國·新羅訓村	播磨·兵庫縣	12. 新羅浦·新羅邑	備前·岡山縣
3. 志樂鄉·設樂庄志樂村	丹後·京都府	13. 新羅鄉	陸前·宮城縣
4. 志樂鄉·志木鄉	武藏·埼玉縣	14. 白木山驛	安藝·廣島縣
5. 白子·四樂村	同 上	15. 眞良鄉·信羅鄉·新良鄉·眞良	同 上
6. 新羅鄉	陸前·宮城縣	16. 白木·新羅來	肥後·熊本縣
7. 白木浦	越前·福井縣	17. 白木平	同 上
8. 白城驛	越中·富山縣	18. 白木村	筑後·福岡縣
9. 白鬼女川·시라기도川	越前·福井縣	19. 白木村	河內·大阪府
10. 白濱	能登·石川縣	20. 白木村	加賀·石川縣
		21. 白木村	伊勢·三重縣

한편 '百濟'의 이름이 地域名으로 사용된 경우는 다음과 같다. 百濟 는 Kudara라 발음하며 百濟·久太良·久多良 등의 한자를 차용하였다.

〈표 5〉 百濟라는 地名이 있는 곳

村落·山川名	해당 지명이 있는 國名·縣名	村落·山川名	해당 지명이 있는 國名·縣名
1. 百濟郡	攝津·大阪府	9. 百濟	同 上
2. 百濟	同 上	10. 百濟川	大和·奈良縣
3. 百濟川	同 上	11. 百濟·百濟池·百濟村	同 上
4. 百濟驛	同 上	12. 百濟野·百濟原·百濟村	同 上
5. 百濟野	同 上	13. 百濟來·久多良來·久多良來村·濟來村	肥後·熊本縣
6. 百濟町·久太良町	同 上		
7. 百濟鄉	河內·大阪府	14. 百濟庄	上野·群馬縣
8. 百濟村	和泉·大阪府		

이 밖에 '가라', 즉 ① 唐 ② 辛 ③ 可樂 ④ 韓 ⑤ 可良 ⑥ 空 ⑦ 韓良 등의 한자를 차용한 地名도 많다. 이 지명이 붙은 지역은 伽耶人의 집단거주 지역일 것이지만, 그 밖의 백제·신라·고구려인도 포함되어 있을 것이다. 가라가 붙은 地名을 열거하면 <표 6>과 같다

<표 6> 가라라는 地名이 있는 곳

村落·山川名	해당 지명이 있는 國名·縣名	村落·山川名	해당 지명이 있는 國名·縣名
1. 唐國·唐國村	和泉·大阪府	14. 辛川鄉	下總·千葉縣
2. 三國池	攝津·大阪府	15. 韓濱	播磨·兵庫縣
3. 韓人池·唐人池·唐古	大和·奈良縣	16. 韓荷嶋·辛荷·辛味島	播磨·兵庫縣
4. 唐橋·辛橋·唐橋里· 唐橋町	山城·京都府	17. 韓泊	同 上
		18. 辛室鄉·韓室里	同 上
5. 唐物町	攝津·大阪府	19. 辛島鄉	豊前·大分縣
6. 唐崎·辛前·韓埼·可樂埼	近江·滋賀縣	20. 韓良鄉·韓泊·唐泊· 韓亭·可良浦	筑前·福岡縣
7. 辛之埼·又辛浦· 大kara	石見·山口縣	21. 辛家·唐坊	同 上
8. 唐橋·辛橋·韓橋	近江·滋賀縣	22. 加唐鄉	肥前·佐賀縣
9. 唐城鄉	遠江·靜岡縣	23. 辛家鄉	肥後·熊本縣
10. 辛科鄉·韓級	上野·群馬縣	24. 韓埼	對馬·長崎縣
11. 唐原	相模·新奈川縣	25. 韓家鄉·唐坊	日向·宮崎縣
12. 辛太鄉	信濃·長野縣	26. 唐港	薩摩·鹿兒島縣
13. 唐子村·唐子橋·上唐子·下唐子	武藏·埼玉縣	27. 韓國嶽·空國嶽	大隅·宮崎縣

『朝鮮의 國名을 단 名詞考』에는 없지만 『大日本地名辭書』에는 Kaya(伽耶)의 이름이 붙은 지명이 수십 개나 된다.[11] 즉 ① 可也 ② 加悅 ③ 河陽 ④ 蚊屋 ⑤ 鹿谷 ⑥ 賀舍 ⑦ 賀野 ⑧ 茅 ⑨ 賀夜 ⑩ 賀陽 ⑪ 加夜 ⑫ 高揚 ⑬ 返 등의 한자를 차용한 지명이 수십 개나 된다. 물론 이러한 지명을 가진 곳은 伽耶人이 집단 거주한 곳일 것이다. 특히 지금의 岡山縣에 '加夜國'이 있었고 그것이 후에 '賀夜郡'·'賀陽郡'으로 이름

---

11) 吉田東伍, 1971(초판: 1907), 『增補大日本地名辭書』, 東京: 富山房.

이 바뀌고[12] 이것이 다시 '備中'國 속에 편입된 사실은 매우 중요한 것을 암시해 준다.

즉, 日本列島 내에 한반도 4國의 國名을 본 딴 지명이 있는 지역으로서, 山城이나 屯倉 또는 古墳群이 인접해 있는 곳은 거의 모두 한민족이 건너가서 小王國을 세운 곳으로 볼 수 있다. 이렇게 볼 때 옛날에 倭國에는 백여 小國이 있었다는 『晋書』 倭人傳의 기록은 사실에 충실한 기록으로 보인다.

위의 지명을 종합하면 <표 7>과 같다. <표 7>에 의하여 百濟라는 지명은 畿內에 집중되어 있음을 알 수 있다. 加羅(伽耶)라는 지명은 對馬島 및 九州 일대, 畿內(近畿), 中國지방 그리고 關東지방에 집중되어 있음을 알게 된다. 그리고 이러한 현상은 고분의 발굴결과나 야마토왜와 백제의 관계 등 역사적 사실과 상응하는 것이다.

위의 지명은 삼국시대에 만들어진 것도 있겠지만 통일신라시대에 일본으로 移住한 사람들이 만든 지명도 있을 것이다. 『大日本地名辭書』에 신라라는 이름을 딴 지명인 Siraki, Siraku, Sirako, Sirahama, Sinra의 지명이 수 없이 많이 보이는데 이 가운데 위에 지적한 구니(國)들 이외의 구니가 있는 것은 그 때문일 것이다.

〈표 7〉 韓國國名을 본딴 地名이 있는 日本地域(구니의 이름)

國 名	百 濟	高句麗	新 羅	가라·伽耶
攝津(兵庫·大阪)	○	○		○
河內(大阪)	○	○	○	○
和泉(大阪)	○			○
大和(奈良)	○			○
近江(滋賀)	○			○
肥後(熊本)	○		○	○
上野(群馬)	○			○
武藏(東京·埼玉·神奈川)		○	○	○

---

12) 위의 책, 제3권, 263쪽.

播磨(近兵)			○	○
丹後(京都)			○	○
陸奥(靑森·岩手·宮城·福島)			○	○
越前(福井)			○	
越中(富山)			○	
能登(石川)			○	
加賀(石川)			○	
備前(岡山)			○	
陸前(宮城)			○	
安藝(廣島)			○	
筑後(福岡)			○	
伊勢(三重)			○	○
山城(京都)		○	○	○
丹波(京都·兵庫)		○		○
相模(神奈川)		○		○
甲斐(山梨)		○		
伯耆((鳥根)		○		○
筑前(福岡)		○		○
石見(島根)				○
遠江(靜岡)				○
信濃(長野)				○
下總(茨城·千葉)				○
豊前(福岡·大分)				○
肥前(佐賀)				○
對馬(長崎)				○
日向(宮崎)				○
薩摩(鹿兒島)				○
大隅(同上)				○
備後(廣島)				○
備中(岡山)				○
讚岐(香川)				○
但馬(兵庫)				○
美濃(岐阜)				○
尾張(愛知)				○
上總(千葉)				○
岩代(福島)				○
陸中(岩手)				○
下野(栃木)				○
若狹(福井)				○

이상에서 고대 일본의 정치적 상황, 즉 日本天皇이 거주하는 거처와 王權, 일본에서 官位가 시행된 시기, 조선·항해 수준, 강역, 일본열도 각지의 지명 등을 살펴봄으로써 대체적인 고대한일관계사의 윤곽을 파악하였다. 史料분석의 결과 일본천황의 평균수명과 그 空位기간의 시각에서는 일본천황의 존재는 매우 회의적이었으며, 존재하였다고 가정하더라도 천황은 왕권도 소유하지 못한 일반주민과 유사한 존재였다. 또한 일본에 官位가 시행된 것은 7세기 초인 603년에 이르러서야 가능했다는 것도 알게 되었다. 일본은 조선·항해 수준이 유치하여 한국의 도움 없이는 바깥 세계로 나아갈 수 없었고 또한 그 강역도 畿內범위 정도로서 하나의 독립국으로 존립하기에는 거의 불가능할 정도의 협소한 범위에 머물러 있었다. 그런데 이러한 일본열도를 백제, 신라, 고구려, 가야 등의 한국 古代 國家의 이름을 가진 지명이 뒤덮고 있었다는 점만으로도 고대 한국과 일본열도간의 정치적 관계가 어떠했는지는 상상하기 어렵지 않다. 百濟라는 지명은 畿內에 집중되어 있으므로(<표 7> 참조) 畿內는 백제에서 이주해 온 집단 이주민이 정착한 지역이었음을 알 수 있다.

2) 金鉉球의 시각

金鉉球 교수의 고대한일관계사 연구 시각은 필자의 것과 대단히 상이하다. 金교수는 천황이 거주하는 거처나 왕권이 어느 정도인가를 전하는 『日本書紀』仁德 元年, 同 4년, 皇極 2년, 雄略 14년과 安閑 元年條의 기사와 일본의 조선·항해 수준을 나타내는 齊明 3년의 기사 등에 대해서는 외면한 채로 주로 蘇我에 대하여 천황이 詔를 내렸다는 기사(金교수 자신도 인정하였듯이 蘇我가 백제왕의 명령을 받은 백제 사인의 지시를 따랐으니 천황이 蘇我에 詔를 내렸다는 『日本書紀』의 기사는 의심스럽다)와 고구려, 백제, 신라 등이 일본에 조공사를 파견하였다는 기사 등에

만 주목하여 고대한일관계사를 기술하였다. 또 金교수의 대표 저서의 제목이 『야마토 정권의 對外關係研究』라는 것은 金교수가 일본중심의 사관에 서서 일본의 對外관계를 다룬다는 뜻을 분명히 나타내는 대목이라 하겠다. 이 저서는 백제·신라와 日本(야마토왜)의 관계를 다룬 것이므로 '日本(야마토 정권)의 대외관계 연구'라 하기보다는 '백제·신라와 일본의 관계연구'라 하는 것이 더 좋았지 않았을까 생각한다(본인은 실제로 『통일신라·발해와 일본의 관계』라는 제목의 저서를 1993년에 간행한 바 있다). 金교수의 책 제목에는 야마토 정권이나 天皇의 존재 여부에 대하여는 추호의 의심도 하지 않고 다만 이것들을 확고한 역사적 사실로 받아들인다는 역사의식이 담겨져 있다 하겠다. 김교수는 조작과 變改의 기사가 많은 『日本書紀』[13]에 의거하여 야마토왜를 하나의 고대국가로 인식하고 있다.

金교수는 고대 한국인 고구려·신라·백제 등이 日本에 파견한 使人 대부분을 調貢使로 표현하였다. 물론 이러한 사인이 실제로 일본에 파견되었는지 여부에 대해서도 검토하지 않았다. 또 그러한 使人의 파견 연도를 한국의 연대나 西紀로는 나타내지 않고 오로지 일본의 年代로만 나타냈다. 여기에 관해서는 第一表(16~17쪽),[14] 第四表(134~135쪽), 別表(264~265쪽)에 잘 나타나 있다. 필자는 한국사인의 일본파견이나 일본사인의 한국파견에 대하여 언급할 때는 언제나 이해를 돕기 위하여 西紀도 병기하고 있는데 대하여(例: 『統一신라·발해와 日本의 관계』) 金교수는 繼體 3년, 安閑 元年의 예처럼 일본연대로만 나타내고 있다. 또 고구려·신라·백제가 각각 단독으로 일본에 朝貢使를 파견하였다고 주장할 뿐만 아니라, 고구려·백제·신라가 동시에 일본에 조공하였다고 주장하기도 하

---

13) 『日本書紀』의 변개기사에 대하여는 최재석, 1992, 「『日本書紀』의 變改類型과 變改年代考」 『韓國學報』 67 참조.
14) 김교수가 주장한 것은 각주를 달지 않고 편의상 本文에서 그 위치를 제시할 것이다.

였다. 『日本書紀』에 나타난 한반도 여러 나라의 동시 조공기사에 대하여 단 한번 회의적이라고 언급한 바 있으나, 한반도 여러 나라가 동시에 여러 번 조공하였다는 주장에 매몰되어 그 언급을 찾기가 매우 힘들다. 金교수가 한반도의 여러 나라가 동시에 일본에 조공하였다고 주장한 예를 제시하면 다음과 같다.

> 欽明 元年 8월. 고구려, 백제, 新羅, 任那의 調貢使
> 欽明 2年 3월. 百濟, 高句麗 朝貢使
> 欽明 10年 是歲. 新羅, 百濟 調貢使
> 大化 元年 7월. 高句麗, 百濟, 新羅의 調使者
> 大化 2年 2월. 高句麗, 百濟, 新羅, 任那의 使者
> 大化 3年 정월. 高句麗, 新羅의 使
> 白雉 2年 6월. 新羅, 百濟 調使
> 白雉 3年 4월. 新羅, 百濟 調使
> 白雉 5年 是歲. 新羅, 百濟, 高句麗 弔使
> 齊明 2年 是歲. 신라, 백제, 고구려 調使

심지어는 다음과 같은 허구기사도 김교수는 사실로 받아들이고 있다. 『日本書紀』는 欽明 23년(562) 7월 1일과 同 11월에 일본에 조공하러 온 신라 使人이 귀국하지 않고 일본에 그대로 체류하여 그 지역(河內와 攝津)에 거주하는 신라인들의 선조가 되었다고 기록하고 있다. 金교수는 이 기사를 사실로 받아들일 뿐만 아니라 이것을 더욱 확대하여 신라인 日本朝貢使가 귀국하지 않고 '歸化'하였다고 주장하고 있다(134쪽). 일본은 603년(推古 11)에 처음으로 官位가 시행되었으므로[15] 신라인에 관한 欽明 23년(562) 7월 1일 기사와 11월 기사는 국가체제가 이루어지기 이전 시대에 일본으로 이주한 신라인에 관한 기사이므로 이들도 백제인처럼 일본개척자의 한 사람으로 보아야 한다는 것이 필자의 견해이다.

---

15) 『日本書紀』 推古 11년 12월.

3. 고대한일관계 파악에 나타난 두 사람의 차이

먼저 일본의 정치 상황을 일본천황의 왕권, 일본의 관위 시행, 조선·
항해 수준, 이른바 쇼토쿠태자(聖德太子) 등으로 나누어 이에 관한 金교
수와 필자의 견해 차이는 어떠한가를 살펴보고자 한다. 다음에 任那 문
제, 백제와 일본의 관계 순으로 고찰하겠다.

1) 일본의 정치 상황

(1) 日本天皇의 王權

"『日本書紀』에 의하면 천황의 詔[명령]는 당시 야마토 정권의 최고
실력자에 대하여 하고 있는 것이 통례가 되고 있다"고 말함과 동시에 어
떤 때(敏達시대 전반기)는 "천황의 詔가 皇子와 당시의 최고 실력자인 蘇
我馬子大臣에 대하여 하고 있다"(163쪽)고 하는 점으로 보아, 金교수는
한시적이나마 天皇의 명령인 詔가 일본의 최고의 명령이라고 주장하고
있음을 알게 된다. 알려져 있는 바와 같이, 詔는 천자[天皇]의 명령을 뜻
한다.

그러나 앞에서 언급한 바와 같이 天皇은 평균수명이나 卒位기간의 시
각에서 그 존재가 의심스럽고 또 존재하였다고 가정하더라도 나무기둥을
땅에 박고 띠(茅)나 나무껍질로 지붕을 이은 집에서 살았으며 또한 같은
지역에 사는 호족보다도 힘(권력)이 약하였다.[16] 따라서 필자는 앞에서
金교수가 지적한 詔는 허구기사라고 생각하고, 天皇이 일본의 최고 명령
자라는 주장에도 동의하기 어렵다.

---

16) 『日本書紀』仁德 元年 1월 3일; 同 4년 3월 21일; 皇極 2년 4월 28일; 齊明
    元年 是冬; 동 10월 13일; 雄略 14년; 安閑 元年 7월.

(2) 日本의 官位시행

『日本書紀』推古 11年條에 일본은 603년에 처음으로 官位가 시행되었다고 기록하고 있다. 이 기사를 사실로 인정하더라도 603년 이전 즉, 6세기의 일본은 관위가 시행되지 않은, 말하자면 아직 고대국가가 수립되지 않은 지역이었음을 알 수 있다. 따라서 日本天皇이 존재하였다고 가정하더라도 그 권위와 권력이 같은 지역에 거주하는 호족에도 뒤떨어졌으니, 이 시기 백제왕이 백제관리(백제사인)를 여러 번 파견하였다면 이는 곧 백제왕이 일본을 경영한 사실을 보여주는 것이라 할 수 있다. 그러나 金교수는 이 官位시행에 대하여 언급하지 않았다.

(3) 일본의 조선·항해 수준

金교수는 암묵리에 일본의 조선·항해수준이 발달하였다는 전제 하에서 狹手彦(일본인)이 백제는 물론이려니와 중국까지도 선박으로 사람과 물품을 보냈다고 주장하고 있다. 예를 들면 다음과 같다.

> E-1. 그(狹手彦)가 군대를 거느리고 百濟에 파견된 것은 확실한 사실이다 (32쪽).
> E-2. 狹手彦이 宣化朝(536~539)에 백제에 간 것은 사실이다(34쪽).
> E-3. 欽明 15년(554) 5월. 야마토 정권은 兵 1千, 馬 100필, 船 40척, 弓 5張, 箭 50具 등의 군사원조를 백제에 보냈다(46쪽).
> E-4. 당시 야마토 정권이 隨나라에 使人을 보낼 때는 (中略) 신라를 통하는 방법과 百濟領을 통과하는 두 가지 방법이 있었다(306쪽; 森克己의 견해 수용).
> E-5. 야마토 정권이 狹手彦을 (백제에) 파견하였다(35쪽).
> E-6. 야마토 정권이 狹手彦이 거느리는 援軍을 (백제에) 파견하였다(43·81쪽).

金교수는 또 극동의 해상권을 장악한 신라의 送使가 遣唐 日本 유학생을 일본까지 데려다 준 사실(C-1~C-5)을 인정하지 않고 오히려 遣唐 日本 유학생이 신라 送使를 수반(동반)하여 귀국하였다고 주장하고 있다(327쪽).

또 在唐 일본유학생이 신라 送使의 배를 얻어 타고 귀국한 것은 (일본의 의사가 아니라) 唐과 신라의 의사에 의한 것이라고 주장하고 있으나 (357쪽), 그러한 주장의 근거는 아무 곳에도 없다. 사료(C-1~C-5)에 나타나 있는 바와 같이 일본은 당시 조선·항해 수준이 유치하여 당나라와의 왕래나 심지어 신라와의 왕래도 신라의 도움에 의해서만 가능하였다.

C-5는 신라가 遣唐 일본사인은 물론 견당 일본 유학생까지도 일본 왕경까지 데려다 준 사실을 나타낸다. 일찍이 다무라 젠노스케(田村專之助)는 일본은 유치한 조선·항해 수준으로 인하여 단독으로는 해외에 나갈 수 없어서, 자연히 일본 내륙 깊숙이 찾아온 신라 무역인으로부터 물품을 구매할 수밖에 없었다고 지적하였으며,[17] 다무라 엔초(田村圓澄)는 長安 - 경주 - 倭(筑紫 - 難波)에 이르는 전 코스를 신라가 관리 장악하고 있어서 長安에 체류하던 일본승(惠濟 등)은 같이 공부하는 신라승 등을 통하여 신라측에 귀국 편의의 뜻을 요청하였으며, 신라측의 호의와 교통수단에 의하여 귀국이 가능하였다고 언급하고 있다.[18] 종종 귀국의 날을 고대하던 일본의 당나라 유학승이 귀국의 방도나 수단을 찾지 못하여 長安·洛陽 등의 사찰에서 고심하고 수심에 차[困惑] 있었는데 長安 등에 있는 신라 학문승이 이 사정을 동정하였다고 적고 있다.[19]

(4) 聖德太子

金교수는 이른바 쇼토쿠태자가 스이코(推古) 천황의 섭정으로 多面외교를 펴 일본과 신라·고구려·중국(隋)의 관계를 맺는 데 역할을 하였으며 신라·고구려·隋로부터 先進文物을 도입하였다고 주장하고 있다. 그의 주장을 제시하면 다음과 같다.

---

17) 田村專之助, 1939,「6世紀中葉以降に於ける日羅貿易の硏究」『靑丘學叢』30.
18) 田村圓澄, 1994,『飛鳥·白鳳佛敎史(上)』, 193쪽.
19) 위의 책, 194쪽.

F-1. 聖德太子가 推古天皇의 섭정으로 多面외교의 전면에 서 있었다(322쪽).

F-2. 推古 11년(603) 경부터 (일본과) 신라·고구려·隋와의 관계에는 聖德太子가 일정한 역할을 한 것이 확인된다(305쪽).

F-3. 聖德太子가 對外관계로 야마토 정권이 전면에 등장한 것은 推古 11년(603)경이다(305쪽).

F-4. 신라·고구려·隋로부터 先進文物의 도입에는 반드시 聖德太子가 관계하고 있었다(322쪽).

그러나 필자의 견해는 이와 다르다. 쇼토쿠태자가 사망한 해에 관해 두 가지 설이 있고 출생년도에 대해서도 세 가지 설이 있는 것은 접어두고라도, 나이 두 살 때 전쟁에 출정하여 政敵을 물리치고, 7세 때에 스이코 女王의 섭정이 되어 일본의 모든 정책을 결정하였다는 기사만 보더라도 쇼토쿠는 그 존재 자체가 의심스러운 人物이다. 또 추상적으로는 쇼토쿠가 섭정이 되어 모든 중요 정책을 통괄하였다고 기록하고 있으나 실제는 스이코 女王이 결정한 사항들이 훨씬 많으니 이 또한 조작이 아니고서는 이런 일이 있을 수 없다.[20]

다무라 엔초가 쇼토쿠를 역사 속의 인물이 아니라 신앙 속의 인물이라 한 것[21]은 적절한 인물평가라고 할 수 있겠다.

2) 任那의 진상

金교수는 末松保和의 견해를 수용하여 任那는 남한에 있는 全北의 일부이라고 주장한다(21·59쪽). 또 任那는 加羅제국을 뜻한다(232·234쪽)고 말하기도 하고 동시에 加羅는 伽耶라고 말하니(색인3), 결국 任那 = 加羅 = 伽耶라는 등식을 주장한 셈이다. 任那는 한반도의 伽耶라는 것이다.

그러나 필자의 견해는 이와는 다르다. 任那와 伽耶가 별개의 나라라는

---

20) 최재석, 1998, 『古代韓日佛敎關係史』, 一志社, 148쪽.
21) 田村圓澄, 1995, 『飛鳥·白鳳佛敎史(上)』, 154쪽.

것을 확인할 수 있는 시각은 여러 가지 있겠지만 여기서는 ① 任那와 伽
耶의 각각에 소속된 地名이 동일한가의 비교, ② 두 나라가 멸망한 시기
의 비교, ③ 두 나라의 開國年의 비교, ④ 任那와 任那 인접국의 강역
규모 등의 시각에서 任那와 伽耶가 동일국인지 아닌지를 살펴보고자 한
다. 여기에 대하여는 상세하게 고찰한 바 있으므로[22] 그 결과만을 언급하
고자 한다. 물론『日本書紀』스진(崇神) 65년 7월조의 기사("任那者 去筑
紫國 二千餘里 北阻海以在鷄林之西南")는 任那가 한반도에 있지 않음을
나타낸다.

(1) 任那와 伽耶에 소속된 地名의 비교

우리는 <표 8>에 의하여 大伽耶와 任那 10국은 별개의 나라임을 알
수 있다. 阿羅(安羅)라는 지명이 大伽耶에도 있고 任那 10국 속에도 있으
나 이것은 阿羅(安羅)라는 지명이 우연히도 양쪽에 존재한다는 것만 전할
뿐, 伽耶와 동일국이라는 증거는 되지 않는다.

<표 8> 伽耶와 任那에 소속된 地名의 비교

國　　名	『삼국유사』 6伽耶	『일본서기』 新羅 7國	『일본서기』 任那 10國
金官(김해)	○		
阿羅(함안)	○	○安羅	○安羅
小伽耶(고성)	○		
大伽耶(고령)	○		
星山 또는 碧珍(성주)	○		
高靈(함녕)	○		
比自㶱		○	
南加羅		○	
㖨國		○	
多羅		○	○
卓淳		○	

---

22) 최재석, 1993,「伽耶史研究에서의 伽耶와 任那의 混同」『한국민족학연구』
　　창간호(『古代韓國과 日本列島』수록).

加羅		○	○
斯二岐			○
卒痲			○
古嵯			○
子他			○
散半下(奚)			○
乞湌			○
稔禮			○

(2) 伽耶와 任那의 멸망시기

<표 9>는 『三國史記』에서 伽耶가 멸망한 해와 『日本書紀』에서 任那가 존립한 해를 조사한 것이다. <표 9>에 의하여 伽耶가 멸망한 지 휠씬 이후인 646년에도 任那가 존립하였음을 알 수 있다. 따라서 伽耶와 任那는 동일국이 될 수 없다.

〈표 9〉 伽耶와 任那의 멸망시기

年　　　　代	伽耶 멸망 (『三國史記』)	任那존재 시기와 主要 역사적 사건 (『日本書紀』)
A 532 法興 19	伽耶 亡	
B 560 欽明 21		任那 멸망(欽明 23년 分註)
C 562 眞興23; 欽明23	大伽耶 討平	신라가 任那의 일본 官家를 쳐 없앰.
D 600 推古 8. 2.		신라와 任那가 서로 공격.
E 600 同 8. 이 해.		신라·任那가 倭에 사신을 보냄(朝貢이라 표현)
F 600 同上		신라가 또 任那를 침공.
G 610 推古 18. 7.		신라의 사신, 任那의 사신(喙部大舍首智買)이 　筑紫에 도착
H 610 同 18. 9.		사람을 보내 신라·任那의 사신을 초대
I 610 同 18. 10.		倭가 膳臣大伴을 裝飾馬部隊長으로 임명하고 　任那사신을 영접
J 610 同 18. 10.		倭의 間人連鹽蓋·阿閇臣大籠이 任那사신의 인 　도자가 되어 조정으로 안내.
K 610 同 18. 10.		倭가 錦織首久僧을 任那사신의 共食者로 임명
L 610 同 18. 10.		任那의 사신 귀국길에 오르다.
M 611 同 19. 8.		任那가 사신(習部大舍親智周智)을 倭에 파견
N 623 同 31. 7.		任那가 사신(達率奈末智)을 倭에 파견.

O 623 同 31 이 해.	신라가 任那를 공격.
P 623 同上	倭가 吉士磐金을 신라에, 吉士倉下를 任那에 파견
Q 638 舒明 10.	백제 신라 任那가 사신을 倭에 보내다.
R 642 皇極 1. 2.	倭王이 坂本吉士長兄을 任那에 파견
S 645 大化 원. 7. 10	고구려·백제(任那使 겸임)·신라가 사신 파견
T 646 大化 2. 2. 15	고구려 백제 任那 신라가 사신을 倭에 파견

(3) 伽耶와 任那의 開國시기

알려져 있는 바와 같이 伽耶의 開國年은 A.D. 42년이지만. 任那는 開國年이 명확하지 않지만 崇神 65년부터 존재한 것으로 되어 있다.『日本書紀』에서 任那의 開國年 추정에 참고가 되는 紀年을 제시하면 다음과 같다. 다음은 任那 기사가 존재하는 『일본서기』의 기년이다.

① 崇神 65년 (B.C. 33 → A.D. 87)
② 垂仁 2년 (B.C. 28 → A.D. 97)
③ 神功 62년 (249 → 369)
④ 神功 62년 (262 → 382)
⑤ 應神 14년 (283 → 403)
⑥ 應神 16년 (285 → 405)
⑦ 雄略 7년 (463)
⑧ 雄略 8년 (464)
⑨ 雄略 21년 (477)
⑩ 顯宗 3년 (487)

任那에 관한 기사는 『일본서기』崇神 65년조에 최초로 보이며, 그후 垂仁 2년에 한 번 더 보인다. 그 후 270여 년 동안 공백으로 있다가 神功·應神條에 이르러 다시 네 번 정도 보인다. 이후 60년 동안 공백으로 있다가 雄略條에 이르러 任那 기사가 이어지는데 그 후부터는 빈번히 나타난다. 開國年에 관해서도 伽耶와 任那는 서로 상이하다.

(4) 任那와 그 인접국의 강역 규모

任那와 任那를 둘러싸고 있는 인접국의 강역 규모와 이들 국가간의 정치 상황의 시각에서 임나와 가야가 동일국인지 살펴보자.

『日本書紀』에 보이는 임나와 임나 인접국의 강역 규모부터 알아보자.

> G-1. 繼體 6년(512) 12월. 이 4현(任那의 上多唎·下多唎·娑陀·牟婁)은 백제와 가깝게 이웃해 있고, (중략) 朝夕으로 통행하기 쉽고 닭과 개의 주인도 구별하기 어려울 정도이다.
>
> G-2. 欽明 5년(544) 3월. 的臣들이 신라에 왕래하면서 경작을 할 수 있었다.
>
> G-3. 欽明 5년(544) 3월. 매일 신라의 땅[城]에 가는 것이 公的으로나 私的으로나 왕래하고 꺼리는 바가 없다.
>
> G-4. 欽明 2년(541) 4월. (前略) 任那의 경계에서 신라를 불러들일 것인가 아닌가를 묻겠다(後略).
>
> G-5. 欽明 5년(544) 11월. (前略) 우리 병사로 충당하고 신라가 경작하지 못하게 괴롭히면 久禮山의 5城은 자연히 兵器를 버리고 항복할 것이다.
>
> G-6. 欽明 5년(544) 3월. 麻都 등이 신라와 마음이 맞아 그 옷(신라예복)을 입고 朝夕으로 왕래하여 몰래 간악한 마음을 가지고 있었다.
>
> G-7. 欽明 5년(544) 3월. 신라가 해마다 安羅와 荷山을 습격하려고 하였다는 것을 들었다. (중략) 빠른 군사를 자주 보내어 때에 맞게 구원하고 있다. 그러므로 任那는 사철에 따라 경작하고 있다. 신라가 감히 침범을 못한다(下略).
>
> G-8. 欽明 5년(544) 3월. 신라가 봄에 喙淳(卓淳)을 빼앗고 우리의 久禮山의 수비병을 축출하고 점령하였다. 安羅에 가까운 것은 安羅가 경작하고 久禮山에 가까운 곳은 신라가 경작한다. 각각 스스로 경작하여 서로 침탈하지 않았다. 그런 것을 移那斯·麻都가 남과의 경계를 넘어 경작을 하고서는 6월에 도망쳤다.
>
> G-9. 顯宗 3년(487) 이 해. 紀生磐宿禰가 任那를 걸쳐넘어(跨據任那) 고구려에 來往하였다. (위의 밑줄은 필자의 것)

위에 소개한 기사에서 다음과 같은 사실을 알 수 있다.

① 任那(4현)와 백제는 아침저녁으로 통행이 가능할 뿐만 아니라 닭이

나 개의 주인도 구별하기 어려울 정도로 가까이 인접해 있다(G-1).

② 任那와 신라와의 거리도, 매일 아침저녁으로 왕래하여 경작할 수 있으며, 또한 任那와 신라의 경계에서 신라인을 부를 수 있을 정도로 가깝다(G-2 ~ G-4).

③ 任那와 고구려와의 거리도 걸쳐 넘어서 왕래할 수 있을 정도로 가까이 인접해 있다(G-9).

④ '任那 10國'의 하나인 安羅와 어떤 산(荷山)의 규모를 동등하게 취급하였으니(G-7) 安羅國의 규모와 강역도 산 하나 또는 마을 하나 정도임을 알 수 있다.

⑤ 나라 사이의 분쟁은 주로 경작지 쟁탈 분쟁임을 알 수 있다(G-2, G-5, G-8).

이렇게 볼 때 任那, 백제, 신라, 고구려, 安羅, 喙淳 등은 각각 강역이 마을 정도의 소규모이며, 4국간의 거리도 동일 마을이나 인접 마을 거리 정도임을 알 수 있는 것이다. 이들 사이의 분쟁 원인은 주로 경작지 쟁탈에 기인함을 또한 알 수 있다. 그런데 4국의 경계선이 마을 정도 규모에 모여 있는 곳은 한반도 내에는 없었다.

(5) 任那의 존립·멸망의 반복

결국 任那와 임나의 지명비교, 임나·가야 두 나라의 멸망년과 개국년의 비교, 임나와 임나 인접국의 강역 규모 등의 시각에서도 가야와 임나는 동일국이 될 수 없음을 알게 된다. 『일본서기』는 임나가 존립과 멸망을 반복한 것으로 기록하고 있다. 임나의 존립과 멸망을 반복한 기사를 『일본서기』에서 추출하여 정리하면 <표 10>과 같다.

〈표 10〉 任那의 존립과 멸망의 반복기사

연 대	임나 멸망	임나 존립	연 대	임나 멸망	임나 존립
529(繼體 23)		○	583(敏達 12)	○	
537(宣化 2)		○	585(敏達 14)	○	
541(欽明 2)	○		591(崇峻 4)	○(8월)	○(11월)
543(欽明 4)	○(10여년전부터 任那 멸망)		600(推古 8)		○
			601(推古 9)		○
544(欽明 5)	○		610(推古 18)		○
545(欽明 6)		○	611(推古 19)		○
548(欽明 9)		○	623(推古 31)		○
552(欽明 13)		○	638(舒明 10)		○
562(欽明 23)	○		642(皇極 元)		○
571(欽明 32)	○		645(大化 元)		○
575(敏達 4)	○(2월)	○(4월)			

『일본서기』에서 임나를 구원한다, 구원을 청하다 등의 기사는 임나가 존립해 있음을 뜻하고 임나를 일으켜야 한다, 세워야 한다 등의 기사는 임나가 멸망되어 있는 상태를 뜻하는 것이다. 위의 표를 정리하면 다음과 같이 될 것이다.

529년(繼體 23)~537년(宣化 2) ················ 9년간 任那 존립
541년(欽明 2)~544년(欽明 5) ················ 4년간 任那 멸망
545년(欽明 6)~552년(欽明 13) ················ 8년간 任那 존립
562년(欽明 23)~575년(敏達 4) 2월 ········· 약 13년간 任那 멸망
575년(敏達 4) 4월~583년(敏達 12) ········· 약 8년간 존립
583년(敏達 12)~591년(崇峻 4) 8월 ········· 약 8년간 멸망
591년(崇峻 4) 11월~645년(大化 元) ········· 약 54년간 任那 존립

〈그림 2〉 任那의 존립과 멸망의 반복

529년부터 645년까지 116년 동안 任那가 멸망과 부흥을 7번이나 반복하고 있음을 <표 10>을 통하여 알게 된다. 왜 이런 일이 생겨났을까. 지금까지 일본 학계에서는 이러한 기사 내용에 대해서는 전혀 언급하지 않은 채 다만 임나는 伽耶이고 가야는 야마토왜의 식민지였다고 지금까지 주장하고 있다. 또 비다쓰(敏達) 4년(575)과 스슌(崇峻) 4년(591)은 각각 한편에서는 임나가 멸망한 시기라 하고 다른 한편에서는 임나가 존립한 시기라고 하니 이 또한 어떻게 받아들여야 할지 모를 일이다. 임나가 7회나 흥망을 되풀이한 것을 사실로 받아들인다 하더라도, 이것은 흥망을 되풀이 한 임나와 형성과 멸망이 각각 한 번밖에 없는 가야가 별개의 나라라는 이유는 될지언정 동일국이라는 근거는 되지 못한다.

3) 백제와 일본 관계

편의상 蘇我氏, 大化改新, 金春秋와 日·羅·唐三國연합체론에 대하여 먼저 살펴본 연후에, 백제와 일본의 관계에 대하여 살펴보고자 한다.

(1) 蘇我氏에 대하여

金교수는 스이코朝의 실력자는 蘇我馬子大臣이고 정치를 주도한 사람도 蘇我馬子大臣이었다고 주장하고 있는데(271쪽), 이 견해에는 필자도 이견이 없다. 그러나 金교수가 法興寺는 蘇我氏의 氏寺(氏族의 사찰)였다(284쪽)고 주장하는 데는 동조하기 어렵다. 法興寺가 蘇我氏의 氏寺였다는 견해는 지금까지 이어져온 일본인들의 주장인데 그 근거는 없다. 法興寺는 알려져 있는 바와 같이 588년(威德王 35; 崇峻 元) 백제의 威德王이 백제의 고위관리 恩率(백제관리 16階 가운데 제3위) 首信과 백제관리 德率 蓋文, 那率 福富味身, 승려 聆照律師, 寺院 건축공 太良未太, 文賈古子, 鑢盤박사, 瓦박사, 畵工(각 이름은 생략함) 등을 보내서 세운 사

찰이다(『일본서기』崇峻 元年條). 따라서 法興寺가 蘇我氏의 개인 사찰
이라는 주장은 근거가 없다. 588년의 法興寺 건립은 전에 언급한 바와 같
이 일본에 官位가 시행되기 이전 시대에 백제가 일본에서 행한 개척사업
의 하나였다.

金교수는 蘇我馬子大臣이 일본에 파견된 백제 사인에게 善信尼 등의
백제유학 허가 등을 구하였다고 언급하였으나(273쪽) 그 이상의 사실에
대하여는 언급하지 못하였다. 『日本書紀』崇峻前紀 6월 21일에는 善信
尼를 백제에 유학시켜달라는 蘇我馬子의 청에 대하여 백제 사인이 대답
하기를 "본인 등이 귀국하여 국왕에 말씀드려 그 후에 파견하여도 늦지
않다"고 하며 일단 거절하고, 다음 해인 588년 일본에 파견된 백제 恩率
首信이 善信尼 등을 백제로 데려간 것으로 기록하고 있다. 여기서 일본
비구니의 백제 유학도 백제왕의 결정으로 이루어지며 이 결정은 일본파
견 백제관리→ 蘇我의 행정라인을 따라 실행된다는 것을 알 수 있다.

蘇我氏 주살에 관해서는 金교수와 본인의 견해에 뚜렷한 차이가 있다.
金교수는 『日本書紀』고교쿠(皇極) 4년 6월조 기사("中大兄 … 曰 韓人
殺鞍作臣[謂因韓政而誅] 吾心痛矣")을 제시하면서도 蘇我氏 살해의 주도
인물은 일본인인 中臣鎌子連과 中大兄 皇子라고 주장한다(382쪽). 그러
나 본인은 蘇我氏는 살해된 것이 아니라 誅殺된 것이며 주살한 사람은
백제왕의 명을 받은 백제인이었다고 생각한다. 살해와 誅殺은 큰 차이가
있다. 金교수는 中臣鎌子連(鎌足)을 일본인으로 보고 있다.

대체로 642년(義慈王 2; 皇極 元) 이전까지는 蘇我氏(稻目·馬子)는 백
제왕이 야마토왜에 파견한 백제사인(백제관리)의 지시를 충실히 이행하
였으나(H-1, H-2), 642년경부터는 지시를 따르지 않고(반역의 마음을 먹
고) 독자적으로 야마토왜 王의 행세를 하고 야마토왜를 통치하기 시작했
다(H-3～H-5). 백제왕에 반역한 蘇我蝦夷·入鹿 父子는 드디어 645년(義
慈王 5; 大化 元)에 백제왕으로부터 철퇴를 맞게 된다. 즉 고교쿠 4년

(645) 6월 12일에 있었던 蘇我蝦夷·入鹿 誅殺 사건(645년; 義慈王 5)은 백제 의자왕의 명에 의하여 일어난 사건인 것이다. 먼저 여기에 관한 사료를 『日本書紀』에서 제시하면 다음과 같다.

H-1. 崇峻 전기(587) 6월 21일. 善信阿尼 등이 大臣(蘇我馬子)과 이야기하며 "출가의 도는 戒로서 본을 삼습니다. 백제에 가서 계법을 배우고자 합니다"라고 말하였다. 이달 백제 使人이 왔다. 大臣이 사신에게 일러 "이 여승들을 데리고 그대의 나라에 가서 계법을 배우게 하십시오. 다 배웠을 때에 출발시키십시오"라고 말하였다. 사인이 대답하여 "본인 등이 귀국하여 먼저 국왕에 말씀드리겠습니다. 그 후에 출발하여도 늦지 않을 것입니다"라고 하였다.

H-2. 崇峻 元年(588). (前略) 蘇我馬子宿禰는 (中略) 善信尼 등을 백제의 사인 恩率 首信 등에 딸려 학문을 시키기 위하여 출발시켰다.

H-3. 皇極 元年(642) 정월 15일. 大臣(蝦夷)의 子 入鹿는 스스로 國政을 집행하고 위엄이 아버지보다 강하였다.

H-4. 皇極 元年(642) 이 해. 蘇我蝦夷는 자기의 祖廟를 葛城의 고궁에 세우고 八佾의 춤(64人의 方形의 群舞로 天子만이 하는 행사)을 추게 하였으며 全國民(야마토왜)과 180部曲을 징발하여 미리 雙墳을 今來(葛上郡)에 세웠다. 하나는 蝦夷의 묘로서 大陵이라 하고, 또 하나는 入鹿의 묘로서 小陵이라 하였다.

H-5. 皇極 3년(644) 11월. 蘇我蝦夷와 아들 入鹿은 집을 甘樔 언덕 위에 짓고 蝦夷의 집을 '上宮門', 入鹿의 집을 '谷宮門'이라 불렀다. 아들·딸을 왕자라 불렀으며 집밖에 城册을 치고 문 옆에 兵器庫를 지었다. 문마다 用水통 하나와 木鉤 수십 개를 두어 화재에 대비하였다. 언제나 힘센 사람으로 하여금 무기를 가지고 집을 지키게 하였다. 蝦夷는 長直에 명하여 大丹穂山(明月香村入谷)에 牟削寺를 짓게 하였다. 또 집을 畝傍山의 동쪽에 세웠다. 못을 파서 城으로 하였다. 兵器庫를 세워 矢를 비축하였다. 언제나 50인의 병사를 거느리고 신변을 둘러싸고 출입하였다. 이를 健人이라 칭하고 동방의 從者라 하였다. 蘇我의 친척들이 들어와서 그 門에서 시중을 들었다. 蝦夷는 祖子·孺子(같은 조상의 아이들)라 불렀다. 漢直 등이 '上의 궁문'과 '谷의 궁문' 두 문에서 시중을 들었다.

H-6. 皇極 3년(644) 1월 1일. 中臣鎌子連(鎌足)을 神祇伯에 임명하였다. 재

삼 사퇴하고 받지 아니하였다. (中略) 中臣鎌子連는 사람됨이 충직하고 세상을 바로 잡으려는 마음이 있었다. 그래서 蘇我入鹿이 군신·장유의 질서를 잃고 권력을 믿어 사직을 엿보려는 것을 분하게 여겨 왕족과 접촉하고 공명을 세우려는 명군을 구하는 중이었다. 마음을 中大兄에 붙였지만 떨어져 있어 아직도 그 깊은 생각을 펼 수가 없었다. 우연히 中大兄이 法興寺의 槻木 밑에서 蹴鞠(공을 치는 놀이)을 할 때 공을 치는 순간 가죽신이 벗겨져 나온 것을 두 손으로 받들어 나아가 무릎을 꿇고 드렸다. 中大兄이 이에 대해 무릎을 꿇고 받았다. 이 후에는 서로 친하게 되어 같이 생각하는 바를 이야기하였다. 이미 숨기는 바 없이 되었다. 후에 타인이 자주 만나는 것을 의심할 것을 두려워하여 같이 책을 들고 스스로 周孔의 가르침을 南淵선생의 곳에서 배웠다. 노상을 왕래하는 사이에 어깨를 나란히 하여 비밀히 계획을 세웠다. 서로 맞지 않는 것이 없었다. 이때 中臣鎌子連이 "큰일을 도모할 때에는 도움이 있는 것이 좋습니다(中略)"라고 하였다(下略).

H-7. 皇極 4년(645) 6월 12일. 天皇이 大極殿에 나왔다. 古人大兄이 옆에 있었다. 中臣鎌子連은 蘇我入鹿이 평소 의심이 많고, 주야로 칼을 가지고 있는 것을 알고 익살꾼을 시켜 속여 칼을 풀게 하였다. 入鹿은 웃으며 칼을 풀었다. 들어가 좌석에 앉았다. 倉山田麻呂臣이 나아가 三韓의 표문을 낭독하였다. 中大兄은 衛門府를 경계하여 일시에 12개의 통문을 잠그고, 왕래를 못하게 하였다. 그때에 中大兄은 스스로 긴 창을 들고 大極殿의 옆에 숨었다. 中臣鎌子連은 활과 화살을 가지고 그를 호위하였다. 海犬養連勝麻呂에 명하여 상자 속의 두 자루의 칼을 佐伯連子麻呂와 葛城稚犬養連網田에게 주며 "반드시 한 순간에 베어라"라고 말하였다. (中略) 佐伯連子麻呂, 稚犬養連網田은 入鹿을 베었다. (中略) 古人大兄은 상황을 보고 사택으로 뛰어들어 사람들에게 韓人들이 鞍作(入鹿)의 시체를 묘에 장사지내는 것을 허가하였다. 또 곡하는 것도 허락하였다.

H-1과 H-2는 蘇我馬子가 야마토왜에 파견된 백제 사인을 통하여 백제왕의 허락을 받아 야마토왜의 비구니들을 백제에 파견할 수가 있었다는 것을 나타내는 기사이고, H-3부터 H-5는 蘇我蝦夷·入鹿 父子가 백제에 반역하여 스스로 야마토왜 왕의 행세를 하였다는 기사이다. 그리고 H-6과 H-7은 蘇我蝦夷·入鹿가 백제왕이 보낸 사인(鎌足 등)에 의하여 주살

되었다는 기사이다. 6세기에 백제는 백제관리, 五經박사, 승려, 易박사, 曆박사, 醫박사 등을 파견하여 야마토왜를 경영하였다.[23] 이 경우 蘇我는 백제에서 파견된 백제관리의 지시를 따르게 되어 있다. 蘇我가 백제왕이 파견한 백제관리에게 거역할 수 없는 것은 위의 史料 H-1의 백제사인이 蘇我馬子에게 한 말에도 나타나 있다. 여하튼 蘇我稻目·馬子·蝦夷·入鹿 4대는 백제의 지시에 의하여 야마토왜 경영에 참여하는 현지의 지도자였다. 그러나 초기의 稻目·馬子 2대는 백제의 지시를 충실히 수행하였으나, 蝦夷·入鹿 2대는 백제의 지시를 따르지 않고 스스로 야마토왜의 王이라 칭하고 반역하였다.

H-1은 587년 蘇我馬子가 백제에 가서 백제 불교의 계법을 배우고 싶은 善信尼 등을 데리고 가달라고 야마토왜에 파견한 백제관리(使人)에게 청을 하였으나, 귀국하여 왕의 허락을 받은 연후에 데리고 가도 늦지 않다고 蘇我의 청을 거절하였다는 내용이다. 즉 이 기사는 야마토왜 善信尼 등의 백제 유학도 백제왕이 결정하며, 야마토왜의 실권자인 蘇我氏도 백제에서 파견된 백제관리의 지시를 거역할 수 없다는 것을 나타낸다. 결국 善信尼 등은 다음 해인 588년(威德王 35; 崇峻 元) 야마토왜에 파견된 백제관리 恩率 首信 일행을 따라 백제로 떠날 수 있게 된 것이 史料 H-2에 나타난다.

다시 말하면 야마토왜의 통치는 백제왕→야마토왜 파견 백제관리→蘇我의 명령 계통에 따라 행해지는 것이다. 즉 백제왕의 통치 의지는 백제 관리에 전달되고, 蘇我는 백제관리의 지시에 의해 행정에 참여하게 되는 것이다.

蘇我一家는 처음에는 백제의 지시에 의해 야마토왜 경영에 종사하였

---

23) 백제에 의한 야마토왜 경영에 대해서는 다음 참조.
최재석, 1990,『백제의 大和倭와 日本化過程』: 1991,「武寧王과 그 前後時代의 大和倭 경영」『韓國學報』65.

지만 나중에는 앞에서 언급한 바와 같이 백제의 지시를 따르지 않고 야마
토왜 왕으로 행세하고 독자적으로 야마토왜를 경영하였다. 즉, 蘇我蝦夷
는 백제의 허락을 받지 않고 자기 조상의 사당[祖廟]을 高宮에 세우고 국
민을 동원하여 대규모로 자기 묘와 아들의 묘를 세워 각각 大陵·小陵이
라 칭했을 뿐만 아니라 天子만이 하는 八佾의 춤을 추게 하였다(H-4). 또
644년에는 蝦夷와 入鹿의 집을 柑檮의 언덕에 짓고 父인 蝦夷의 집과 아
들 入鹿의 집을 각각 上宮門, 谷宮門이라 칭하고 王宮이라 하였다. 또한
畝傍山의 동쪽에 집을 세워 兵器庫를 세우고 50인의 병사로 하여금 지키
게 하였다. 이러한 蘇我의 방자함은 백제왕과 백제 王家를 능멸할 뿐만
아니라 백제에 의한 야마토왜 경영이념에 위배되는 반역적 행위라 할 수
있겠다.

마침내 백제는 645년(義慈 5; 大化 元)에 蘇我蝦夷·入鹿 父子에게 철
퇴를 내리기로 결정하고 여기에 관한 백제왕의 지시문을 하달하게 되었
다. 사료 H-6과 H-7은 백제에서 파견된 가마다리(鎌足)가 백제인을 하수
인으로 하여 蘇我蝦夷·入鹿 父子를 주살한 기사이다. 이 두 기사는 은폐
되어 있지만 위와 같은 사실을 우리에게 전하고 있는 것이다.

『日本書紀』의 '通證'은 三韓의 貢調에 의탁하여 살인한 것을 피하기
위하여 말하였다고 하고, 『日本書紀標注』는 古人大兄이 禍가 미칠 것을
두려워하여 韓人을 하수인으로 하였다고 하였으며, 『日本書紀通釋』은
三韓貢調는 본래 조작이며 가짜 韓人을 만들었지만 그도 함께 살해에 참
가하였기 때문이라고 말하고 있다. "謂因韓政而誅"라는 分注가 있는 것
도 당초부터 해석이 어려웠기 때문일 것이라고 주장하고 있다.[24] 이와 같
이 사실을 기록한 사료에 대하여 '조작되었다', '해석이 어렵다' 등 여러
이유를 들어 사료의 내용을 은폐하고 있음을 보게 된다. '謂因韓政而誅'
을 직역하면 이러하다. 誅가 있으므로 '韓(百濟)政'은 '백제왕의 지시'로

---

24) 坂本太郎 외 3인 校注, 1965, 『日本書紀』(下), 東京: 岩波書店, 264쪽.

풀이해야 한다. 그래서 "백제왕의 지시로 蘇我가 주살되었다"는 것이 된다. 誅殺은 단순한 살해가 아니라 罪를 지은 罪人을 살해하는 것을 뜻한다. 蘇我가 백제왕에 반역하고 倭王 행세를 하자 백제왕이 蘇我를 죄인으로 단정하고 죽인 것이다.

大臣 蘇我蝦夷・入鹿 부자를 주살한 사람이 백제인이라는 근거를 정리하면 다음과 같다.

첫째, 蘇我 父子 제거의 총지휘자는 백제에서 파견된 가마다리(鎌足)이다. "행동대원 두 사람은 백제인이고 그 지휘자는 백제인이 아니다"라는 논리는 성립되지 않는다. H-7에 나타난 지휘계통을 그림으로 그리면 다음과 같다.

〈그림 3〉 蘇我 誅殺의 지휘계통

中大兄 － 中臣鎌子(鎌足; 백제인)
        ↓
   海犬養連勝麻呂 ──┬── 佐伯連子麻呂(韓人 = 백제인)
                  └── 葛城稚犬養連網田(韓人 = 백제인)

둘째, 鎌足의 발음은 '가마다리'이다. '가마'는 한국어 '겸'에서 나왔고, '다리'는 足의 한국어식 발음 그대로이다. 일본어 발음은 '아시'이며 '다리'가 아니다.

셋째, 鎌足은 『日本書紀』의 고교쿠 3년 1월 10일조 기사에 처음 등장하며, 처음 등장하는 기사에서 蘇我 제거의 뜻을 내비친 것으로 보아 664년 蘇我 살해의 밀명을 띠고 백제에서 야마토왜에 파견된 인물로 보이는데 『日本書紀』가 이것을 은폐한 것이다.

(2) 大化改新에 대하여

金교수는 일본학계의 견해를 받아들여 大化改新의 詔를 사실로 인정하고 蘇我氏를 넘어뜨린 세력이 대화개신 정권이며, 그 정권의 실력자는 고토쿠(孝德) 천황이며, 또한 大化改新 정권은 신라에 군사적 협력을 약속함으로써 신라와의 관계뿐만 아니라 不和관계에 있는 唐과의 관계를 타개하였다고 주장한다. 그러나 본인의 견해는 이와 전혀 다르다.

지금 金교수의 견해를 제시하면 다음과 같다.

　I-1. 蘇我氏를 넘어뜨리고 등장한 것이 大化改新 정권이다(352쪽).
　I-2. (大化)改新 정권의 실권자는 中大兄 皇子가 아니라 孝德천황이었다
　　　 (399·400쪽).
　I-3. 大化改新 정권은 신라에 군사적 협력을 약속함으로써 신라와의 관계
　　　 뿐만 아니라 (中略) 不和관계에 있었던 唐과의 관계도 타개되었다
　　　 (433쪽).

金교수는 일본(大化改新 정권)이 신라에 군사협력을 약속하였으며 일본과 不和관계에 있었던 唐과의 관계도 타개되었다고 주장하고 있으나 근거는 없다.

蘇我는 앞에서 본 바와 같이 백제왕에 반역하여 스스로 야마토왜 왕으로 행세한 지 불과 3년 만인 645년에 誅殺되었다. 그런데 백제왕이 백제에 반역한 蘇我를 주살하였다면 백제는 마땅히 지금까지의 야마토왜 경영방식에 일대 개혁을 단행하였을 것이다. 그러나 『日本書紀』는 蘇我 蝦夷·入鹿 부자가 주살된 고교쿠 4년(645)을 '大化 元年'으로 연호를 고치고, 다음 해인 大化 2년(646) 정월 1일에 고토쿠王이 改新의 詔를 선포하였다고 기록할 뿐 그 밖의 것에 대해서는 일체 침묵을 지키고 있다. 우선 大化改新의 詔의 내용부터 알아보자.

　J-1. 孝德 즉위전기. 皇極天皇 4년을 고쳐서 大化 元年으로 하였다.
　J-2. 大化 2년 정월 1일. 신년축하의 禮가 끝나고 改新의 詔를 선포하였다.
　　　 제1. 옛날의 천황이 세우신 子代의 백성(아들 대신에 둔 사유의 백
　　　 성), 각처의 屯倉 및 따로 臣, 連, 伴造, 國造, 村首가 소유하는 部曲의
　　　 백성, 각처의 田莊을 폐지한다. 그리고 食封(급여되는 호구)을 大夫(四

位, 五位) 이상에게 주는데, 각각 차가 있을 것이다. 이 이하는 布帛을 관인, 백성에게 주는데, 차가 있을 것이다. 또 대부는 백성을 다스리는 곳이다. 잘 다스리면 백성이 신뢰한다. 고로 그 녹을 많이 받으려면 백성을 위해서 하는 것이 된다.

제2. 처음으로 京師를 창설하고, 畿內國의 司, 郡司, 關塞, 斥候, 防人, 驛馬를 두어, 鈴契를 만들고, 산하(지방구획)를 정하여라. 무릇 京에는 坊마다 長을 두어라. 四坊에 令 1인을 두어라. 호구를 조사하여 간악한 자를 독찰하는 일을 관장하라. 그 坊令에는, 坊內에 청렴하고 강하고 곧고, 시무를 담당할 수 있는 자로 채워라. 만일 그 里坊에 사람이 없으면 인근의 里坊에서 선택하여 쓰는 것도 좋다. 무릇 畿內는, 동쪽은 名墾의 橫河까지 남쪽은 紀伊의 兄山까지(兄, 이를 制[세]라 한다), 서쪽은 赤石의 櫛淵까지, 북쪽은 近江의 狹狹波의 合坂山까지를 畿內國으로 한다. 무릇 郡은 40리를 대군으로 하라. 30리에서 그 이하, 4리보다 이상을 中郡으로 하고, 3리를 小郡으로 한다. 그 郡司에는 國造 중 성질이 청렴하고, 시무를 감당할 만한 자를 골라서 大領, 小領으로 하고, 강하고 용감하고 재능있고 書算을 잘하는 자를 主政, 主帳으로 하라. 무릇 驛馬, 傳馬를 지급하는 것은 다 領, 傳符에 새긴 수에 의하라. 무릇 제국 및 關에는 鈴契를 지급한다. 이는 장관이 집행하나, 없으면 차관이 집행하라.

제3. 처음 호적, 計帳, 班田收授의 법을 만들라. 무릇 50호를 里로 한다. 里마다 長 1인을 둔다. 호구를 조사하고, 농업을 권장하고, 비위를 금하고 밝혀, 부역을 독려하는 것을 관장하라. 만일 산이나 골짜기가 험하며, 땅이 멀고 사람이 드문 곳은, 실정에 따라 측량하여 두어라. 무릇 논은 길이 30步, 너비 12步를 1段으로 하라. 10段을 1町으로 하라. 段마다 조세는 벼 2束 2把, 町마다의 조세는 벼 22束으로 하라.

제4. 전부터의 부역을 그만두고, 田의 조세를 행하여라. 무릇 絹, 絁, 絲, 綿은 토지의 사정에 따라 어느 것이나 골라라. 田 1町에 絹 1丈, 4町이면 1匹을 이룬다. 1匹은 길이 4丈, 넓이 2尺 반, 絁는 2丈, 2町으로 1匹을 이룬다. 길이와 너비는 絹과 같다. 布는 4丈, 길이와 너비는 絹, 絁와 같다. 1町으로 1端을 이룬다(絲의 絇·屯은 어느 곳을 보아도 없다). 따로 호별로 조세를 거두어라. 1戶에 租布 1丈 2尺. 무릇 조세의 副物인 소금과 토산품은 토지의 사정에 따라 어느 것이나 택하라. 무릇 官馬는 중간 정도의 말이면 100호마다 한 마리를 내라. 만일 細馬(良馬)이면 200호에 한 마리를 내라. 그 말을 사는 돈은 1호에 布 1丈 2尺. 무릇 무기는 사람마다 刀, 甲, 弓, 矢, 幡, 鼓를 내라. 무릇 仕丁은 이전에 30戶마다 1인으로 한 것을(1인은 잡역에 종사한다) 50戶마다 1인을(1인은 잡역에 종사한다) 각 官司에 있게 하라. 50호로써 仕丁 1인의 식량을 대어라. 1戶에 庸布 1丈 2尺, 庸米 5斗. 무릇 采女는 郡의 小領 이상의 자매 및 자녀 중에서 얼굴이 단정한 자를 바쳐라(從丁 1인, 從女 2인). 100호로써 采女 1인의 식량을 대어라. 庸布와 庸米는 다 仕丁에 준하라.

그런데 위의 '大化改新의 詔'가 조작이냐 아니냐를 따지는 데는 두 가지 시각이 필요하다. 하나는 기록 자체가 조작이냐 아니냐 하는 것이다. 물론 이것이 핵심적 시각이다. 다른 하나는 부차적인 것이기는 하지만 '改新의 詔'가 선포되었다고 한 연도의 전후시기의 기록이 사실이냐 아니냐를 확인하는 시각이다. 『日本書紀』는 '改新의 詔'를 역사적 사실로 보이기 위해 부차적인 기사를 교묘히 배열하였을 가능성이 있기 때문이다. 먼저 '改新의 詔'가 조작이냐 아니냐를 알아보고자 한다. 알려져 있는 바와 같이 '改新의 詔'는 4개조로 구성되어 있는데 내용과 분량은 다음과 같다.

1조: 私地(屯倉·田莊)·私民 폐지 (약 3행 정도의 분량)
2조: 京師·畿內의 지방제도·군사제도 제정 (약 8행)
3조: 戶籍·計帳·班田法 제정 (약 8행)
4조: 調·官馬·兵器·仕丁·采女 제정 (약 8행)

그런데 '改新의 詔'의 내용은 거의 전부 8세기 養老令의 내용과 동일하다.

改新의 詔 1條: 『漢書』와 동일
改新의 詔 2條: ① 養老戶令 置坊長과 동일
                ② 養老戶令 取坊令과 동일
                ③ 養老戶令 定郡과 유사
                ④ 養老選敍令 郡司와 동일
                ⑤ 養老公式令 給驛傳馬와 동일

                    ⑥ 養老公式令 諸國給令과 主旨 동일
    改新의 詔 3條: ① 養老戶令 爲里와 동일
                    ② 養老田令 田長과 동일
    改新의 詔 4條: ① 養老賦役令 調絹絁와 동일

    이렇게 볼 때 646년에 선포되었다는 '改新의 詔'는 그로부터 약 백 수
년 뒤인 8세기에 편찬된 養老令을 거의 그대로 베껴서 만들어졌음을 알
수 있다. 따라서 이 詔는 8세기나 그 이후 어느 때 造作하였음이 분명하
다고 하겠다. 일본학계에서도 岸俊男, 原秀三郞 등은 '改新의 詔'가 조작
되었다고 주장하고 있다.[25]
    『日本書紀』 편찬자는 '改新의 詔' 기사를 사실로 보이기 위해 詔가
선포되었다는 해의 전후시기에 그럴 듯한 정치기사를 나열하고 있다. 이
러한 기사들은 크게 세 범주로 나눌 수 있다. 하나는 '改新의 詔'가 선포
되기 이전에 이미 그 詔를 작성할 수 있는 사람이 존재하였음을 나타내는
기사이고, 또 하나는 詔가 선포된 후에도 여러 차례에 걸쳐 야마토왜가
정치적 개혁을 단행하였다는 내용의 기사이다. 나머지 하나는 詔가 선포
되기 이전과 이후, 특히 이후에 고구려·백제·신라 등 한반도의 여러 나라
가 야마토왜에 여러 번 朝貢을 하였다는 기사이다(<표 11> 참조). 이 사정
을 좀 더 구체적으로 알아보자.

<표 11> 이른바 '大化改新' 造作의 구조

年 代	이른바 '大化改新' 관계기사	한일관계 기사
A 645(皇極 4; 大化 元) 6월 14일	旻法師(日文·僧旻)·高向史玄理(黑麻呂)를 '國博士'로 임명	
B 645(皇極 4; 大化 元) 6월 19일	皇極 4년을 大化 元年으로 하다.	
C 645(大化 元) 7월 10일		고구려·백제·신라·임나, 동시 조공

---

25) 최재석, 1990, 『日本古代史研究批判』, 232~233쪽.

D 646(大化 2) 1월 1일	改新의 詔 선포	
E 646(大化2) 2월 15일		고구려·백제·임나·신라, 4국 동시 朝貢
F 646(大化 2) 9월		① 高向黑麻呂를 신라에 파견하여 인질을 조공케 함. ② 任那의 朝貢을 중지하게 함.
G 647(大化 3) 1월 15일		고구려·신라, 2국 동시 朝貢
H 647(大化 3) 是歲	官位 13階 제정, 禮法 제정	
I 648(大化 4) 是歲		新羅朝貢
J 649(大化 5) 2월	① 官位 19階 제정 ② 僧旻·高向史玄理 8省百官 설치하게 하다	
K 650(白雉 元)	① 2월 9일, 穴門國司 白雉獻上 ② 2월 15일 年號를 大化에서 白雉로 바꿈	

먼저 <표 11>의 A, F①, J②에 대해 살펴보자.『日本書紀』편찬자는 야마토왜에 大化改新의 詔를 작성할 수 있는 사람이 존재하였다는 것을 보여주기 위하여 旻法師와 高向史玄理가 '國博士'로 임명된 것으로 기록하였다. 國博士는 8세기의 養老律令에서 처음으로 제정된 제도이다. 따라서 旻法師와 高向史玄理를 國博士로 임명하였다는 A는 조작된 기사이다. 위의 두 사람 가운데 한 사람인 高向黑麻呂가 신라에 파견되어 '人質'을 일본에 朝貢케 했다는 F①의 기사도 조작이다.[26] 야마토왜가 신라보다도 국력이 막강하여 신라가 야마토왜에 조공하였다는 것을 보이기 위해서이다. 八省百官은 天長 3년(826) 9월 6일에 처음으로 설치되었으니, 僧旻·高向史玄理가 649년에 八省百官을 설치케 하였다는 J②의 기사도 조작이다. 요컨대『日本書紀』편찬자들이 旻法師와 高向史玄理를 國博士로 임명하였다고 기록한 것은 이 두 사람이 '大化의 詔'를 충분히

---

26) 최재석, 2001,『古代韓日關係와 日本書紀』.

만들 수 있다는 것을 나타내기 위해서였던 것으로 생각된다.

<표 11>의 史料 C, E, F, G, I 등 5개의 기사는 韓半島의 諸國이 동시에 야마토왜에 朝貢하였다는 기사이다. 어떤 때는 고구려·백제·任那·신라 등 4개국이, 또 어떤 때는 그 가운데 3국 또는 2국이 동시에 조공하였다고 조작하였다. 645~648년의 3년 사이에 무려 5회나 한반도의 제국(4국 또는 3국)이 동시에 야마토왜에 조공하였다고 조작한 것이다. 야마토왜가 백제의 直轄영토가 아니라 독립되고 강력한 律令국가이기 때문에 한반도 諸國의 조공을 받았다는 것을 나타내려고 한 것이다.

『日本書紀』는 646년 '改新의 詔' 선포 후에 곧이어 647년에 官位 13階와 禮法을 제정하고(H) 그로부터 2년 후인 649년에 또 19階의 官位를 제정하였다고(J①) 기록하고 있다. 647년에 관위(13계)가 제정되고 불과 2년 후인 649년에 이유없이 다시 관위(19계)가 제정되었다는 것 자체가 조작임을 나타내는 것이다.[27] 야마토왜는 역사적으로 시종 백제의 관위가 통용된 지역이었으며, 야마토왜에서 관위 제정은 백제 멸망 후 백제의 지배층이 대량 야마토왜로 이주한 연후부터 가능하였다고 보아야 할 것이다. 실제로 664년(天智 3)에 제정된 관위는 백제인에게만 수여되었으니[28] 그 이전의 관위 제정 기사는 허구라고 할 수 있다. 『日本書紀』는 '大化의 詔'를 역사적 사실로 만들기 위해 관위제정 기사도 조작한 것이다.

이와 같이 '大化改新의 詔'가 조작된 것이 분명함에도 불구하고 일본 사학자 대부분은 이것을 史實로 받아들이고 있다. 大化 元年(645)은 백제에 반역한 蘇我入鹿 부자를 백제가 주살한 해이다. 백제에 대역한 蘇我氏 부자를 처치하였다면 의당 후속조치로서 백제의 야마토왜 경영방식에 일대 혁신이 뒤따라야 한다. 그러나 『日本書紀』는 여기에 대하여 일언반구의 언급도 하지 않은 채 出系가 모호한 고토쿠천황이 '改新의 詔'를 선포

---

27) 최재석, 1999, 「『日本書紀』에 나타난 大和倭 官位제정 기사에 대하여」『韓國學報』97(『古代韓日關係와 日本書紀』수록) 참조.
28) 위의 논문 참조.

하였다고만 기록하고 있는 것이다.

'大化改新의 詔'가『日本書紀』에 기록된 대로 646년 정월 1일에 선포되었다면 준비기간이 있어야 했을 것이다. 그런데 蘇我入鹿 父子가 642~644년에 야마토왜를 통치하였으므로 詔는 이 기간에 준비되었을 것으로 일단 가정할 수 있다. 그러나 '大化改新의 詔'는 蘇我入鹿 부자가 주살된 이후에 선포되었으므로 蘇我氏가 준비한 것으로 볼 수 없다.

또 詔는 백제가 준비했을 가능성도 있다고 하겠다. 그러나 詔의 내용이 각종 古書를 모자이크하여 만들어졌으며, <표 11>에 나타나 있는 바와 같이 詔 선포 전후 시기에 백제를 위시하여 한반도의 제국이 동시에 야마토왜에 조공한 것으로 꾸미고 또한 야마토왜 자체가 그것을 준비한 것으로 꾸민 것으로 보아 '大化改新의 詔'는 역시 백제가 준비 선포한 것이 아니라『日本書紀』의 편찬자가 야마토왜가 독립국임을 나타내기 위하여 조작한 것으로 보인다.

(3) 金春秋와 日·羅·唐 三國연합체론

『日本書紀』는 신라의 金春秋가 647년(大化 3) 日本(야마토왜)에 파견된 것으로 기록하고 있고[29]『三國史記』는 648년(眞德王 2) 신라가 백제를 공략할 때 도움을 요청하기 위하여 당에 파견한 것으로 기록하고 있다.[30]

그런데 金교수는 金春秋가 백제 공략시 구원병을 요청하기 위하여 唐에 파견되었다는『三國史記』의 기사 내용은 외면한 채 金春秋가 일본(大化改新 정권)의 上表를(일본을 대신하여) 당나라에 전달하였다고 주장하고 있다(426쪽). 金春秋가 일본의 上表文을 唐에 전달하였다는 근거는 없으며 또한 신라와 일본과 당이 그러한 관계에 있지 않았다. 설사 그런 일이 있었다고 가정하더라도 김춘추가 일본에 간 시기가 647년이고 그가

---

29)『日本書紀』大化 3년.
30)『三國史記』眞德王 2년.

당에 간 시기는 648년이므로 김춘추는 일본의 上表文을 1년간이나 가지고 있었다는 납득하기 어려운 결론에 이르게 된다. 唐에 전할 일본의 上表를 신라의 실력자인 金春秋가 전하였다는 주장도, 647년에 받았다는 일본의 上表를 1년 뒤인 648년에 당에 전하였다는 주장도 설득력이 없는 주장임을 알게 된다.

결국 金교수는 金春秋가 일본의 上表를 당에 전달하였다고 하며 日本·신라·唐의 三國은 연합체였다고 주장하고(474·477쪽) 있지만 金春秋가 일본의 送使역할을 하지 않았을 뿐만 아니라 664년부터 672년까지 唐이 일본의 筑紫에 都督府를 설치하고 일본을 통치하였으니(곧 언급될 (4)항 참조) 三國연합체론은 성립될 수 없다. 金春秋가 648년 唐에 파견된 것이 백제 공략시 唐의 도움을 얻기 위한 것이었다는 『三國史記』의 기록(眞德王 2년조)에 유의한다면 전년인 647년에 김춘추가 일본에 파견된 것은 백제가 경영하고 있는 야마토왜의 군사사정을 탐색하기 위해서였다는 것을 알 수 있다.

백제본국의 군사사정과 백제가 지배하는 일본에서의 군사사정을 탐색한 연후에 김춘추는 당나라에 가서 앞으로 있을 백제공략때 당의 원조를 요청한 것으로 보는 것이 타당한 해석이다. 唐은 백제본토가 항복하자 그곳에 당의 행정조직인 都督府를 설치하고 고구려가 항복하자 그곳에 당의 都護府를 설치한 것을 보면, 663년 白江口전투에 참전한 倭軍이 항복하였다면 의당 唐은 그곳에도 都督府를 설치할 것이다. 이것이 바로 664년에 설치한 筑紫都督府인 것이다. 당은 <표 12>와 같이 664년부터 672년까지 8년간 수천명의 군대를 일본에 파견하였으며 筑紫都督府를 통하여 일본을 경영하였던 것이다.[31]

---

31) 최재석, 2001, 「『日本書紀』에 나타난 7세기말(664년~672년)의 唐의 日本進出에 관한 기사」『古代韓日關係와 日本書紀』, 一志社.

〈표 12〉 百濟鎭將이 야마토왜에 파견한 唐의 군대와 체류기간

회수	지휘관	군대규모	도착과 歸隊시일	일본 체류기간	당의 백제진장이 데리고 간 사람	당의 백제진장이 돌려보낸 사람
1	郭務悰	?	664. 5. 17.~ 12. 12.	6개월 25일		·
2	禰軍 郭務悰 劉德高	254	665. 9. 23.~ 12. 14.	2개월 21일	小錦守君大石 小山坂合部連石積 大乙吉士岐彌 吉士針間	·
3	法聰	?	667. 11. 9.~ 11. 13.	4일	小山下伊吉連博德 大乙下笠臣諸石	石積 등 4인 博德 등 2인 (668. 1. 23.)
4	郭務悰	2,000여	669	?	小錦中河內直鯨	·
5	李守眞	?	671. 1. 13.~ 7. 11.	5개월 28일	·	·
6	郭務悰 沙宅孫登	2,000여	671. 11. 10. ~672. 5. 30.	6개월 20일	·	·

(4) 백제와 일본 관계

가. 白江口전투에 참전한 日本軍에 대하여

金교수는 야마토 정권의 군대와 백제의 군대가 함께 白村江(白江口)에서 羅唐연합군과 싸웠다고 주장하고 있으나(4쪽), 야마토 정권의 군대는 다름 아닌 바로 백제왕 豊의 군대였을 뿐 야마토 정권(일본)의 독자적인 군대는 아니었다. 지금 근거를 제시하면 다음과 같다.

　　<白江口에서 항쟁한 倭軍이 백제왕 豊의 군대라는 것을 나타내는 사료>
　　K-1. 王領金庾信等二十八將軍與之合 攻豆陵尹城·周留城等諸城皆下
　　　　之 扶餘豊脫身走 王子忠勝·忠志等 率其衆降(『三國史記』文武 3
　　　　년 5월)
　　K-2. 劉仁軌 (中略) 遇倭人白江口 四戰皆克 焚其舟四百艘 煙炎灼天
　　　　海水爲丹 王扶餘豊脫身而走 不知所在 或云奔高句麗 獲其寶劍 王
　　　　子扶餘忠勝·忠志等師其衆 與倭人並降(『三國史記』義慈王 20년)
　　K-3. (劉)仁軌遇扶餘豊之衆於白江之口 四戰皆捷 焚其舟四百雙 賊衆
　　　　大潰 扶餘豊脫身而走 僞王子扶餘忠勝·忠志等 率士女及倭衆降

百濟諸城皆復歸順(『舊唐書』 백제)

K-4. (劉)仁軌遇倭兵於白降之口 四戰捷 焚其舟四百艘 煙焰漲天 海水
皆赤 賊衆大潰 餘豊脫身而走 獲其寶劍 僞王子扶餘忠勝·忠志等
率士女及倭衆幷耽羅國使 一時並降 百濟諸城皆復歸順(『舊唐書』
劉仁軌)

K-5. 豊衆屯白江口 四遇皆克 火四百艘 豊走 不知所在 僞王子扶餘忠
勝·忠志 率士及倭人請命 諸城皆復(『唐書』 백제)

위의 史料 K를 번역하면 다음과 같이 될 것이다.

K-1. (文武)王은 金庾信 등 28장군을 거느리고 唐軍과 연합하여 豆陵
尹城·周留城 등 여러 城을 공격하여 모두 항복을 받았다. (백제
왕) 扶餘豊은 도주하고 王子 忠勝·忠志 등이 군대를 이끌고 와서
항복하였다.

K-2. 劉仁軌가 (中略) 白江口에서 倭人을 만나 네 번 싸워 모두 이기
고 배 400척을 불태우니 연기와 화염이 하늘을 덮고 海水도 빨갛
게 물들었다. 王 扶餘豊이 도주하여 그 행방을 알지 못하는데 혹
은 고구려로 갔다고도 한다. 그의 寶劍을 노획하였다. 王子 扶餘
忠勝·忠志 등이 그의 군대와 왜인을 거느리고 함께 항복하였다.

K-3. 劉仁軌는 白江口에서 扶餘豊의 군대를 만나 네 번 싸워 모두 승
리하고 豊의 선박 400척을 불태우니 적군이 크게 패하여 扶餘豊
은 도주하고 거짓(옛)왕자 扶餘忠勝·忠志 등은 士女와 倭軍을 거
느리고 항복을 하니 백제의 여러 城이 모두 항복 귀순하였다.

K-4. 劉仁軌는 白江口에서 倭兵을 만나 네 번 싸워 모두 승리하고 그
선박 400척을 불태우니 연기와 화염이 하늘을 메우고 바닷물은
모두 붉게 물들이니 적군은 크게 무너져 扶餘豊은 도주하여 그의
寶劍을 노획하였다. 거짓왕자 扶餘忠勝·忠志 등은 士女와 倭軍
과 탐라군사를 거느리고 한꺼번에 항복하니 백제의 여러 城이 모
두 다시 귀순하였다.

K-5. 豊의 군대는 白江口에서 진을 치고 있었으나 네 번 싸워 모두
이기고 선박에 불을 놓아 400척을 불태우니 豊이 도주하였다. 그
가 어디로 갔는지 소재를 알지 못한다. 거짓(옛)왕자 扶餘忠勝·
忠志가 백제 본토 군대와 倭軍을 거느리고 항복하니 모든 城이
모두 항복하였다.

우리는 앞의 사료에서 白江口에서 항쟁한 倭人(K-2와 K-5), 倭衆 (K-3과 K-4)은 백제왕 豊의 군대였으며 전쟁에 패하여 豊이 도주한 후에는 백제왕자 忠勝·忠志가 倭軍 즉 倭人과 倭衆을 통솔하고 항복하였음을 알 수 있다.

나. 663년 백제에서 후퇴한 백제장군들의 日本에서의 역할

다음의 『日本書紀』의 기사 (L-1~L-9)는 누가 보아도 663년 백제가 멸망한 후 백제의 장군들이 일본으로 후퇴하면서, 나당연합군의 침공에 대비하여 방위시설을 축조한 기사임을 알 수 있다. 그런데 金교수는 이 기사를 日本人(中大兄 皇子)이 唐·신라에 대항하여 西日本 각지와 야마토의 방비시설의 강화를 도모한 기사로 보고 있다 (447쪽). 지금 일본으로 후퇴한 백제장군들이 방어용 백제산성을 구축한 상황을 제시하면 다음과 같다.

L-1. 天智 2년(663) 9월 7일. 백제의 州柔城이 함락되었다. (중략) 9월 24일. 佐平 余自信, 達率 木素貴子·谷那晉首·憶禮福留와 일반인민이 궁예성에 도착하였으며 다음날 배를 내어 처음으로 일본으로 향하였다.

L-2. 天智 3년(664) 이 해. 對馬島·壹岐島·筑紫國에 邊境 防衛兵(防人)과 烽火臺를 설치하였다. 筑紫에 防衛시설로 큰 제방을 쌓아 물을 저축하였다. 이를 水城이라 한다.

L-3. 天智 4년(665) 2월 이 달. 백제 멸망 후 다수 이주한 百濟人에 官位를 주기 위하여 百濟國의 官位 계급을 조사했다. 또 백제의 人民 남녀 400여 명을 近江國의 神前郡에 살게 하였다. 3월 이 달. 神前郡의 百濟人에 田을 주었다. 8월. 達率 答㶱春初를 파견하여 長門國에 城을 쌓고 達率 憶禮福留, 達率 四比福夫를 筑紫에 파견하여 大野와 椽에 두 개의 城을 쌓았다.

L-4. 天智 5년(666) 이 해 겨울. 백제의 남녀 2,000여 명을 東國에 살게 하였다. 백제 사람들에게 663년부터 3년 간 國費에 의하여 음식을 주었다.

L-5. 天智 6년(667) 3월 19일. 王都를 近江으로 옮기다.

L-6. 天智 6년(667) 11월 이 달. 倭國의 高安城, 讚吉國 山田郡의 屋嶋
城(지금의 香川縣 高松市 屋島), 對馬國의 金田城(지금의 下縣郡
美津島町 竹敷의 山城)을 쌓았다.

L-7. 天智 7년(668) 7월. 枲前王을 筑紫大宰師(筑紫率)에 임명하였다.
그때 近江國에서 무술을 배웠다.

L-8. 天智 8년(669) 1월 9일. 蘇我赤兄臣을 筑紫率로 임명하였다. (중략)
이 해 겨울, 高安城을 수리하여 畿內의 田稅를 그곳에 모았다. 이
해. 佐平 余自信, 佐平 鬼室集斯 등 남녀 700여 명을 近江國 蒲
生野에 이주시켰다.

L-9. 天智 9년(670) 2월. 高安城(奈良縣 生駒郡과 大阪府 八尾市의 경
계)을 수리하여 곡식과 소금을 비축하였다. 또 長門에 城 하나,
筑紫에 城 두 개를 구축하였다.

사료에서 백제에서 후퇴한 백제장군 達率 答㶱春初는 長門國에
城을 구축하였다. 역시 백제장군인 達率 憶禮福留와 達率 四比福夫
등이 大野와 椽에서 城을 구축한 사실을 알 수 있다. 백제장군의 이
름을 거론하지 않은 山城의 구축도 백제장군이 한 것으로 볼 수 있
다. 이 사정을 좀 더 구체적으로 말하면 다음과 같다.

① 백제장군들이 達率이라는 백제의 관위를 가진 채 일본으로 후
퇴하여 그곳에 나당연합군의 침공에 대비하여 성을 쌓았다. 이것은
바로 日本이 百濟가 경영한 땅임을 나타내는 것이다.

② 백제장군들은 664년 對馬島에 防衛兵과 봉화대를 설치하여 놓
고도 마음이 놓이지 않아 667년에 다시 對馬島에 城을 구축하였다.

③ 또한 664년에 筑紫에도 방위병과 봉화대를 설치하고 또한 水
城을 축조하고도 마음이 놓이지 않아 665년에 大野와 椽의 두 곳에
城을 구축하였으며, 670년에 다시 筑紫城을 구축하였다.

④ 665년 8월에 長門에 城을 구축하였으나 역시 마음이 놓이지

않아 670년 2월에 長門城을 구축하였다.

⑤ 九州와 大和와의 海上요지인 讚吉(지금의 香川縣)에도 城을 구축하여 결국 二重 三重의 城을 구축하였다.

⑥ 군사요지인 筑紫의 책임자를 1년 사이에 두 번이나 갈아 치웠으며 그래도 또 신라의 침공이 염려되어 667년 王都에(더욱 정확하게 말하면 王都인 大和와 河內의 경계선에 위치함) 高安城을 구축하여 大和 방어의 방벽으로 삼았으며 3년 뒤인 670년에 이 성을 修改하였다.

⑦ 결국 백제장군들은 對馬島→壹岐→筑紫→長門→讚吉→河內→大和의 海上 루트상에 城을 구축하여 신라의 침공에 대비하였음을 알게 된다.

그리고 이러한 상황을 지도상에 표시하면 <그림 4>와 같다.

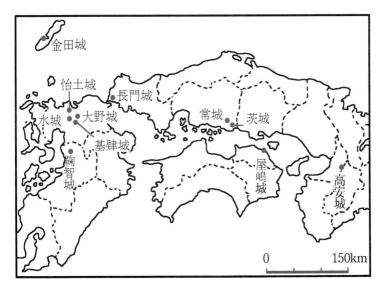

〈그림 4〉 백제장군들이 일본본토에서 구축한 백제산성

다. 백제장군·백제관리·五經박사의 일본파견 기사

『日本書紀』는 게이타이(繼體) 7년(513; 武寧王 13) 6월, 게이타이 10년(516; 武寧王 16) 9월, 긴메이(欽明) 8년(548; 聖王 25) 4월, 그리고 긴메이 15년(554; 聖王 32) 2월조에 다음과 같이 기록하고 있는데 본인은 이 기사를 백제왕에 의한 야마토왜의 경영기사로 보고 있다.

M-1. 繼體 7년(513) 6월. 백제왕이 백제장군 2인(이름 略)과 五經박사를 倭에 파견(요약문, 이하 동일).

M-2. 繼體 10년(516) 9월. 백제왕이 백제장군 2인(이름 略)과 五經박사를 倭에 파견. 백제가 구원병을 청함.

M-3. 欽明 8년(554) 4월. 백제왕이 백제관리 3인을 倭에 파견.

M-4. 欽明 15년(561) 2월. 백제왕이 백제관리 3인, 五經박사, 僧(9인), 易박사, 曆박사, 醫박사, 採藥師(2인), 樂人(4인)을 倭에 파견, 백제가 구원병을 청함.

4개의 기사 가운데 M-2와 M-4, 두 곳에 백제가 일본에 구원병(救兵)을 청한 것으로 되어 있다. 그런데 金교수는 일본학자의 견해를 받아들여 위의 기사를 다음과 같이 해석하고 있다. 즉 백제는 일본에 대하여 군사원조를 청하였으며, 군사원조의 대가로 백제가 지불한 것이 五經박사 등 백제관리의 일본파견이었다고 주장한다(46쪽). 다시 말하면 "백제가 (일본에) 군사적 원조를 구하는 직접적 대가로 가져다 준 것이 先進文物이라는 것이다. 이렇게 생각하면 야마토 정권의 군사원조와 선진문물 수입은 전적으로 교환관계이다"라고 김교수는 주장한다(18∼19쪽). 바꾸어 말하면 金교수는 백제에 구원병을 파견한 야마토 정권의 요구에 응한 것이 백제의 五經박사 등의 일본파견이라는 것이다(18쪽).

그러나 이에 대한 필자의 해석은 金교수와 판이하다.

첫째, 『日本書紀』는 한국과 일본의 두 나라 관계를 시종 개인관계로 擬人化하여 한국은 臣下, 일본(야마토왜)은 君主에 견주어 야마토왜에서 한국에 주는 것은 '賜', 반대로 한국에서 야마토왜로 수여하는 것은 '貢' 또는 '獻'으로 표현하고 있는 점으로 보아[32] 한국이 일본에 구원병을 청하였다는 기사는 한국이 일본에서 군대를 징집하였다고 보는 것이 올바른 해석일 것이다. 더욱이 663년 白江口전투에 참전한 일본군이 백제왕 豊의 군대였다는 사실에 주목하면 그러한 해석은 더욱 설득력을 가지게 된다.

둘째, 金교수는 한국이 日本에 '先進文物'을 대가로 지불하였다고 하나, 513년과 516년에 백제가 각각 장군 2명을 파견하였으니 이것은 선진문물의 수출이 아니라 일본을 군사적으로 지배하기 위한 것으로 보아야 할 것이다. 金교수는 주로 五經박사에 대해서만 언급하였을 뿐 일본에 파견된 백제장군에 대해서는 언급하지 않았다. 또 547년과 554년에는 각각 3명의 백제관리도 파견하였으니, 장군과 관리의 일본파견은 백제가 군사적 및 정치적으로 일본을 경영하기 위한 조치였던 것으로 보아야 한다는 것이 필자의 견해이다.

셋째, 일본은 603년에 처음으로 官位가 시행되었으므로[33] 이전 시기인 6세기에 일본은 국가체제를 갖추지 못했던 것이 분명하다. 그렇다면 국가형태를 갖추지 못한 일본에 군대가 있을 수 없고 더욱이 한국에 파병할 정도의 군대는 있을 수 없다. 더군다나 조선·항해술이 유치하여 한국의 도움 없이는 바깥 세계로 나갈 수 없었으니(史料 C-1~C-5) 일본에 그들의 군대가 있었다고 하더라도 일본이 구원병을 한국에 파견한다는 것은 있을 수 없는 일이다.

라. 日本(야마토왜)이 군대·人力·물자를 백제에 보낸 기사

『日本書紀』는 다음과 같이 日本이 물자·人力·군대 등을 백제에 보낸 기사를 게재한다. 물론 이러한 물자는 백제가 일본에 사람을 보내 징발한 것이다.

---

32) 최재석, 1993, 『統一新羅·渤海와 日本의 關係』, 439쪽.
33) 『일본서기』 推古 11년 12월.

N-1. 繼體 6년(512, 武寧王 12) 4월. 馬 40필
N-2. 欽明 7년(546, 聖王 24) 정월. 良馬 70필, 船 10척
N-3. 欽明 9년(548, 聖王 26) 10월. 築城인부 370인
N-4. 欽明 11년(550, 聖王 28) 3월. 矢 30 具
N-5. 欽明 12년(551, 聖王 29) 3월. 麥種 1,000石
N-6. 欽明 14년(553, 聖王 31) 6월. 良馬 2필, 船 2척, 弓 50張, 箭 50具
N-7. 欽明 15년(554, 聖王 32) 정월. 兵 1,000명, 馬 100필, 船 40척
N-8. 欽明 17년(556, 威德王 3) 정월. 兵仗, 良馬 다수

그런데 金교수는 이것을 일본이 백제에 지불한 軍兵과 군사물자라고
주장하고 있으나(18·48쪽) 필자의 견해는 다음과 같다.

① N-1은 武寧王이 세상을 떠난 후 棺材를 일본에서 가져온 것처럼[34]
일본에서 馬 40필을 가져온 것을 나타내는 기사이다. N-3은 백제가 일본
인 370명을 징집하여 백제의 得爾辛의 城 쌓기를 돕게 한 기사이다. 따라
서 두 기사는 백제가 일본에서 인력과 물자를 징발한 기사이다.

② 타국에 대하여 군사원조를 하려면 강력한 고대국가의 존재가 전제
되어야 한다. 그런데 일본은 앞에서 언급한 바와 같이 603년(推古 11)에
처음으로 관위가 시행되었으니 이전 시기인 6세기는 강력한 국가체제는
고사하고 국가형태도 갖추지 못했다. 따라서 당시 일본은 백제에 대하여
군사원조를 할 수 없다.

③ 史料 C-1～C-5에 나타나 있는 바와 같이 7세기에도 일본은 조선·
항해수준이 유치하여 한국의 도움 없이는 바깥 세계로 나갈 수 없었다.
따라서 6세기에 일본이 단독으로 보리 1,000석, 군대 1,000명, 馬 40～
100필과 같이 많은 軍兵力과 물자를 백제에 보낼 수 없다.

④ 法隆寺 夢殿의 觀音은 백제 威德王이 父王(聖王)을 연모 渴仰하여

---

34) 朴相珍·강애경, 1991, 「백제 武寧王陵출토 棺材의 樹種」『국립박물관 고적조사
보고서』 23.

만든 遺像이라는 점[35]을 상기만 하여도 당시 武寧王·聖王·威德王 시대는 日本이 백제왕에 의하여 경영되었음을 알 수 있다.[36] 威德王은 577년과 588년에 造寺工·造佛工 등을 일본에 파견하였으니, 이들이 威德王의 명을 받아 일본에서 夢殿의 觀音을 조상하였음이 분명하다고 하겠다. 이렇게 볼 때 金교수가 백제에 대한 일본의 군사원조를 나타낸다고 제시한 자료는 백제가 경영하고 있던 일본에서 인력을 징집하고 각종 물자를 징발한 것을 나타내는 자료라고 할 수 있겠다. 이것은 앞에서 지적한 바와 같은 白江口 전투에 참전한 일본군이 백제왕의 군대였다는 사실, 663년에서 후퇴한 백제장군들이 일본에 와서 나당연합군의 침공에 대비한 백제 산성을 구축한 사실에 의해서도 분명하다고 하겠다.

마. 백제와 일본 관계

金교수는 한편에서는 백제와 일본의 관계가 대등하다고 하고(5쪽), 다른 한편에서는 백제가 여러 번 일본에 朝貢使를 파견하였다고 모순된 주장을 하고 있다(16～17쪽; 414～415쪽). 그러나 필자의 견해는 바로 앞의 절에서 언급한 바와 같이 일본은 백제가 경영한 지역이었다는 것이다.

4. 맺는말

『日本書紀』에 의해 파악할 수 있는 바, 왕권도 갖지 못한 것으로 기록된 일본천황, 독립국으로 존속하기에는 협소한 일본의 강역, 한국의 협조없이는 해외로 나갈 수 없는 일본의 조선·항해수준, 7세기 초에 이르러서

---

35) 金相鉉, 1999, 「백제 威德王의 父王을 위한 追福과 夢殿觀音」『韓國古代 史硏究』 15.
36) 최재석, 2002, 「6세기의 백제에 의한 大和倭 경영과 法隆寺 夢殿의 觀音像」 『韓國學報』 109(본서 제6장 수록).

야 시행된 일본의 관위 등 고대 일본의 정치 상황을 도외시한 일본고대사
와 고대한일관계사의 서술은, 그것이 일본인에 의해 이루어졌든 또는 한
국인에 의해 이루어졌든 간에, 사실과 거리가 먼 허구의 주장이 될 수밖
에 없다.

한국(통일신라·발해)과 일본의 관계는 의당 두 나라간의 관계이다.
따라서 본인은 한국과 일본의 관계를 두 나라 관계로 파악하고 저서명도
그렇게(『통일신라·발해와 일본의 관계』)하였다. 그러나 김교수는 자신
이 고찰한 한국(백제, 신라)과 일본의 관계사를 일본사로 표현하여 책명
을 『야마토 정권(일본)의 대외관계연구』로 하고 한국과 한국사라는 이름
을 빼버렸다. 한일관계사를 일본사로 간주하는 사람은 지금까지 일본학
자 중에도 찾지 못하였다. 또한 김교수는 한일관계사의 연대도 일본연대
로만 표시하였을 뿐 한국연대는 나타내지 않았다. 이런 점에 유의한 일본
의 고대사학자 미즈노 유(水野祐) 등은 김교수의 저서 서문에서 "일본고
대사를 올바르게 이해하는 사람이 한국에서 많은 사람에게 올바른 교육
을 하는 것은 금후의 일한 양국의 우호상으로도 좋은 결과를 가져올 것을
확신한다"고 극찬하고 있다. 여하튼 위에 적은 김교수의 역사서술은 필자
의 것과 근원적으로 다르다.

고대한일관계사에 관한 金교수와 필자의 견해 차이를 정리하면 <표
13>과 같다.

끝으로 내 땅 네 땅 따지지 않고 연구성과(논저)에 대하여 객관적인
평가가 이루어지는 날이 하루속히 오기를 기대하면서 붓을 놓는다.

〈표 13〉 金鉉球와 崔在錫의 중요항목별 견해 비교

	중요 항목	金 鉉 球	崔 在 錫
1	한일관계사의 표현	일본사로 표현(『야마토 정권의 對外관계연구』)	한국과 일본의 관계사(『統一新羅·발해와 일본의 관계』)
2	한일관계사의 年度 표현	일본 年度로만 표현	일본年度·西紀 병기 또는 한국년도·서기 병기
3	일본고대사학자에 대한 비판	하지 않음	22회에 걸쳐 비판(일본사학자는 거의 전부 역사를 왜곡함)
4	6세기 한국사인의 日本정착 기사	한국인의 일본귀화 기사	한국인의 일본개척 기사
5	天皇의 거처	무언급	때로 지붕을 인 보잘 것 없음
6	天皇의 王權	日本 최고의 명령자	천황의 존재 자체가 의심스럽고, 존재하였다고 가정하더라도 같은 지역의 호족보다도 못함
7	日本의 官位시행	무언급	607년 처음으로 官位시행(6세기에는 관위가 시행되지 않음)
8	日本의 조선·항해수준	발달(자력으로 군대와 물자를 한국에 수송할 수 있음)	유치하여 한국의 도움 없이는 나라 밖으로 나갈 수 없음
9	일본의 강역(7세기)	무언급	畿內
10	일본열도의 각지의 지명	무언급	高麗·新羅·百濟 등 일본열도를 뒤덮고 있음
11	『日本書紀』의 평가	거의 전부 사실로 받아들임	變改 조작 기사가 많음
12	聖德太子의 존재	실존인물	허구의 인물
13	任那의 위치	伽耶(한반도)	존재하였다고 가정하면 지금의 대마도
14	蘇我氏의 죽음	일본인이 살해	백제왕이 보낸 사람들에 의해 誅殺됨
15	鎌足(가마다리)	일본인	백제가 파견한 백제인
16	大化改新에 관한 천황의 명령(詔)	사실	조작
17	신라·당·일본의 관계	일본이 당·신라와 관계개선	唐이 筑紫도독부를 통하여 일본을 통치(664〜672)
18	金春秋의 역할	일본의 上表文을 김춘추가 당에 전달	먼저 백제가 경영하고 있는 일본에 가서 군사사항을 탐색한 후, 당에 가서 앞으로 신라가 백제를 공략할 때 唐의 도움을 요청함
19	白江口전투에 참전한 日本軍의 성격	일본군	백제왕의 군대

20	663년 이후 백제장 군들이 일본으로 후 퇴하여 행한 역할	백제장군이 아니라 일본인 (中大兄 皇子)이 방위시설 을 강화	백제장군들이 방위시설 축조
21	6세기 일본에 파견 된 백제의 장군·관 리·五經박사의 성격	일본의 군사원조 대가로 백 제가 五經박사 파견	日本을 군사적 정치적으로 통치 하기 위하여 파견된 백제인
22	6세기 일본이 군대· 人力·물자를 백제에 보낸 기사	백제에 대한 일본의 군사원 조	백제가 일본의 人力과 물자를 징 집·징발
23	6세기 백제와 일본 의 관계	대등관계 / 백제가 일본에 朝貢	백제가 일본을 경영
24	6세기의 일본군대	한국까지 진출할 정도로 강 력	존재할 수 없음
25	일본파견 한국사인 기사	모두 사실이고, 거의 모두 朝貢使임	사실여부 확인 필요. 적지 않은 경우 허구
26	신라의 조선·항해수 준	언급 없음	극동의 해상권 장악

제3장 正倉院 소장 한약제를 통해 본 통일신라와 일본 관계

1. 머리말

日本國 나라(奈良)의 쇼쇼인(正倉院)에는 『東大寺獻物帳』이라는 보물헌납 목록이 5권 남아 있는데 그 가운데 한 권이 이른바 「種種藥帳」이며 소위 「國家珍寶帳」과 함께 756년(天平勝寶 8) 6월 21일에 東大寺에 獻納된 물건들의 목록이다.

756년 6월 21일 천황 쇼무(聖武)의 49재에 光明王太后(聖武王妃)는 이 한약제와 쇼무의 애용품 및 왕실에 있던 물건을 남편 쇼무의 명복을 빌기 위하여 東大寺의 本尊 盧舍那佛에 헌납했다. 이 한약의 헌물장인 「種種藥帳」은 卷首에 '盧舍那佛에 바치는 種種藥'이라 되어 있고 다음에 漆을 한 櫃 21合에 들어 있는 60종의 한약제의 품목과 그 重量 또는 個數·容器 등을 상세히 기록하고 있다. 그리고 본문 끝에 이러한 약을 病苦의 사람에 보시하기 위하여 堂內에 安置하여 노사나불에 바친다는 요지가 기록되어 있다.

본고에서는 「種種藥帳」에 기록된 60종의 한약 명칭과 現存 상태, 생산국이 신라로 생각되는 한약제의 사례, 60종 한약제 뿐만 아니라 일본이 사용한 한약제를 공급한 나라의 규명, 그리고 한약의 활용상황 등에 대하여 알아보고, 나아가서는 당시 신라와 일본의 관계를 살펴보고자 한다.

2. 「種種藥帳」과 正倉院 소장 한약제

지금 「種種藥帳」에 기록되어 있는 60종의 한약의 명칭과 重量·個數·容器와 현존 상황을 제시하면 다음과 같다.

〈표 1〉 약명 현존여부 및 중량

약 명	현존여부	중량 및 용기
1. 麝香		40劑 重 42兩 幷袋 及 囊
2. 犀角	없음	3箇: 2斤 13兩 1分, 1斤 14兩, 1斤 9兩 2分
3. 犀角	없음	1袋 6斤13兩 幷袋
4. 犀角器		1口 9兩 3分
5. 朴消	없음	7斤 幷袋
6. 葵核		5斤 幷袋
7. 小草		2斤 4兩 幷袋
8. 畢撥		3斤15兩 幷袋
9. 胡椒		3斤 9兩 幷袋
10. 寒水石		18斤 8兩 幷袋
11. 阿麻勒		9兩 3分 幷袋
12. 奄麻羅		15兩 幷袋
13. 黑黃連		3斤 幷袋
14. 元青	없음	1管 4兩 2分
15. 青葙草	없음	1斤 4兩 幷袋
16. 白皮	없음	9斤 6兩 幷袋
17. 理石		5斤 7兩 幷袋
18. 禹餘粮	없음	1斤 9兩 2分 幷袋
19. 大一禹餘粮		2斤 12兩 幷袋
20. 龍骨		5斤 10兩 幷袋
21. 五色龍骨	없음	7斤 11兩 幷袋
22. 白龍骨		5斤 幷袋
23. 龍角		10斤 幷袋
24. 五色龍齒	없음	24斤 幷袋
25. 似龍骨石		27斤 幷袋
26. 雷丸		8斤 4兩 幷袋

27. 鬼臼		12兩 3分 幷袋
28. 靑石脂	없음	6兩 幷袋
29. 紫鑛		60斤 幷袋
30. 赤石脂		7斤 2兩袋
31. 種乳床		10斤 幷袋
32. 檳榔子		700枚
33. 肉縱容	없음	30斤 幷袋
34. 巴豆		18斤 幷袋
35. 無食子		1,073枚
36. 厚朴		13斤 8兩 幷袋
37. 遠志		20斤 4兩 幷袋
38. 阿梨勒		1,000枚
39. 桂心		560斤 幷袋
40. 芫花		324斤 2兩 幷袋
41. 人蔘		544斤 7兩 幷袋
42. 大黃		991斤 8兩 幷袋
43. 䐗蜜(蜜臘)		593斤 4兩 幷袋
44. 甘草		960斤
45. 芒消		127斤 8兩 幷袋 及 壺
46. 庶糖	없음	2斤 12兩 3分 幷椀
47. 紫雪	없음	13斤 15兩 幷壺合子
48. 胡同律		24斤 幷壺
49. 石鹽	없음	9斤 3兩 幷袋
50. 蛸皮	없음	3枚
51. 新羅羊脂	없음	1斤 8兩 3分
52. 防葵	?	24斤 8兩 幷壺
53. 雲母粉		9兩
54. 蜜陀僧	없음	8斤 10兩 幷壺
55. 戒鹽		8斤 11兩 幷壺
56. 金石陵	없음	8斤 1兩
57. 石水水	없음	5斤 幷壺
58. 內藥	없음	1斤 1兩 1分 幷裹
59. 狼毒	?	42斤 12兩 幷袋 及 壺
60. 治葛		32斤 幷壺

앞의 표를 보면 「種種藥帳」에 기록되어 있는 60종의 한약 가운데 현
존하는 것은 40종이라고 나타나 있다. 또 正倉院에는 「種種藥帳」에 기록

되어 있는 한약 이외에 24종(藥壺 포함)의 한약이 있었으나 현존하는 것
은 16종에 이른다고 보고되어 있다.[1] 그러나 본고에서는 前者에 대해서
만 알아보고자 한다.

3. 正倉院 소장 한약제를 공급한 국가

日本은 비단 8세기뿐만 아니라 7세기에도 신라에서 한약제를 구입하
여 사용하고 있었는데 이것은 『日本書紀』의 기사에도 나타나 있다.

A-1. 685년(神文 5; 天武 14) 11월 27일. 新羅가 波珍湌 金智祥·大阿湌 金
　　健勳을 파견하여 國政을 자문지도하였다.
A-2. 686년(神文 6; 朱鳥 元) 4월 19일. (新羅사절로부터) 細馬·노새·犬·
　　鏤金器·금·은·霞錦·綾羅·虎豹皮 및 藥物 등 600여 종의 물품을 구
　　입하였다 (下略).
A-3. 686년(同上) 5월 29일. 金智祥 등을 筑紫에서 향응하였다. 축자에서
　　귀국하였다.

위의 기사에서 日本의 國政지도차[2] 일본에 간 新羅使節로부터 한약
을 위시하여 금·은·비단·호피 등 여러 가지 물품을 日本이 구입한 사실
을 알게 된다. 752년에 日本에 간 신라사절의 경우처럼 이때에도 일본에
파견된 신라사절에는 적지 않은 신라인 국제무역상이 포함되어 있었던
것이다. 위의 기록에는 언급이 없으나 그때도 신라인이 여러 가지 종류의
한약제를 공급하였던 것으로 생각된다.

정치지도의 임무를 띠고 일본에 파견된 신라사절로부터 한약제를 위

---

1) 朝比奈泰彦 (편), 1950, 『正倉院藥物』, 7쪽.
2) 新羅의 日本政治指導에 관하여는 崔在錫, 1993, 「統一新羅의 日本政治 指導」
　 『韓國學報』 71 참조.

시한 여러 가지 신라물품을 구입한 상황은 752년의 경우 좀더 뚜렷하게 나타나 있다.

752년(景德 11; 天平勝寶 4) 윤3월 22일 日本의 국정지도[顧國政]와 東大寺의 本尊 盧舍那佛의 開眼會 참석의 목적을 가진 新羅大使 金泰廉 등 700여 명이 7척의 배를 타고 일본에 도착하였으며 이들 신라사 일행은 같은 해 6월 22일부터 한 달 2일간 東大寺에 체류하면서 제반 불교행정이나 儀式을 지도했다고 『續日本紀』는 기록하고 있다. 7월 24일에 東大寺에서 難波館에 돌아와 日本 천황이 선물하는 시·포·술을 받았다고 하니, 이들은 752년 7월 24일 이후에 귀국했을 것이다.

  B-1. 752년 윤3월 22일. 新羅大使 金泰廉 등 700여 명이 7척의 배를 타고 九州에 도착하였다.
  B-2. 752년 6월 17일. 日本天皇이 新羅使를 朝堂에서 향응하였다.
  B-3. 752년 6월 22일. 新羅使 등이 東大寺에 예배하였다.
  B-4. 752년 7월 24일. 新羅使 등이 東大寺에서 돌아와서 難波館에 묵었는데 천황이 시·포·酒希를 보냈다.

알려져 있는 바와 같이 日本에 파견되는 新羅使節에는 국제무역상이 다수 포함되어 있다. 다시 말하면 日本에 파견되는 新羅使節은 日本 國政을 지도하는 정치·외교·불교 담당의 使人과 日本이 필요로 하는 물품을 돈을 받고 공급해 주는 국제무역인단으로 구성되어 있는 것이다. 黃海의 해상권을 新羅가 장악하고 있기 때문에 造船과 航海 기술이 유치한 日本은 일본열도 내에서 新羅의 무역인이 가져다주는 물품을 사는 길 밖에 없었던 것이다.[3]

『大日本古文書』에서 연월일이 뚜렷한 것만 살펴본다면 이 해 6월 15

---

3) 여기에 대하여는 최재석, 위의 논문 : 최재석, 1992, 「9世紀 在唐新羅租界의 존재와 新羅租界의 日本·日本人 보호」『東方學志』75 : 田村專之助, 1939, 「6世紀中葉以降に於ける日羅貿易の研究」『靑丘學叢』30 참조.

일·16일·20일·21일·23일·24일에 日本은 여러 가지 진기한 물품과 한약
제를 다량 구입하였다. 물품의 내용이나 구매 일자 등으로 보아 752년 윤
3월 22일 日本에 가서 적어도 같은 해 7월 24일까지 日本에 체류한 新羅
使節로부터 구매한 것이 틀림없다. 우리가 이미 살펴본 바와 같이 685~
686년 日本에 파견된 新羅使人으로부터 일본이 한약제 등 여러 가지 물
품을 구입한 것과 동일한 것이다. 이렇게 볼 때 일본은 7세기부터 8세기
까지 계속 신라로부터 그들이 '寶物'이라 말하는 물품을 구입하였음을 알
게 된다.

지금 6월 15~24일에 新羅人으로부터 한약제를 구입한 현황을 『大日
本古文書』에서 살펴보고자 한다.

〈표 2〉 752년 3월에 일본에 온 신라사절로부터 구입한
약의 종류와 구입일자

종류	구입일자							비고
	6월15일	6월16일	6월20일	6월21일	6월23일 A	6월23일 B	6월24일	
1. 麝香	○			○	○	○		1
2. 阿梨勒	○			○	○	○	○	11
3. 人蔘	○			○	○		○	41
4. 桂心	○			○			○	39
5. 大黃				○			○	42
6. 牛黃		○						-
7. 畢撥	○		○				○	8
8. 甘草							○	44
9. 肉縱容				○				33
10. 遠志				○			○	37
11. 蕗蜜				○				43
출처		권3: 579		권3: 579		권5: 50	권3: 578 580, 581	
	권25: 45	권25: 48	권25: 48		권25: 48			

비고: 비고란의 숫자는 「種種藥帳」의 약의 번호이다.

위의 표는 일본의 돈있는 귀족들이 신라의 한약제를 구입한 것을 나
타낸 것인데, 예를 들면 752년 6월 15일에 한 日本 귀족이 麝香·阿梨勒·
人蔘·桂心·畢撥 등 5종의 한약을 산 것이다. 물론 그 일본 귀족은 여기
서는 제외시켰지만 한약제 이외에 값비싼 신라 물품도 구입하였다. 또 6
월 21일에는 다른 한 일본 귀족이 麝香·阿梨勒·人蔘·桂心·大黃·肉縱
容·遠志·臈蜜 등 8종의 한약제와 신라 물품을 구입하였다. 6월 23일에는
A라는 일본 귀족이 麝香·阿梨勒·人蔘을 구입하였으며, B라는 귀족이 麝
香과 阿梨勒을 구입하였다. 이 표의 한약제 가운데 牛黃은「種種藥帳」
60종의 한약제 속에는 존재하지 않는 한약이다. 이렇게 볼 때 일본은 신
라로부터「種種藥帳」에 없는 약도 구입하였음을 알게 된다.

요컨대 일본은 적어도 7세기부터 8세기에 이르는 동안 일본에 파견된
신라인으로부터 다른 수많은 여러 가지 신라 물품과 함께 한약제도 구입
하였다.

4. 正倉院 소장 한약제를 생산한 나라와 처방한 나라

「種種藥帳」의 한약 60종 가운데 생산국이 신라라고 추정되는 것은 약
16종이나 된다. 그러나 일본학자들은 주로 중국의 本草書 文獻만을 참고
한 채 한두 종을 제외한 거의 모든 한약제는 中國産 내지 印度, 심지어는
페르시아·베트남·세레베스島 産이라고 주장하고 있다.[4] 지금 신라산이
라고 추정되는 한약제에 대하여 살펴보자.

1) 麝香(「種種藥帳」 첫번째 약)[5]
일본에서는 중국산이라고 주장하고 있지만 1240년경의 것으로 추정되

---

4) 朝比奈泰彦 (편), 1950,『正倉院藥物』참조.
5)「種種藥帳」을 앞으로 편의상「藥帳」으로 표시하겠다.

는『鄕藥救急方』과『東醫寶監』에는 麝香이 한국산으로 기록되어 있다.[6] 中國에서도 麝香이 생산되지만 신라인이 신라배를 타고 가서 일본에 판매하는 麝香은 신라에서 생산되는 것으로 보는 것이 자연스러울 것이다.

2) 菮核(「藥帳」 6)

일본학자는 中國産이라고 주장하고 있으나 한국에서 지금도 自生하는 '둥글제비'풀이다.[7]

3) 寒水石(方解石)(「藥帳」 10)

正倉院의 寒水石은 탄산칼슘을 주성분으로 한 方解石이라[8] 하였는데 方解石은『東醫寶監』에 나오며 '차돌'이라는 돌이다.

4) 元靑(「藥帳」 14)

일명 莞靑이라고 하고『東醫寶鑑』에 '청갈외'라는 이름의 藥草로 되어 있다.

5) 靑葙草(「藥帳」 15)

일본에서는 이것이 印度産 아니면 日本産일 가능성이 있는 것 같다고 주장하였으나[9] 이것은 한국에서 '백만월 아화', '백만월 아비'(朝鮮 初期), '만드라미'(『東醫寶鑑』), '만도라개'(『山林經濟』), '강남금'(『物譜』), '초결명'(『林園十六志』)이라 부르는 藥草이다.[10]

---

6) 慶熙大 本草學硏究室의 安德均교수의 敎示에 힘입은 바 크다.
7) 安德均敎授 談.
8) 朝比奈泰彦 (편), 1950,『正倉院藥物』, 140쪽.
9) 邊渡武, 1956,「正倉院 寶庫의 藥物」『書陵部紀要』7 ; 朝比奈泰彦 (편), 1950,『正倉院藥物』, 78쪽.
10) 兪孝通 外 (편) ; 安德均 (주해), 1983,『鄕藥採取月令』, 서울: 세종대왕기념사업회, 72쪽.

6) 白皮(白芨·白及)(「藥帳」 16)

白皮는 알려져 있는 바와 같이 白及 또는 白芨의 오기이다. 1431년의 『鄕藥採取月令』에 나오는 藥草로서 우리나라에 自生하는 것이다. 조선 초기에는 '죽율교'라 하고 『東醫寶鑑』에는 '대암풀', 『제종신편』 物名考에서는 '대왐풀'로 되어 있다.

7) 龍角(「藥帳」 23)

일본에서는 이것을 중국산이라고 주장하는 사람이 있는 반면, 인도산이라고 주장하는 사람도 있어 의견의 일치를 보지 못하고 있다.[11] 龍角을 鹿角이라 할 때 한국에서 생산되는 것이며, 『향약구급방』과 『鄕藥採取月令』에도 그 이름이 나오는 약제이다. 『東醫寶鑑』에는 鹿茸·鹿角의 이름이 모두 보인다.

8) 鐘乳床(「藥帳」 31)

일명 石鐘乳라고도 한다. 일본학자들은 이것이 중국과 일본에서 산출되는 것이라고 주장하고 있으나 한국산으로 보아야 할 것이다. 『東醫寶鑑』에 나오는 약제이다. 신라 상인이 여러 한약제를 일본에 가져가서 판매하고 일본은 이것들을 한곳에 모아서 소중히 보관하는 마당에 설사 일본 生産의 한약제가 몇 가지 있다고 하더라도 신라에서 가져간 한약제의 櫃 속에 삽입할 수는 없기 때문이다. 더욱이 물품이 '약'인 경우에는 추가·제외하거나 하여 함부로 다룰 수 없는 것이다.

9) 遠志(「藥帳」 37)

일본에서는 중국산·蒙古産이라고 주장하고 있지만[12] 한국산으로 보

---

11) 邊渡武, 1956, 앞의 글 ; 朝比奈泰彦 (편), 1950, 앞의 책.

12) 朝比奈泰彦 (편), 1950, 위의 책.

아야 할 것이다. 『鄕藥救急方』이나 『鄕藥採取月令』에 나오는 약제이다. 高麗 때는 '비사두도초'(吏讀)라 표기되어 있고, 朝鮮朝에는 '아지초' 또는 '비사두도초'로 표기하였으며, 『東醫寶鑑』에는 '아기풀불휘'로 되어 있고 『方藥合編』에는 '아기풀뿌리'로 되어 있다.

10) 人蔘(「藥帳」 41)

일본에서는 人蔘을 전적으로 중국산이라고 하는 사람이 있는[13] 반면에 중국과 조선 또는 중국·고구려·백제 産이라고 주장하는 사람도 있다.[14] 어느 측면에서 고찰하여도 正倉院의 人蔘은 신라산이 분명한데, 일본학자는 신라산이라고 주장하는 것을 기피한다. 『三國史記』에 의하면 734년(聖德 34)과 869년(景文 9)에 新羅가 人蔘을 각각 200근, 102근을 中國에 선물한 바 있다.

11) 大黃(「藥帳」 42)

大黃은 '장군풀'이라는 약초로써 옛부터 우리나라에 自生하는 약초의 일종이다. 『東醫寶鑑』에도 '장군풀'에 관한 기록이 있다. 그러나 일본인은 중국산이라고 주장하고 있다.[15]

12) 藊蜜(「藥帳」 43)

蜜臘이라고도 한다. 한국에서 옛부터 '누른밀'이라고 부르는 것으로 벌집에서 꿀을 뜨고 남은 것을 가열하여 만든 臘이며 빛깔이 황색이다. 『東醫寶鑑』에도 '밀납·누른밀'의 이름이 보인다. 이것도 중국산이라고 일인들은 주장하나[16] 한국산이다. 643년(義慈 3; 皇極 2) 백제의 왕자(夫

---

13) 邊渡武, 1956, 앞의 글 ; 朝比奈泰彦 (편), 1950, 위의 책.
14) 朝比奈泰彦 (편), 1950, 앞의 책.
15) 위의 책.
16) 위의 책.

餘豊)가 꿀벌의 집 4장을 백제의 직할영토인 야마토왜로[17] 가져가서 放飼한 기록이 『日本書紀』에 보인다.

13) 甘草(「藥帳」 44)

일본학자는 正倉院의 甘草가 中國(青海·甘肅)·티베트産이라고 주장하고 있으나[18] 한국산일 가능성도 있다고 하였다. 허준의 『東醫寶鑑』에도 甘草의 이름이 나오고 있다.

14) 蝟皮(「藥帳」 50)

蝟皮는 이른바 '고슴도치 껍질'이다. 『鄕藥救急方』『鄕藥採取月令』『東醫寶鑑』에 나오는 약제이다. 일본학자는 이것도 중국산이라고 주장하고 있다.

15) 雲母(「藥帳」 53)

『鄕藥採取月令』『東醫寶鑑』에도 그 이름이 나와 있다. 朝鮮初期의 이두 향명은 '석림'으로 명명되었으나, 『東醫寶鑑』에는 '돌비늘', 『物名考』『林園十六志』『方藥合編』 등에는 '돌비늘'로 기록되어 있다. 중국에서는 한국에서 사용되는 것과 약간 다른 白雲母를 사용하고 있다.[19] 일본에서는 중국산·일본산이라고 주장한다.[20]

16) 狼毒(「藥帳」 59)

일본인학자들은 같은 책에서 狼毒을 중국산이라 하기도 하고 또는

---

17) 百濟와 日本의 前身인 야마토왜와의 관계에 대하여는 다음 文獻 참조할 것. 崔在錫, 1990, 『百濟의 大和倭와 日本化過程』, 一志社 ; 1991, 「武寧王과 그 前後時代의 大和倭 경영」『韓國學報』 65.
18) 朝比奈泰彦 (편), 1950, 앞의 책 ; 邊渡武, 1956, 앞의 글.
19) 兪孝通 外 (편) ; 安德均 (주해), 1983, 『鄕藥採取月令』, 40쪽.
20) 朝比奈泰彦 (편), 1950, 앞의 책.

그 생산지를 알 수 없다고도 한다. 『鄕藥採取月令』『東醫寶鑑』에 그 이름이 보인다. 이두 향명으로 '오독독지'라 표기했으며, 『東醫寶鑑』에는 '오독또기', 『物名考』에는 '오독독이', 1900년대 서적에는 '오독쏘기'로 기록되었으나 지금은 '오독도기'라는 말이 없어지고 '狼毒'이라고만 부른다.[21]

이와 같이 正倉院 소장의 60종의 한약에는 新羅產 한약이 적지 않게 포함되고 있음을 알게 된다. 그리고 중국에서 생산된 한약도 존재하며 그 밖의 나라에서 생산된 한약도 존재할 것이다. 그러나 앞의 절에서 살펴본 바와 같이 이러한 모든 한약을 일본 奈良에까지 가져다준 나라는 新羅國이라는 점에 유의해야 할 것이다.

다시 말하면 신라의 것이 아닌 제3국의 것을 일본에 가져다 준 경우도 제3국에서 일본으로 그대로 가져다준 것이 아니라, 일단 신라에 가져와서 신라인이 사용한 것이거나 때로는 처방을 하여 그것을 일본에 가져가서 판매한 사실에 유의해야 할 것이다. 이리하여 신라산의 약제가 많을 경우는 그것만으로 별도의 신라 櫃 속에 집어넣었으며 약제의 양이 적을 경우에는 신라산의 약과 제3국產 한약을 신라 櫃에 함께 넣어 궤 째로 일본에 가져가서 판매한 것이다. 바꾸어 말하면 「種種藥帳」에 있는 약의 종류나 중량, 용기 그리고 調劑·處方 방식 등은 신라국이 사용하고 있던 한약제의 종류와 그것들이 들어있는 용기, 나아가서는 신라인이 행한 한약에 대한 처방법을 그대로 전해주고 있다는 점에서도 중요한 가치를 가지고 있는 것이다.

內藥(「藥帳」 58)은 한 종류의 한약이 아니라 신라인이 처방한 내복약으로 추정되며[22] 紫雪(「藥帳」 47)·今石陵(「藥帳」 56)·石水氷(「藥帳」

---

21) 兪孝通 外 (편), 앞의 책, 16~62쪽.
22) 朝比奈泰彦 (편), 1950, 앞의 책, 103쪽에도 內藥을 內服藥으로 추정하고 있다.

57)은 한 가지 건제가 아니라 몇 가지 약을 혼합하고 가열하고 加水하여 만든 調劑이다.[23]

紫雪은 黃金(100량)·寒水石·紫石·石膏·滑石(각 3斤)·水(1石)·羊令羊角屑·犀角屑·靑木香·沈香(각 5斤)·丁香(1兩)·玄參·升麻(각 1斤)·甘草(8兩)·朴消(10斤)·硝石(4升)·麝香當門子(1兩 2錢半)·朱砂(3兩)를 넣어서 여러 가지 공정(끓이기·찌기)을 거쳐서 만든 조제이다.

金石陵은 上朴消(1斤)·上芒消(1斤)·石膏(3兩)·凝水石(2兩) 등으로 만든 가루약이며, 石水氷은 朴消(5斤)·芒消(3斤)·滑石(1斤半)·玉泉石(1斤)·石膏(1斤)·齒鹹(5斤)·凝水石(1斤) 등으로 만든 方劑이다.

물론 이러한 처방약은 新羅人이 新羅의 藥典에서 調劑하여 日本으로 가져온 것으로 보인다.

약이 들어있는 용기를 보면 다음과 같다. 즉 60종의 한약 가운데 袋에 들어있는 것이 제일 많아 37종이고, 壺에 들어 있는 것이 6종으로 그 다음이다.

〈표 3〉 한약의 용기

용 기	수
袋	37
壺	6
袋·壺	2
袋·裏	1
塊	1
管	1
壺·合子	1
囊	1
無	10
計	60

---

23) 위의 책, 99·103쪽 참조.

이 가운데 신라산이라고 추정되는 麝香은 袋와 囊에 들어 있고, 狼毒은 袋와 壺에 들어 있으므로 그 袋·囊·壺도 신라제임이 틀림없을 것이다. 용기가 없는 한약도 10종이나 되는데 이것은 櫃 속에 그대로 들어 있는 것으로 생각된다. 다른 한약은 보통 袋에 넣어 다시 궤 속에 들어 있는 데 대하여 용기 없는 한약은 그대로 궤 속에 들어 있었을 것이다.

전체적으로 보아 60종의 한약은 모두 20개의 신라제 궤인 韓櫃(또는 辛櫃)에 들어 있으며 그 후 병자 치료차 正倉院의 한약 일부를 병자에 施與할 때도 신라제의 櫃에 넣어서 주었던 것이다. 예를 들면, 761년 3월 29일과 799년 11월 8일에 각각 人蔘·大黃과 사향을 병자에 내어줄 때 역시 漆을 한 신라제 궤(韓櫃)에 넣어서 주었다.[24] 여기에 한약의 종류와 量과 櫃와의 관계를 제시하면 다음과 같다.

제1櫃(30종의 한약이 들어 있음)

① 麝香	② 犀角	③ 犀角
④ 犀角器	⑤ 朴消	⑥ 蔊核
⑦ 小草	⑧ 畢撥	⑨ 胡椒
⑩ 寒水石	⑪ 阿麻勒	⑫ 奄麻羅
⑬ 黑黃連	⑭ 元靑	⑮ 靑葙草
⑯ 白及	⑰ 理石	⑱ 禹餘粮
⑲ 大一禹餘粮	⑳ 龍骨	㉑ 五色龍骨
㉒ 白龍骨	㉓ 龍角	㉔ 五色龍齒
㉕ 似龍骨石	㉖ 雷丸	㉗ 鬼臼
㉘ 靑石脂	㉙ 紫鑛	㉚ 赤石脂

24) 위의 책, 55쪽.

第2櫃(8종의 한약이 들어 있음)

① 鐘乳床   ② 檳櫛子   ③ 肉縱容
④ 巴豆   ⑤ 無食子   ⑥ 厚朴
⑦ 遠志   ⑧ 阿梨勒

제3궤
제4궤 ─── 桂心(560근)
제5궤

제6궤
제7궤 ─── 芫花(324근)
제8궤

제9궤
제10궤 ─── 人蔘(544근)
제11궤

제12궤
제13궤 ─── 大黃(991근)
제14궤

제15궤
       ─── 蕳蜜(593근)
제16궤

제17궤
제18궤 ─── 甘草(960근)
제19궤

제20궤(14종의 한약이 들어 있음)

① 芒消	② 蔗糖	③ 紫雪
④ 胡同律	⑤ 石鹽	⑥ 蛸皮
⑦ 新羅羊脂	⑧ 防揆	⑨ 雲母粉
⑩ 蜜陀僧	⑪ 戒鹽	⑫ 金石陵
⑬ 石水水	⑭ 內藥	

제21궤(2종의 한약이 들어 있음)

① 狼毒(42斤)   ② 治葛(32斤)

위에 나타나 있는 바와 같이 60종의 한약 – 이미 언급한 바와 같이 이 가운데 3종은 몇 가지 약을 처방한 것이고 1종은 내복약이다 – 의 분량이 모두 동일한 것이 아니라 몇 가지 종류의 약에 한하여 그 분량이 많고, 나머지 대다수 종류의 한약은 소량에 불과함을 알 수 있다. 즉 大黃·人蔘·甘草·桂心·芫花의 5종의 한약은 각각 3궤씩이나 되었으며, 藕蜜은 분량이 2궤나 되었다. 이에 비해 麝香부터 赤石脂에 이르는 30종의 한약은 종류는 많으나 합하여도 한 궤의 분량에 불과하였다. 제20궤의 예처럼 14종의 약의 분량이 한 궤에 불과한 것도 있는가 하면 狼毒·治葛의 경우처럼 2종의 약이 한 궤의 분량인 것도 존재하였다.

전체적으로 보아서 일본에서 가장 많이 소비되는 한약은 人蔘·大黃·藕蜜·狼毒 등의 신라 생산의 한약제이고 다음이 桂心·芫花 등의 중국산의 한약제였음을 알 수 있다. 甘草를 중국제라 하더라도 이것은 치료 자체를 목적으로 하는 약이라기보다는 甘草 성분을 이용한 자극완화제라고 말할 수 있다. 이와 같이 소량씩 존재하는 여러 종류의 한약제는 신라의 것보다도 중국의 것이 많은 것으로 보인다.

그리고 厚朴은 지금도 全南 島嶼地方에서 생산하여 약제로 사용되고 있으나 여기서는 중국산으로 간주하였다. 중국산이라고 간주한 한약도 좀더 고찰하면 한국산인 것이 적지 않게 포함되어 있을 것이다.

5. 正倉院 소장 한약제에 대한 인식과 활용

「種種藥帳」의 한약, 따라서 正倉院 소장의 한약은 이미 언급한 바와 같이 적어도 686년부터 신라에서 구입하여 日本天皇家에서 사용한 약들이다. 이렇게 일본의 천황이 애용하던 약을 천황이 별세하자 天皇 쇼무(聖武)의 49齋日인 752년 6월 21일에 王后 光明이 남편의 명복을 기원하기 위하여 그 한약을 東大寺 本尊佛인 盧舍那佛에 헌납한 것이다. 이러한 사정을 알기 위하여 「種種藥帳」의 卷尾에 있는 글들을 제시하면 다음과 같다.

> 앞(앞에 열거된 60종의 약을 가리킨다)은 堂內에 安置하여 盧舍那佛에 공양한다. 만약 病苦에 걸려 사용할 자가 있으면 僧綱(東大寺의 管理僧)에 알린 후 사용이 허락될 것이다. 엎드려 원하건대 이 약을 복용하는 자는 만병이 모두 제거되며 천 가지 고통이 모두 구원되며 諸善이 성취되고 諸惡이 물러서며 業道에 어긋나지 않는 것은 장수하고 요절하지 않으며 드디어 命終 후에는 蓮花藏世界(極樂淨土)에 往生하여 盧舍那佛을 모시고 반드시 遍法界位를 證得하기를 원하기를 원한다.

신라로부터 구입한 여러 가지 한약을 만병을 치료할 수 있는 신통약으로 생각, 천황가에서 대대로 애용하였으며, 천황이 별세하자 천황 在世時의 發願寺인 동시에 신라에서 도입한 華嚴宗의 교리로 운영되는 사찰이자, 天皇 쇼무 자신이 신라의 高僧을 초대하여 그로 하여금 點眼케 한 바로 그 東大寺의 盧舍那佛[25]에 王妃인 光明이 남편의 冥福을 기원함과

---

25) 崔在錫, 1993, 「統一新羅의 日本政治 指導」『韓國學報』 71 참조.

동시에 만백성의 병을 치료하기 위하여 헌납한 것이다.

　　新羅에서 구입한 한약을 만병을 치료할 수 있는 신통약으로 의식한 일본은 그 후 어떻게 이 한약을 사용하였는지를 살펴보기로 하겠다.

〈표 4〉 出庫되어 사용된 약명과 사용일자

약명 \ 연월일	756·10·3	758·2·16	759·3·25	761·3·29	764·7·27	779·12·6	781·8·18	794·4·27	794·9·13	799·11·8	802·11·18	803·1·23	805·11·15	814·6·17	814·7·29	822·3·26	822·5·6	826·9·1	860·8·4
人蔘	○			○			○	○	○		○				○			○	○
治葛		○		○		○													
桂心			○		○		○			○		○	○		○			○	○
防葵				○															
金石陵				○															
蜜陀僧				○															○
紫雪				○				○	○										
胡桐律				○															
新羅羊脂				○															
石水氷				○															
檳榔子				③				○	○	○	○								
鐘乳床				○															
阿梨勒				③				○	○	○	○	○			○				
肉縱容				②								○							○
犀角				○										○					
理石				○															
麝香				②				○			○			○			○		
胡椒				○											○				
葵核				○															
寒水石				○															
雷丸				○															
鬼臼				②															
狼毒				○															
蝟皮				○															
芒消				②		○													
朴消				○															

약명												
無食子		○						○				
甘草		○		○	○	○	○	○	○		○	○
大黃		○	③	○	○	○		○			○	○
畢撥	○											
小草					○							
蘭蜜							○					
紫鑛									○			○
遠志										○	○	
大一禹餘粮											○	

비고: ○는 1회 출고를 뜻하고, 가령 ③은 각기 다른 3人에 시여된 것을 나타낸다.

<표 4>는 正倉院文書에 의하여 약이 헌납된 756년부터 860년에 이르는 약 100여 년 간에 그 약이 언제 몇 번 出庫되었는가를 나타낸 것이다.[26] 표에 의하여 다음과 같은 사실을 알 수 있는 것이다.

첫째 일본은 왕후 光明이 헌납한 60종의 약을 적어도 100년 이상 사용하고 있다. 757년·793년·811년·856년 등 100년에 걸쳐 여러 차례 曝凉하였는데 이는 약의 변질을 막기 위한 것임을 알 수 있다. 그 약을 100년 동안 사용하였다고 가정하더라도 같은 약을 100년 동안 사용한 일은 일본 외에 다른 나라에서는 일어날 수 없는 일이다. 신라인으로부터 구입한 약을 영약 내지 신통약으로 의식하지 않는 이상 같은 약을 보관하여 두었다가 100년 동안이나 사용할 수는 없는 것이다.

둘째 100여 년 동안 60종의 한약 중 어느 약이 가장 많이 사용되었는가를 살펴보면 大黃·人蔘 등 新羅에서 생산된 약이 가장 많이 애용되었음을 알게 된다. 자극완화제로 사용되는 甘草·桂心도 많이 애용되고 있다. 大黃은 9회에 11명에게, 人蔘은 9회에 9명에게 출고되고 시여되어 병을 치료하였다.

---

26) 朝比奈泰彦 (편), 1950, 앞의 책, 54～56쪽에서 본인이 정리한 것이다.

<표 5> 가장 많이 사용된 약

약명	회수	치료인·치료처
大黃	9	11
人蔘	9	9
阿梨勒	6	8
檳榔子	5	7
麝香	5	6
肉縱容	4	5
甘草	10	10
桂心	9	9

그렇다면 같은 약을 100년 이상 간직해 오면서 애용하는 東大寺는 이 약을 어떤 사람에게 투약하였는지를 알아보기로 하겠다.

<표 6> 약의 사용처

사용연월일 \ 사용처	施藥院	王室	指導層僧	4인·諸人	王子禪師	造寺司	貴族2인	衆僧治료	造寺所	三綱所	灌頂行法
756. 10. 3.	○										
758. 2. 16.			○								
759. 3. 25.	○										
761. 3. 29.		○	○								
764. 7. 27.	○										
779. 12. 6.					○						
781. 8. 18.						○					
794. 4. 27.		○					○				
794. 9. 13.		○									
799. 11. 8.		○									
802. 11. 18.		○						○			
803. 1. 23.								○			
805. 11. 15.									○	○	
814. 6. 17.										○	
814. 7. 29.								○			
822. 3. 26.											○
822. 5. 6.								○			
826. 9. 1.								○			
860. 8. 4.											

東大寺가 光明太后로부터 받은 60종의 한약을 사용한 곳을 나타낸 것이 <표 6>이다. 표에서 귀중한 약은 주로 日本王室·貴族·東大寺의 指導層僧·一般僧侶 등의 병치료에 사용한 것을 알게 된다. 日本王室도 신통시하였으며 東大寺 자체도 100년 이상 간직하며 애용하던 약이고 보면 일반 국민에게 투약할 수 없는 것은 당연하다고 하겠다.

6. 맺는말

正倉院 소장 60종의 한약제는 일본에 파견된 신라 사절로부터 일본이 구입한 것이며 그러한 약은 신라 생산의 것과 중국산의 한약제로 크게 구별되는데 후자는 7세기부터 14세기까지 黃海의 海上權을 장악한 신라의 해상무역의 결과 얻어진 것으로 보인다. 바꾸어 말하면 당시 신라는 신라산의 한약과 해외무역으로 얻은 한약으로 환자를 치료하고 있었는데 신라인은 신라국 내에서 사용하던 한약제, 즉 신라에서 처방한 한약제와 신라에서 사용한 乾材의 일부를 일본에 공급한 것으로 보인다.

한약 중에는 중국 이외의 나라의 것도 있을 수 있으나 이러한 것도 造船術과 航海術이 유치한 일본이 수입한 것이 아니라 조선술·항해술이 매우 발달하였고 해상권을 장악한 신라가 해외무역의 결과 얻은 것의 일부인 것이다.

일본왕가에서는 일본에 온 신라 사람으로부터 산 한약을 신통약으로 의식하여 대대로 애용하였으며 왕이 별세한 후는 불사(東大寺)에 헌납하여 왕 사후의 명복을 성취할 수 있는 것으로 의식하였다. 한편 불사는 100여 년 이상이나 같은 약을 간직하여 일본의 지배층인 왕실이나 귀족 또는 승려의 병 치료에 계속 사용하였다. 신라로부터 구입한 한약에 대한 일본 지배층의 이러한 태도는 당시 일본정치에 대한 신라의 지도와 일본

불교에 대한 신라불교의 지도와 상응하는 것이다. 당시 일본은 이와 같이 신라 약을 신통약으로 생각하고 신라에서 구입한 미술공예품을 '珍寶'시 하였던 것이다.

제4장 일본 正倉院의 염직과 그 제작국

1. 머리말

알려져 있는 바와 같이 日本 東大寺 正倉院에는 어떤 한 分野의 美術工藝品만 소장되어 있는 것이 아니라 일상생활에 필요한 일체의 물품이 소장되어 있다. 이러한 수많은 종류와 많은 양의 물품 가운데 染織物이 차지하는 비율이 제일 많은 것으로 보고되고 있다. 본고에서는 이 염직물이 어느 나라에서 제작되었는지를 당시 신라와 일본의 직물제작 수준의 비교와 염직물의 각종 문양의 시각에서 살펴보고자 한다.

2. 「獻物帳」 기재의 染織과 현존품

『國家珍寶帳』과 『屛風花氈等帳』 등은 염직품을 기재하고 있다. 먼저 『國家珍寶帳』에 기재되어 있는 염직품을 제시하면 다음과 같다.

『國家珍寶帳』에 기재되어 있는 染織品
① 袈裟 9領
② 갑옷 100령의 가장자리의 錦
③ 거울상자(鏡箱子)의 안쪽 풀배접

④ 夾纈과 蠟纈의 屛風 70여 疊

⑤ 錦과 綾의 長枕(挾軾)

⑥ 이밖에 여러 가지 물품에 부속되어 있는 자루(袋)와 보자기(包) 등 3백 수십점

이 가운데 현존품은 다음과 같다.[1]

① 袈裟 8領

② 袈裟의 보자기(袷幞) 3매

③ 袈裟 상자의 자루(袋) 2매

④ 거울상자 안쪽의 풀배접 10여 매

⑤ 협힐과 랍힐의 병풍 殘片을 포함하여 수십 扇 분량

⑥ 위의 자루 70여 口

⑦ 錦과 綾의 長枕 3매

⑧ 床(침대)의 깔개와 덮개 등 약 수십 점

한편『병풍화전등장』에도 花氈·色氈 등이 기재되어 있다. 즉 일본의 왕후 光明이 헌납한 花氈 60床이 있었지만 759년(天平勝寶 3)에 모두 출고되었으며, 지금 남아 있는 40여 매의 화전·색전은 크기나 빛깔(色目)이 『병풍화전등장』과 일치하지 않으며 正倉院에 들어온 경위도 뚜렷하지 않다.[2]

1914년부터 오늘날까지 정리된 染織物은 大小 합하여 약 拾數萬片이며 未整理品의 양도 거의 이것과 비견된다고 한다.[3]

---

1) 松本包夫, 1974,『正倉院の染織』(日本の美術 102), 23쪽.

2) 위의 책, 42쪽.

3) 위의 책, 17쪽.

3. 8세기 일본의 **織物** 제작 수준

正倉院에 보관된 染織의 제작국을 확인하는 작업의 하나로 우선 당시 일본의 직물 제작 수준을 파악할 필요가 있을 것이다. 당시 일본 직물의 수준이 어느 정도인가 하는 것은 다음과 같은 여러 가지 시각에서 살피는 것이 좋을 것이다.

A. 일본이 중국에 실제로 朝貢한 織物의 내용
B. 일본이 규정한 중국황제에의 進上品 규정
C. 일본이 통일신라에 진상한 직물의 내용
D. 일본이 발해에 진상한 직물의 내용
E. 일본이 752년 신라의 물품을 구매할 때 지불한 직물의 내용
F. 일본이 귀족과 官人에게 祿으로 지불한 직물의 내용
G. 일본의 농민이 세금으로 바친 직물의 내용

日本은 8세기 당시 외국(中國·新羅·渤海)에 조공할 때도 꼭 직물을 빠뜨리지 않았으며 신라의 물품을 구입할 때 지불한 일본의 물품은 직물이었고 또 일본 귀족이나 관인에게 녹으로 지불한 물건도 반드시 직물이었으니 당시 직물은 일본의 貨幣 기능을 하였음을 알 수 있다. 일본이 중국에 조공한 기록은 『册府元龜』에 두 번이나 나타나 있다. 즉 나라(奈良) 시대인 734년에 일본은 絁(美濃絁) 200필과 手織絁 200필을 중국에 朝貢하였고, 헤이안(平安) 시대인 834년에 絹과 眞珠를 중국에 조공하였다.[4]

8세기(奈良時代) 일본의 직물 제작 수준은 거의 발전 없이 9세기에까지 이어졌고, 『延喜式』 규정에 나타나 있는 바에 의하면 10세기에도 그

---

4) 『册府元龜』 971, 外臣部 조공; 同 972, 外臣部 조공.

대로 이어졌다. 즉 10세기 전반의 규정인『延喜式』에는 唐 皇帝에 대한
일본의 進上品 규정이 있다. 여기에 의하면 진상품의 내용을 다음과 같이
제시하고 있다.

『延喜式』(10세기 前半)

手織絁	200필
美濃絁	200필
細絁	200필
黃絁	300필
黃絲	500구
細頓綿	1,000톤
綵帛	200필

絁는 당시 가장 일반적인 平織絹이며 美濃絁는 미노(美濃) 지방의 특
산인 絁이다. 黃絁는 황색으로 염색한 生絲이며 絁·絲·綿 등은 당시 지
방으로부터의 租稅로 貢上된 것이다. 綵帛은 고급직물인 綾의 뜻도 있지
만 綾만 있고 錦이 없는 것이 이상하고 이것도 지방으로부터 조세로 貢
上된 것이고 색깔을 칠한 絹에 불과하다.[5]
　日本은 견·시·사·면·채백(색칠한 絹) 등 단순하고도 일차적인 섬유
제품과 그 원료인 絲·綿 등을 중국에 조공하였는데 이와 똑같은 경향은
일본이 신라·발해에 조공할 때도 나타나 있다.[6]
　『日本書紀』와『續日本紀』는 일본이 신라와 발해에 진상한 직물의 내
용을 다음과 같이 기록하고 있다.

---

5) 東野治之, 1988,『正倉院』, 東京: 岩波書店, 53～54쪽.
6) 統一新羅와 日本의 관계 및 渤海와 日本의 관계에 대하여는 崔在錫, 1993,
　『統一新羅·渤海와 日本의 關係』제2부 참조.

〈표 1〉 日本이 新羅에 進上한 물품

연도	진상 물품과 분량						
	絹	綿	絁	布	絲	韋	錦
668	50匹	500斤				100枚	
671	50匹	100斤	50匹			100枚	
689		140斤					
700		932斤	190疋				
703			40疋	100段			2필
709	20匹	150돈	미농시 30疋		200구		
714		5450斤					
726		100돈	황시100疋				
752			시 수량?	포 수량?			
769		250돈	시 25疋		100구		

〈표 2〉 日本이 渤海에 진상한 직물

연도	絁	絲	綿	綵帛	綾	絹	調布	庸布	錦	纈羅	白羅
727	○	○	○	○	○						
739	○	○	○			○	○	○			
758	○	○	○	○		○			○	○	○
771	○	○	○			○					
776	○	○	○			○					
795	○	○	○			○					
798	○	○	○			○					

『續日本紀』에는 일본이 703년에 錦 2필을 신라에 진상하고 758년에 錦 4필을 발해에 진상한 것으로 되어 있다. 후자는 776년에 일본에 간 渤海國使의 강요에 못 이겨 당시 일본에서 생산되지 않는 황금 등을 渤海使에 진상하지 않으면 안되었던 경우처럼[7] 신라에서 구입한 錦을 渤海使에 내어주지 않으면 아니 되었을 가능성이 있다. 前者의 해석은 좀

---

7) 위의 책, 398쪽.

주저가 되나 어느 시각으로 보아도 고급직물이 아닌 것은 틀림없을 것이다.

752년 일본은 國政지도차 일본에 간 신라사절로부터 다양한 신라 물품을 구입하였다. 다행히도 당시의 문서가 일부나마 남아있어 일본이 어떤 물품을 신라에 주고 신라물품을 구입하였는지 알 수 있다.[8]

〈표 3〉752년 新羅물품을 구입할 때 日本이 지불한 물품

구입 시기	물 품 의 내 용			
752. 6. 15.	綿 610근			
동 6. 15.	면 18□근	黑綿 20근		
동 6. 16.	면 100근		直綿(200톤)	
동 6. 20.				
동 6. 21.	면 15□근			絲 100근
동 6. 23.	면 500근			絲 30근
동 6. 23.	면 10□근		絹 (13필)	絲 120근
동 6. 24.	면 650근			
동 6. 26.	면 □□□			
동 6.			直綿(400근)	

<표 3>에 나타나 있는 바와 같이 일본이 지불한 물품은 면·흑면·직면·견·사 등으로 역시 섬유의 원료와 그 일차적 제품의 범위를 벗어나지 못함을 알 수 있다. 당시 일본이 일반관인은 물론이거니와 5품 이상의 귀족에 주는 봉급도 시·면·포와 농구의 일종인 가래(鍬)가 그 전부였음을 『令集解』의 祿令이 전해주고 있다. 지금 『영집해』에 의하여 귀족에 수여된 봉급(祿)의 내용을 제시하면 다음과 같다. 『令義解』의 내용도 이와 동일하다. 알려져 있는 바와 같이 『영집해』와 『영의해』는 각각 9세기의 律令이다.

---

8) 東野治之, 1977, 『正倉院文書と木簡の硏究』, 東京: 塙書房에서 정리한 것.

〈표 4〉 日本 貴族에 주어지는 녹의 내용

品位	絁	綿	布	가래(鍬)
正從 1位	30필	30필	100단	140구
正從 2位	20	20	60	100
正 3位	14	14	42	80
從 3位	12	12	36	60
正 4位	8	8	22	40
從 4位	7	7	18	30
正 5位	5	5	12	20
從 5位	4	4	10	20

正倉院 염직 중에는 令制에 의하여 諸國이 진상한 이른바 '調庸銘'을 가지는 것이 남아있는데 貢納國郡, 貢納者, 調庸의 종류·길이(치수), 年記, 國司와 郡司 이름 등이 기록되어 있으며 國印이 찍혀있다. 현재 발견되어 있는 이러한 銘織名의 年代는 714년(和銅 7)에서 828년(天長 5)에 걸쳐 있다. 貢納의 종류는 調絁가 20여점, 調布가 약 30점, 調庸布·庸布가 각각 10점 전후이며, 이밖에 종별을 알 수 없는 商布·貿易布가 각각 수점, 調綾 1점, 絁는 關東·東海·近畿·四國 등 10여국, 또 布類는 關東諸國의 것이 많다.[9] 요컨대 당시 일본의 농민이 세금으로 바친 직물에도 고급직물이 없음을 알 수 있다.

4. 통일신라의 染織物 제작 수준

통일신라는 삼국시대의 제반 문화를 계승하였기 때문에 통일신라의 染織物에 대해서 언급하기 전에 삼국시대의 염직물에 대하여 언급할 필요가 있을 것이다. 문헌에 보이는 한국 고대의 염색에 관한 기록은 대단

---

9) 松本包夫, 1974, 앞의 책, 40쪽.

히 많으며 이미 3세기에 한국은 錦織이 이루어졌다. 고구려에는 雲布錦·
五色錦·紫地纈文錦이 많이 만들어져, 『翰苑』 蕃夷部 高麗條에 그 이름
이 전해지고 있다. 신라는 法興王 시대에 綠·紫·白·緋·黃·黑·碧·赤·靑
등의 色衿에 의하여 職階를 구별하기도 하였다. 또 삼국시대는 이미 纐纈
染織 등, 고급 염직 기술의 단계에 도달하여 있었지만, 捺染이나 浸染의
역사는 훨씬 옛시대로 소급한다. 당시의 衣服 염색은 布地에 纐纈을 행하
였을 뿐만 아니라 刺繡나 金銀箔에 의한 着色도 행하여져 그 색채는 찬
란한 것이었다.[10]

8세기에 일본은 고급직물을 생산할 수 없었음을 앞의 절에서 알게 되
었다. 이러한 사정은 16세기까지도 동일한 것으로 생각된다. 예를 들면
筑前 四國의 守護였던 오오우찌(大內義興)는 조선에서 錦細 1,000필, 면
포 1,000필을 얻어 사찰의 再興 자금으로 삼았으며, 이 2,000필에 달하는
조선의 錦細·綿布를 '億兆無窮之賜'(헤아릴 수 없을 정도의 많은 은혜)
라고 기술하였던 것이다.[11]

1) 수출품의 측면에서 본 統一新羅의 염직물 수준과 일본의 신라 염직물 수입

통일신라의 염직물 제작 기술은 가히 세계적이어서 중국·일본을 위시
하여 아랍으로도 수출되었다. 통일신라의 염직물 수출사정을 제시하면
<표 5>와 같다.

---

10) 이러한 三國時代의 染織에 대하여는 이미 스기모토(杉本)가 언급한 바 있다.
    杉本正年, 1979, 『東洋服飾論考: 古代編』, 東京: 文化出版局, 339~340; 342
    ~344쪽.
11) 伊藤唯眞, 1993, 「高麗文化財의 日本傳來」 『東國大學校博物館開館 30주년
    기념학술대회(高麗佛畵) 보고서』.

〈표 5〉 신라가 수출한 각종 染織物

	653	679	681	686	688	689	723	724	748	752	773	834	836	869	945	1071	1080
金總布	○																
六十總布									○								
錦(錦綾)		○	○		○												
絹			○	○													
彩絹				○													
綾羅				○													
霞錦		○	○									○					
朝霞							○										
朝霞紬								○	○								
朝霞錦											○			○			
氎										○							
細魚牙							○										
魚牙納紬								○									
魚牙納								○									
魚牙紬											○						
大花魚牙錦														○			
小花魚牙錦														○			
錦罽												○					
各種染織														○	○	○	
罽屏																	○
綵帛				○													
色羅																	○
色綾																	○
출처	册府元龜	日本書紀	日本書紀	日本書紀	日本書紀	日本書紀	三國史記·册府元龜	唐會要	唐會要	正倉院古文書	册府元龜	三國史記	册府元龜	三國史記	高麗史	高麗史	高麗史

<표 5>에서 통일신라 초기부터 고려 중기에 이르기까지 한국은 각종 고급 염직물을 중국과 일본에 수출하였음을 알 수 있다. 이 가운데 일본이 수입한 것만을 보면 679·681·686·688·689·752년 등 7세기 후반에서 8세기 초까지에 걸쳐 있음을 알게 된다. 일본이 구입한 신라의 염직물은 다음과 같다.

① 錦   ② 錦綾   ③ 絹
④ 霞錦   ⑤ 綾羅   ⑥ 彩絹
⑦ 綵帛   ⑧ 氈

하금·조하·조하금·朝霞紬는 모두 동일한 고급염직물을 가리키는 듯하다. 조하금·조하주는 新羅만의 특산물이며 大花魚牙錦이나 小花魚牙錦의 '大花' '小花'는 구체적인 꽃문양을 가리키는 것이 아니라 대형문양과 소형문양의 뜻이다. 이로써 신라는 소형문양뿐만 아니라 대형문양도 자주 사용하였음을 알게 된다. 정창원의 염직물 가운데는 대형문양이 존재하고 있음을 상기하게 된다. '朝霞'는 色 위에 金銀泥나 薄(箔)을 놓음으로써 밑의 색을 안개가 걸린 것처럼 차단하는 것으로 해석된다. '朝霞'는 명주(絣)에 가까운 색조의 문양이었다.[12]

9세기말 아랍인이 신라에 와서 신라의 劍·麝香·沈香·말안장·豹皮·陶器 등과 함께 비단(綢緞)을 가져갔는데[13] 이 비단은 고급염직물일 것이다.

正倉院 소장의 色氈과 花氈에는 제작국을 알리는 付箋이 붙어 있어 그 제작국의 확인은 용이하다. 즉 正倉院 北倉 소장 色氈과 中倉 소장 花氈 잔결에는 白麻布의 부전이 붙어 있는데 각각 다음과 같은 墨書가 있다.

---

12) 東野治之, 1992,「朝霞錦考」『遺唐使と正倉院』, 東京: 岩波書店.

13) 무하마드 깐수, 1992, 『新羅·西域交流史』, 서울: 檀國大學校 出版部, 228쪽.

① 紫草娘宅紫稱毛一 念物絲乃綿乃得追汚‘今綿十五斤^小 長七尺廣三尺四寸’

② 行卷 韓舍價花氈一 念物得追汚

이것을 쉽게 풀이하면 다음과 같다.[14]

① 新羅의 한 귀족(紫草娘宅)이 만든 길이 7尺 너비 3尺4寸의 色氈을 日本産 綿 15斤을 주고 구입.

② 日本人이 韓舍(大舍) 官位의 新羅人(行卷)의 花氈을 구입.

이로서 正倉院 소장의 花氈과 色氈은 新羅製임을 알 수 있다. 正倉院 古文書의 殘缺에 의하여 일본은 752년에 日本에 간 新羅使節團으로부터 각종 氈을 구입한 것을 알 수 있다. 당시 일본이 구입한 氈에는 ⓐ 色氈, ⓑ 緋氈, ⓒ 口裁氈, ⓓ 花氈 등이 포함되어 있으며 당시 신라의 氈은 唐朝에도 그 이름이 알려진 특산물이었다.[15]

朝霞錦의 제조는 신라의 宮廷工房에서 독점적으로 행해졌다. 신라 官制를 기술한 『三國史記』 職官志를 보면 內省 아래에 朝霞房이라는 官廳이 소속되어 있다. 그 이름으로 판단하여 이것은 朝霞錦을 짜는 관청일 것으로 보인다. 조하금은 신라 왕실의 宮廷工房에서 짠 王室用 직물이었던 것이다.[16] 조하방은 染宮, 紅典, 蘇芳典 등의 官司처럼 母라 불리는 女官이 여기에 배치되어 있다. 高麗 白錦은 高麗의 錦이 아니라 高句麗 멸망(668년) 전의 高句麗에서 직조된 독특한 기법의 白錦인데, 그 高句麗 멸망 이후에도 종전의 명칭을 그대로 사용하여 高麗白錦이라 칭한 것이다. 772년(大曆 6) 4월 唐은 고급직물을 금지하면서도 高麗白錦의 직조는

---

14) 李成市, 1982, 「正倉院寶物氈貼布記を通して見た8世紀の日羅關係」『朝鮮史研究會會報』 67.

15) 東野治之, 1977, 『正倉院文書と木簡の研究』, 312~316; 321쪽.

16) 위의 책, 131~132쪽.

허락하였으며,[17] 또한 新羅錦도 독특한 기법을 가지고 있기 때문에 그 異國情趣가 환영되어 중국측의 수입이 계속되었으며 高麗白錦처럼 그 기법까지도 수입되었다.[18] 이렇게 볼 때 신라에서 생산되는 조하금, 고려금, 氈 등은 중국에서 탐내는 염직물임을 알 수 있다.

도노 하루유키(東野治之)는 조하금은 신라뿐만 아니라 중국이나 일본에서도 인기를 얻었으며, 그 일부를 法隆寺나 正倉院에서 볼 수 있다고 말하고 있다.[19]

고대 중국에 수출·선물한 한국(통일신라·고려)제 고급염직물의 좀 더 구체적인 모습에 대하여는 이미 언급한 바 있으므로[20] 여기서는 생략하기로 한다.

2) 新羅人의 뛰어난 色彩감각과 그 다양성

통일신라의 116개 관영 工匠 가운데 染宮, 紅典, 蘇芳典, 攢染典, 綾色典 등 5개의 공장은 염색을 담당한 관서로 볼 수 있다. 이러한 염료 내지 顔料를 만드는 관서에서 만드는 색채의 종류는 다음과 같이 적어도 50여 종 이상은 될 것이다.[21] 당시 중국도 이러한 다양한 색채를 제작할 수 있었다는 기록은 없는 것으로 알고 있다. 신라인의 色에 대한 고도의 감각과 고도의 염색기술에 의한 다양한 색채의 창출은 얼핏 보기에는 동일한 색채들을 별개의 색채로 구별하고 있는 점에도 나타나 있다고 하겠다. 예

---

17) 『册府元龜』 64 帝王部 發號令門, 大曆 6년 4월.
18) 日野開三郎, 1960, 「羅末三國鼎立對大陸海上交通貿易(2)」 『朝鮮學報』 16.
19) 東野治之, 1988, 『正倉院』, 139쪽.
20) 崔在錫, 1994, 「輸出品을 통해본 統一新羅의 美術工藝」 『民族文化論叢』 (영남대학교) 15.
21) 李良燮, 1991, 「韓國傳統染色의 歷史」 『韓國民俗調査報告書』(織物工藝篇), 133～135쪽.

를 들면 紫白과 白紫를 구별하고, 紫綠과 綠紫를 구별하고 있는데 이러
한 사례만도 20종류나 된다.

① 朱紫	② 紫	③ 緋	④ 靑
⑤ 黃	⑥ 紅	⑦ 赤	⑧ 鳥色
⑨ 彩衣色	⑩ 深靑	⑪ 碧	⑫ 翠
⑬ 縹	⑭ 紫粉	⑮ 紫黃	⑯ 金屑
⑰ 滅紫	⑱ 綠	⑲ 黑	⑳ 紫白
㉑ 紫綠	㉒ 靑赤	㉓ 靑白	㉔ 靑綠
㉕ 靑黃	㉖ 靑紫	㉗ 靑黑	㉘ 黃靑
㉙ 黃赤	㉚ 黃黑	㉛ 黃綠	㉜ 綠白
㉝ 綠紫	㉞ 白紫	㉟ 白靑	㊱ 白黑
㊲ 白赤	㊳ 白黃	㊴ 緋赤	㊵ 黑赤
㊶ 黑靑	㊷ 黑綠	㊸ 黑白	㊹ 碧黃
㊺ 赤黑	㊻ 赤紫	㊼ 赤靑	㊽ 赤白
㊾ 赤黃	㊿ 赤黑		

당시 일본이 이러한 50종의 색채를 제작할 수 없는 것은 물론이다.
752년에도 일본은 신라로부터 다음과 같은 염료와 안료를 수입한 사실이
이것을 반증하고 있다.

顔料

① 同黃(銅黃)	② 烟子	③ 朱沙
④ 胡粉	⑤ 黃丹	⑥ 金靑
⑦ 雌黃	⑧ 白靑	

染料

① 蘇芳   ② 紫根

이러한 안료와 염료는 신라에서 생산되는 것도 있고 중국에서 생산되는 것도 있지만, 이 가운데는 인도차이나, 인도 지방에서만 생산되는 것도 있다. 조선·항해 기술이 뛰어난 신라[22]가 아니고서는 도저히 가져올 수 없는 물품들이다. 소방은 752년 일본이 신라에서 구입한 물품 가운데 거울 다음으로 많이 구입한 물품이었다. 正倉院 소장의 각종 물품의 다양한 色彩도 앞에 말한 50종의 빛깔 내에 있는 것이다.

3) 신라의 염색법

신라의 염채에 대하여는 『北史』 신라조에 의해 신라인들이 素絹에다 그림을 그려 의복의 염채를 꾀하였음(복색 상화소)을 알 수 있다. 그리고 알려져 있는 바와 같이 신라 興德王 때에 이르러 士女衣服의 纈繡을 금한 사실이 있다. 이것으로 신라에는 彩繪로부터 협힐에 이르기까지 각종 염채 방법이 시행되었음을 알 수 있다. 신라의 염채에 대한 기록은 『三國史記』와 『三國遺事』에서 볼 수 있다. 炤知王 대의 碧花 說話에 錦繡와 色絹 등이 보이고 法興王 때에는 백관 공복을 색채로 구분 표시하여 紫衣·緋衣·靑衣·黃衣 등의 제도를 마련하였다.[23]

아는 바와 같이 납힐은 平絹羅 등에 양초(파라핀)로 花紋을 만들어 염색한 후 양초를 뽑아내어 화문을 나타내는 기법이며, 협힐은 2매의 板에 무늬를 조각하고 천을 2매의 판 사이에 끼우고 파인 곳에 염료를 부어 문양을 염출하는 기법이며, 교힐은 천을 실로 묶어서 염색하는 지금의 홀

---

22) 최재석, 1993, 『統一新羅·渤海와 日本의 關係』, 312~319쪽.
23) 리은창, 1978, 『한국복식의 역사』(고대편), 서울: 세종대왕기념사업회, 162쪽.

치기 염색법이다.

중국기록(『翰苑』)에 의하여 고구려가 纐纈技法으로 염직물을 직조하였고, 통일신라의 조하금은 실을 교힐기법으로 防染하여 제조한 염직물임을 알 수 있다. 염색기법 중에서 방염기법이란 실과 천의 계획된 부분에 염료가 침투하지 못하게 방염물을 씌우거나 묶어서 염색함으로써 소기의 문양염직물을 제조하는 기법이다. 요컨대 납힐·교힐·협힐은 한국 고대의 3대 방염기법인 동시에 3대 방염직물명이며, 이들 기법에 의하여 염색된 염직물은 문양염직물이 되는 것이다.[24]

돌연히 8세기의 정창원 유물에 나타난 협힐·납힐 등의 방염기법이 인접시대인 平安시대 이후에 쇠퇴하여 소멸되었고, 이리하여 平安시대의 염직품은 수입품을 포함하여 몇 점에 불과한 점에 의해서도[25] 그러한 방염기법이 일본에서 사용되어온 기법이 아님을 알 수 있다.

한국에서 1970년대에 협힐과 납힐의 기법으로 염채된 정창원의 협힐·납힐 병풍은 백제나 신라의 染彩의 영향에 의한 것으로 추정된다고 한 견해가 발표된 적이 있으나,[26] 이 견해도 결국 신라의 영향을 받기는 하였지만 일본인이 제작하였다는 견해이다. 그러나 앞의 견해에 비하면 증거는 제시하지 못하였지만 李如星과 金東旭의 견해는 사실에 가까운 견해라 할 수 있을 것이다.

(1) 李如星의 견해

① 正倉院의 물건은 대부분 한국의 것 혹은 한국을 중개로 한 唐物이라고 볼 수밖에 없다.

② 正倉院·法隆寺 소장의 諸染織物도 그 多數가 韓國에서 건너간 것

---

24) 閔吉子, 1989,「韓國傳統染色種類의 範疇에 관한 研究: 防染技法을 중심으로」 『國民大學校 敎育論叢』 9-1.
25) 松本包夫, 1984, 『正倉院裂と飛鳥天平の染織』, 東京: 紫紅社, 171쪽.
26) 리은창, 1978, 앞의 책, 166쪽.

이라고 보아도 좋을 것이다.

③ 正倉院과 法隆寺의 염직물의 전부라고는 말할 수 없으나 또 몇 퍼센트라고도 말할 수 없으나 하여간 不可分離의 관계를 가졌던 것만은 명백한 사실이다.[27]

(2) 金東旭의 견해

① 正倉院의 유물의 태반이 韓人系 文物이라고 해도 과언이 아니다.

② 현재 正倉院에 남아 있는 것은 현물이란 점에서 新羅의 宮中工房에서 작성된 현품이 남아 있을 것을 의심하지 않는다.

③ 景德王代의 직물과 正倉院 직물은 그대로 대응하고 있고 시대도 비슷하여 正倉院 유물을 전부 신라 것이라고 하기는 어려워도 상당수 있으리라 보는 바이다.[28]

5. 문양을 통해 본 正倉院 染織物의 제작국

統一新羅의 문양과 정창원 소장품 문양의 유사성 내지 동일성을 찾아내는 것도 중요하지만 당시의 양국 즉 통일신라와 奈良일본과의 정치관계, 군사관계, 종교관계, 항해관계 그리고 증거에 근거한 당나라와 일본의 관계 파악도 중요하다. 보다 단적으로 말한다면 이러한 제관계 위에서 문양의 비교가 행해져야 더욱 그 설득력을 얻을 수 있기 때문이다. 그러나 이러한 시각의 파악은 이미 언급한 바 있으므로[29] 여기서는 생략하기로 한다.

먼저 문양에 관한 지금까지 고찰 상황을 알아보자. 간략하나마 신라

27) 李如星, 1947, 『朝鮮服飾考』, 서울: 白楊堂, 316·317·319쪽.
28) 金東旭, 1988, 「正倉院 寶物의 位相」『新羅文化祭學術發表會論文集』 9.
29) 崔在錫, 1993, 앞의 책, 제2부 제1장~제4장 참조.

염직물의 문양과 正倉院 소장 염직물의 문양을 언급한 이는 李如星, 曺圭和, 李殷昌 등이다. 이여성은 正倉院 소장 綠地狩獵紋錦은 新羅錦을 연상케 한다고 말하였다.[30] 그 뒤 조규화는 正倉院의 한 염직물이 한국산인가 아닌가 하는 문제는 제쳐놓는다고 말한 뒤 정창원의 한 염직물 문양과 新羅塼의 문양의 동일성을 지적하고 있다. 즉 그는 正倉院 南倉의 山水八卦背八角鏡을 담았던 거울상자 뚜껑 표면에 발랐던 白地唐花紋錦의 主紋이 慶州 임해전지에서 출토된 2종의 寶相花紋塼의 주문을 합친 것과 동일하며, 副紋의 米字形 당화문도 塼의 네 구석에 있는 팔메트문을 연결하면 거의 동일하게 된다고 하였다.[31]

리은창은 경주박물관 소장 立樹雙鳥紋과 皇龍寺址에서 출토된 花樹對禽紋銀板에 주목하여 일본 法隆寺에 소장되어 있는 獅子狩紋樣錦도 新羅系의 紋樣錦으로 추정되며, 또한 일본의 正倉院 소장품인 綠地狩獵紋0錦·花樹獅子人物白橡綾도 역시 신라의 染織系에 두어야 할 유품들이라는 견해를 피력하였다.[32] 그는 단지 法隆寺와 正倉院 소장 염직물 3~4종류가 '신라계문양' '신라의 염직계'라고만 언급하여 正倉院 염직물의 제작국이 어느 나라인지 확실히 밝히지는 못하였지만 신라의 문양과 正倉院 염직물의 문양 관계를 밝힌 최초의 한국학자로 평가되어야 한다고 생각한다.

마쓰모토(松本包夫)는 正倉院의 염직물의 문양을 조사하여 문양을 구성하는 단위요소를 다음과 같이 열거하였는데, 이러한 요소는 거의 전부 신라의 기와·전의 문양을 비롯한 여러 유물에 남아 있는 문양 요소들이다.

---

30) 李如星, 1947, 앞의 책, 295쪽.
31) 曺圭和, 1975, 「唐草紋樣의 系譜: 古代 韓國의 唐草紋樣을 중심으로」『美術資料』18.
32) 리은창, 1978, 앞의 책, 166쪽.

正倉院 염직물의 문양구성의 단위 요소

① 기하학적 요소: 마름모형(菱形), 문살무늬(格子), 山形, 바둑무늬(鼗),
   龜甲, 七曜(해·달·물·불·목·금·토), 七寶(금·은·유리·거거·산호·마
   노·파리), 곡선진 줄무늬(立涌; 다데와구), 대나무로 엮은 망(網代; 아
   지로)

② 자연현상: 산, 구름, 안개, 물, 連珠 등

③ 식물적 요소: 수목, 꽃(보상화·연화·모란·국화 등), 줄기풀(포도당초·
   인동당초·연화당초 등)

④ 동물적 요소: 인물, 거북, 고기, 각종 새, 나비, 각종 짐승, 공상동물(봉
   황·용·기린·천마·伽陵頻迦·鬼面 등)

⑤ 器物 기타: 향로형, 집, 문자 등

이 가운데 정창원 염직물을 통하여 가장 빈번하게 나오는 단위요소는
②의 구름, ③의 꽃과 줄기풀, ④의 새 등이다. 새는 종종 리본이나 꽃이
나 나무가지(花枝)를 물고 있는 모습을 나타내고 있다. 다음으로 자주 나
오는 문양은 동물계이지만 이 가운데 사자, 사슴, 양, 봉황, 용, 기린 등이
많으며 개, 토끼, 코뿔소, 코끼리, 낙타, 天馬 등은 적게 나온다.[33]

고려시대 직물의 문양은 벽돌형·격자형·다이아몬드형·육각형·팔각
형·구갑형·비운형·칠보문·각종 동물문 등 다양하게 나타나고 있는데,[34]
이러한 문양 특징은 신라시대 것의 계승으로 보인다.

세키노 다다시(關野 貞)는 통일신라의 기와와 전의 문양에 주목하여
신라시대 기와 문양은 어느 것이나 당시의 예술가가 고심참담하여 의장
을 만들어낸 것이며 문양의 종류가 풍부하고 그 취급이 자유분방하고 그
기교는 일본이나 중국보다도 월등히 뛰어났다고 평한다.[35] 또 그는 "그

---

33) 松本包夫, 1974, 『正倉院の染織』(日本の美術 102), 63쪽.
34) 趙孝淑, 1993, 『韓國 絹織物 硏究: 高麗時代를 중심으로』, 世宗大學校 박사
   학위논문.

시대는 한국예술의 황금시대라고 할 만한 시대이며, 기와에 나타난 문양의 종류도 많으며 수법도 또한 정교하고 한국고유의 특색을 충분히 발휘하였으며, 기와에 있어서는 그 종류가 극히 많고 문양도 대단히 우수하다"[36)고 말한 뒤 신라 고유 문양으로 당초·인동당초·포도·보상화·구름·화염·기린·봉황·용·천인·瑞鳥·獸面·귀면·거북 등을 예시하였다.[37)

이보다 먼저 京都대학은 1934년 『新羅古瓦의 研究』에서 신라 기와의 문양은 일본의 것과는 달리 의장에서도 자유로이 활보하여 분방의 극치를 이루고 그 화려한 문양은 변화무한하여 중국본토에서도 도저히 따라갈 수 없는 百花繚亂의 景觀을 나타내게 되었다고 말하고,[38) 신라 기와와 전의 문양 특징 몇 가지를 다음과 같이 지적하였다.[39)

① 對鵝紋   ② 對鳳紋   ③ 對鸚紋
④ 雙麟紋   ⑤ 雙龍·飛龍紋   ⑥ 飛天紋
⑦ 獸面紋   ⑧ 小禽紋   ⑨ 佛閣浮雲紋
⑩ 飛禽華紋

이렇게 볼 때 정창원 소장 염직물에 있는 문양은 거의 신라의 문양과 유사하거나 일치함을 알게 된다. 대표적인 정창원 소장 염직물은 1984년에 출판된 마쓰모토의 책[40)에 잘 정리되어 있다. 이 책에 수록된 염직물의 문양을 정리하면 다음과 같다.

---

35) 關野 貞, 1942, 「朝鮮の瓦文樣」 『朝鮮の建築と藝術』, 443쪽.
36) 위의 책, 438~439쪽.
37) 위의 책, 441쪽.
38) 京都帝國大學 文學部, 1934, 『新羅古瓦の研究』, 東京: 刀江書院, 12쪽.
39) 위의 책, 35~53쪽.
40) 松本包夫, 1984, 『正倉院裂と飛鳥天平の染織』 참조.

(A) 신라 전의 蓮花문양과 유사한 것[41)

縹地大唐花文錦	(1) 신라전 蓮花紋樣과 유사
紫地花文錦	(6) 상동
白地唐花文錦	(7) 상동
赤地唐花文錦	(8) 상동, 撥鏤尺 문양과 유사
자지당화문금	(9) 상동, 상동
적지당화문금	(11) 상동
자지당화문금	(15) 상동
자지화문금	(20) 상동, 상동
綠地花鳥文錦	(34) 상동, 상동
紺地大花文花氈	(111) 상동

(B) 신라 기와의 飛雲문양과 유사한 것

| 飛仙文茶綾 | (90) 비운·천인 |
| 鳥文花氈 | (113) 비운 |

(C) 신라의 草花문양과 유사한 것

| 草花文蠟纈紫綾 | (85) 초화의 문양 |
| 花鳥文揩綠絁 | (110) 상동 |

(D) 南洋産 禽獸문양

象木蠟纈屛風	(54) 樹下 코끼리
紫地獅子奏樂文錦	(89) 사자
孔雀文刺繡	(100) 공작

---

41) 괄호 속의 번호는 松本包夫, 위의 책의 도판 번호이다.

(E) 飛翔하는 雙鳥의 문양을 한 것

花地花鳥文夾纈絁　　　　　　(21) 비상하는 쌍조

(F) 봉황의 문양을 한 것

紫地鳳唐草圓文錦　　　　　　(28) 봉황

鳳文錦 長枕　　　　　　　　　(131) 봉황

(G) 봉황새 모습의 문양을 한 것

花喰鳥文刺繡　　　　　　　　(99) 새(봉황새 모습)

(H) 樹下雙禽獸의 문양을 한 것

赤地鴛鴦唐草圓文錦　　　　　(23) 樹下 쌍원앙

淺紅地雙鳥唐花文蠟纈絁　　　(26) 당초중앙 쌍조

茶地綠花弁圓文夾纈羅　　　　(27) 쌍록(머리는 반대 방향)

白地花鳥文錦　　　　　　　　(30) 화훼중앙 쌍조(長尾)

四騎獅子狩文錦　　　　　　　(38) 花樹下 쌍사자 2組

茶地犀連珠圓文錦　　　　　　(44) 화수 쌍코뿔소, 쌍사자

綠地狩獵文錦　　　　　　　　(45) 화수중앙(倭小), 기마수렵인 2쌍

雙龍連珠圓文綾　　　　　　　(47) 화수중앙 쌍용

雙龍唐草文綠綾　　　　　　　(48) 화수중앙 쌍용

花樹獅子人物文白橡綾　　　　(49) 수하 쌍사자(768년의 명)

雙鳳·雙羊紋白綾　　　　　　　(50) 수하 쌍봉, 수하 쌍양

紺地花樹雙鳥文夾纈絁　　　　(51) 화수 쌍조

茶地樹下虎文錦　　　　　　　(52) 수하 쌍大虎·쌍小虎

鹿草木夾纈屛風　　　　　　　(53) 수하 雙鹿

茶地花鳥文夾纈羅　　　　　　(88) 화훼 중앙 쌍조

淺綠地花卉獸文錦)　　　　　　(92) 화훼중앙 쌍록·쌍원앙·雙飛鳥

紫地山羊文錦   (93) 화수중앙 쌍용, 화수쌍조

鳥文花氈   (113) 쌍조

長斑錦軾   (132) 寶相華下 雙鳥

(I) 狩獵雙獸(2組)의 문양을 한 것

綠地狩獵文錦   (45) 4인의 수렵인 자세는 신라 기와의
                            수렵문양과 흡사

편의상 위에 제시한 (B) 이하의 문양부터 먼저 간략하게 살펴본 후
(A)의 문양에 대하여 언급하고자 한다.

(B) 飛仙文茶綾의 문양은 사이토 다다시(齋藤 忠)가 신라 문양의 특징
으로 제시한 飛雲과 天人의 문양과 유사하다.[42]

(C) 두 염직물의 문양은 안압지에서 출토된 골제화조문장식의 문양
과[43] 유사하다.

(D) 신라는 당시의 일본과는 달리 조선·항해술이 발달하여[44] 東南亞,
印度까지 진출하여 그곳에만 생존하는 동물, 獅子·코끼리·코뿔소·공작
등을 곧장 문양으로 사용하였다. 공작 등은 수입하여 일본에 수출하기도
하였다.

(E) 정지한 새가 아니라 비상하는 雙鳥의 문양도 신라의 기와문양에
자주 나오는 문양이다.[45]

(F) 봉황문양도 신라 기와에 자주 나오는 문양이다.[46] 이 봉황과 똑같

---

42) 齋藤 忠, 1973, 『新羅文化論攷』, 東京: 吉川弘文館, 312·313쪽.

43) 경주박물관, 1989, 『국립경주박물관』, 125쪽.

44) 統一新羅와 日本의 造船·航海수준과 당시의 한일관계에 대하여는 崔在錫,
    1993, 『統一新羅·渤海와 日本의 關係』, 제2부 1~4장 참조.

45) 京都帝國大學 文學部, 1934, 앞의 책.

46) 위의 책 참조.

은 문양을 한 鳳文錦 장침(軾)이 正倉院에 보관되어 있는데 이것은 756년 6월 21일 일본 왕후 光明이 東大寺에 헌납한 것으로 천황 쇼무(聖武) 생존시 사용한 것이다.

(G) 봉황새와 유사한 새의 문양을 한 염직물이다.

(H) 京都대학에서 신라문양의 특징으로 지적한 여러 종류의 雙鳥·雙獸의 문양을 한 염직물이다. 예를 들면 雙鹿·雙尾鳥·쌍사자·쌍코뿔소·쌍용·쌍봉황·雙羊·雙虎 등의 문양을 들 수 있다. 쌍금수 가운데는 수목만 있는 것이 아니라 화초·당초 등이 있는 경우도 있다. 이러한 雙禽·雙獸의 문양을 한 염직물이 다른 문양을 한 직물보다 훨씬 많은 것 같다. (H) 유형의 문양을 한 염직물 가운데 우수작에 속하는 '紺地花樹雙鳥文夾纈純'는 화수 아래 쌍조를 한 문양이 있는 것도 그러하지만 이 雙鳥가 1934년 京都대학의『新羅古瓦의 研究』의 제 222의 문양 모습과 거의 꼭 같다는 것만 여기서 지적해 두고자 한다.

(I) 綠地狩獵文錦의 문양인 4인의 수렵인의 자세는 新羅 수렵인 문양의 자세와 흡사하고[47] 그 밖에 쌍조, 쌍수 등의 문양도 있다.

그러면 끝으로 (A) 문양에 대하여 살펴보기로 한다.

옥색바탕 대연화문비단(縹色大唐花文錦).

정창원에 소장되어 있는 수많은 염직물 가운데 악기인 비파를 넣은 자루의 殘片인 '옥색바탕 대연화문비단'(일본에서 말하는 이른바 '縹地大唐花文錦' 또는 '縹地蓮花大文錦')은 그 크기, 문양의 구성, 채색 등 어느 관점에서도 압권이라 할 수 있을 것이다. 일본의 염직 내지 염직문양 연구가인 아카시 다니스케(明石染人)는 이 비단에 대해 한편으로는 중국 것도 아니고 그렇다고 이태리제도 아니라고 말하고, 다른 한편으로는 이 비

---

47) 松本包夫, 1984,『正倉院裂と飛鳥天平の染織』, 309쪽 참조.

단이 일본 天平시대의 미술공예품 색채의 특색을 유감없이 발휘한 것이라 말하여, 은연중에 8세기의 일본제라는 것을 주장하지만, 이 대목은 전혀 사실과 동떨어진 것이다. 그렇다고 하더라도 아카시는 이 비단의 특징을 잘 묘사하고 있으므로 우리는 우선 그 묘사에 귀를 기울어 보자.[48]

　　수많은 正倉院의 錦 가운데 그 크기, 문양의 구성, 채색의 조화, 그 보존의 완전함을 구비한 작품을 구한다면 우선 이 옥색바탕대연화문비단을 꼽지 않을 수 없을 것이다. 그 당당한 구도, 완전한 蓮花의 정연한 배치, 같은 계통 색채의 濃淡을 사용하여 적소에 홍색의 점을 찍은 색채적 효과, 그리고 일사불란한 직물기술의 精妙함에는 감동하지 않는 자가 없을 것이다.
　　이 錦은 비파자루로 사용되어 그 모양으로 재단되어 있다. 그 크기는 세로 약 3척1촌5분, 가로 가장 넓은 부분에서 약 1척5촌6분, 가장 좁은 곳은 2촌5분이다. 비파의 몸통부에 해당하는 천의 중앙에 同心으로 삼중의 연화가 각각 다른 형식으로 모양화된 반듯한 8각형을 그리고 배치되어 있다. 놀랄 것은 이만큼 큰 천으로 겨우 1네픽드(한묶음)의 모양이 상상할 정도로 규모가 웅대한 것이다. 오늘날의 紋織의 기술로 본다면 상상도 할 수 없을 정도로 대규모의 직기를 준비한 것으로 보인다. 한 모양의 길이가 세로 1척8촌9분 정도로 추정된다. 모든 점에서 법륭사 四天王守護文錦의 대형 천과 비견될 일품이다. 대체로 능직의 조직으로 바탕색을 藍染의 엷은 옥색(淺縹)의 실로 짜고 모양의 윤곽은 어느 것이나 진옥색(濃縹)으로 교묘하게 짜여 있다. 그 하나하나의 양화모양은 가운데, 중간, 밖의 삼단으로 나누어지고 다시 그 중신에 꽃술(蕊)이 장식적 효과를 더하고 있다. 그리고 꽃술과 가운데와 밖의 연화는 어느 것이나 농담의 옥색과 황색의 삼단에 暈繝風으로 배치되고 색채상에 이른바 '同色系의 快調'를 유감없이 발휘하고 있다. 다시 군데군데 남색의 엷은 색(옥색)을 점하고 그 밖의 공간은 등색이 있는 황색으로 충당하였다. 전체가 록, 황색으로 상쾌하고 신선한 초여름 늦봄을 생각나게 하는 밝은 색조이다. 그리고 단조로움을 깨기 위하여 각 연꽃 속 부분에 눈을 뜨게 하는 주색에 가까운 홍색으로 화변을 채색하였다. 그것이 한없이 장중하고 또한 명쾌한 감촉을 준다. 이 경우 홍색의 효과는 이 錦의 생명을 불어넣은 느낌이다.

---

48) 明石染人, 1930,「御物縹地蓮花大文錦と其の系統」『染織文様史研究』, 京都: 思文閣出版.

아카시(明石)는 이 '옥색바탕 대연화문비단'과 유사한 문양형식을 가진 비단이 正倉院에 제법 존재한다고 말한 뒤 그 대표적인 예를 다음과 같이 제시하고 있다.

① 緋色地蓮花文錦
② 緋色地唐花八綾文錦幡頭
③ 緋色地唐花文小幡頭
④ 緋色地唐花文錦裂
⑤ 淡褐色地唐花文錦裂
⑥ 紫地唐花文錦裂
⑦ 蓮花大圓文華氈

따라서 '옥색바탕 대연화문비단'이 신라제라는 것이 판명되면 다음 7종의 비단도 신라제라는 것은 불문가지의 일이다. 한국인이 고래로 옥색(縹)을 좋아하는 것은 이미 앞에서도 언급한 바와 같이, 신라인이 만든 50종의 색채 속에 옥색이 포함되어 있을 뿐만 아니라 한국인이 아직도 옥색 저고리와 남색 치마를 선호하고 있는 것에도 나타나 있다.

〈도판 1〉 경주출토 전돌문양

①   ②

③   ④

⑤

〈도판 2〉 고려금(正倉院 소장)

①   ②

〈도판 3〉 花氈(正倉院 소장)

〈도판 4〉 옥색바탕 대연화문비단(正倉院 소장)

①   ②

〈도판 5〉 錦貼交屛風(正倉院 소장)

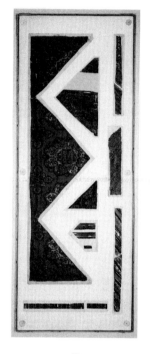

②

①

지금 사전지식이 없는 사람에게 그 직물 이름을 가린 채 <도판 1>～
<도판 5>의 문양을 제시하면 그는 문양을 보고 곧 서로 다른 나라의 문양
이라 할 것인가? 또는 곧 동일국의 문양이라 할 것인가?

<도판 1>의 ①～④는 慶州 雁鴨池에서 출토된 塼의 문양이고[49] ⑤

---

[49] 慶州지방에는 이와 유사한 문양을 한 塼이 알려진 것만 하여도 수십 종에 이
르지만 여기서는 단지 4종만 인용하였다. 이밖에 塼 문양에 대하여는 다음의
저서 참조할 것.
京都帝國大學 文學部, 1934, 『新羅古瓦の硏究』; 金東賢 외 (편), 1976, 『新羅
의 기와』, 서울: 建設韓國社 ; 文化公報部 文化財管理局 (편), 1978, 『雁鴨池
發掘調査報告書』.

는 皇龍寺址에서 출토된 塼의 문양인데 경주 望德寺址에서 출토된 塼의 문양과도 동일하다. <도판 2>는 八角高麗錦箱子(1984년도 『正倉院展』 #56)인데 金銀山水八卦八角鏡을 넣은 상자에 바른 비단이다. 고려금은 앞에서 언급한 바와 같이 그 제작지가 統一新羅에 편입된 후에도 여전히 高麗錦으로 불러왔다.

<도판 3>은 앞에 언급한 (A)유형 소속의 '紺地大花文花氈'으로 正倉院의 花氈은 거의 모두 新羅에서 제작한 것이다. 요컨대 <도판 1>, <도판 2>, <도판 3>은 新羅의 각종 문양의 하나가 된다.

<도판 4>는 앞에서 설명한 바 있는 (A)유형 소속의 '옥색바탕 대연화문비단(縹地大唐花文錦 또는 縹地蓮花大文錦)'의 문양이며, <도판 5>는 (A)유형 소속의 赤地唐花文錦의 문양이다. <도판 5>의 문양은 正倉院의 幡에 사용되기도 하고 또한 병풍(1991년『正倉院展』 #36 金貼交屛風)에 사용되기도 하였다.

전체적으로 보아서 우선 <도판 1>~<도판 5>는 그 분위기와 구도가 동일함을 느낄 수 있다. 각각 조금씩 차이가 있기는 하나 전체적인 짜임새와 분위기가 동일하다. <도판 4>의 문양과 <도판 1>의 문양간의 차이나 또는 <도판 5>의 문양과 <도판 1>의 문양간의 차이는 <도판 1>의 다섯 가지 문양간의 차이보다 크지 않다. <도판 4>의 중심부의 문양은 신라 전의 문양, 즉 <도판 1> ②·④의 문양과 유사하며, <도판 5>의 팔각형의 複辨花紋을 중심으로 그 주위에 8개의 劍形 화문을 늘어놓은 주문은 <도판 1>의 ②나 <도판 2>의 문양과 유사하다.

6. 맺는말

종래 日本學界에서는 기회 있을 때마다, 일본 正倉院에 소장되어 있는

수많은 염직물이 일본에서 제작된 것이 아니며 당나라에서 제작된 것이라
고 근거의 제시도 없이 주장해 왔다. 그래서 본고에서는 각종 증거를 제시
하여 그 염직물의 제작국이 어느 나라인가를 살펴보고자 하였다.

우선 8세기에서 10세기 일본의 염직제작 수준을 다음 A~G의 시각에
서 보아, 日本은 正倉院에 소장되어 있는 것과 같은 고급염직물은 생산하
지 못하였으며, 단지 絲·絹·絁 등 섬유의 원료 또는 일차적 제품 생산의
범위를 벗어나지 못하였음을 알 수 있다.

　A. 일본이 중국에 실제로 조공한 직물의 내용
　B. 일본이 규정한 중국 황제에 대한 진상품 규정
　C. 일본이 통일신라에 진상한 직물의 내용
　D. 일본이 발해에 진상한 직물의 내용
　E. 752년 일본이 신라의 물품을 구매할 때 지불한 직물의 내용
　F. 일본이 귀족과 관인에게 祿으로 지불한 직물의 내용
　G. 일본의 농민이 세금으로 바친 직물의 내용

한편 뛰어난 색채감각을 가진 신라 사람은 색채제작 기술이 발달하여
이미 그때 50종의 색채를 제작하였으며 또한 蠟纈, 夾纈, 纐纈 등의 염색기
법이 7세기 신라는 물론이려니와 그 이전인 삼국시대에 개발되어 있었다.

고대 한국은 각종 염직물을 7세기부터 11세기까지 시종 중국에 수출
하였다. 772년 4월 唐이 고급직물의 생산을 금지하면서도 신라의 高麗白
錦의 자국내 직조는 허락할 정도로 신라의 직물은 중국에서 높이 평가되
었다. 한편 일본측 고문서와 기록에 의하면 일본도 시종 각종 염료·안료
와 직물을 신라로부터 수입해 갔으며 개중에는 신라인 제작자의 이름이
붙은 염직물도 正倉院에 보관되어 있다.

正倉院 소장 염직물의 문양을 보면 蓮花文·飛雲·花草·남양에만 존재
하는 새와 짐승·봉황·雙鳥·雙獸·수렵하는 문양이 많이 나타나는데, 이
러한 문양은 출토품에서 자주 등장하는 신라의 기와나 전의 문양과 유사

하거나 동일한 것이다. 특히 正倉院 소장 직물 가운데 최고급으로 간주되는 옥색바탕 대연화문비단(縹地大唐花紋錦)과 赤地唐花紋錦의 문양은 新羅塼과 高麗錦의 문양과 유사하다. 당시 일본이 중국의 물품을 거의 가져올 수 없다는 점에 대하여는 이미 별고에서 다루었기 때문에 여기서는 이 문제에 대하여 언급하지 않기로 한다.

제5장 가야와 미마나(任那)는 동일국인가?

1. 머리말

1985년에 논문 「『삼국사기』 초기기록은 과연 조작된 것인가」를 발표하였으니[1] 금년(2005)으로 만 20년이 된다. 이 글은 『삼국사기』 초기기록은 조작되었다는 일본인들의 주장을 한국 고대사학자가[2] '근대적 학문적 비판'이라고 추켜세우면서 받아들인 것을 비판한 글이었다. 그러나 『삼국사기』 초기기록이 조작되었다고 주장한 일본인 사학자들이나 한국의 고대사학자들로부터 지금까지 아무런 회답을 접하지 못하고 있다.

또 필자는 1988년에 가야와 미마나를 동일시하는 일본사학자들을 비판하였으며, 1996년에는 가야와 미마나를 동일국가시하는 한국고대사학자들을 비판한 바 있는데[3] 이 역시 그들로부터 아무런 회답이나 반박문을 접하지 못하고 있다.[4] 필자가 본고를 초하게 된 것은 한국의 고대사학

---

1) 최재석, 1985, 「『三國史記』 初期記錄은 과연 造作된 것인가」 『韓國學報』 38(『韓國古代社會史方法論』 수록).
2) 『三國史記』 초기기록 조작설을 받아들인 한국사학자는 이병도, 이홍직, 이기백, 김철준, 천관우, 이기동, 문경현 등이다.
3) 최재석, 1988, 「池內 宏의 日本上代史論 批判」 『人文論集』 33 : 1988, 「末松保和의 日本上代史論 批判」 『韓國學報』 53(이상 『日本古代史研究批判』 수록) : 1993, 「伽耶史 연구에서 伽耶와 任那의 混同」 『한국민족학연구』 창간호(『古代韓國과 日本列島』 수록).
4) 가야와 미마나를 동일시하는 한국학자는 이병도, 이기동, 김현구 등 16명에

자들이 아직도 『삼국사기』 초기기록을 조작으로 보고 있는 것인지, 아니면 필자의 비판을 받아들이고 있는 것인지, 혹은 아직도 일본인들의 주장에 따라 가야와 미마나를 동일국으로 간주하고 있는 것인지, 아니면 가야와 미마나는 별개의 나라라는 필자의 견해를 따르는 것인지 분명한 회답을 바라기 때문이다. 계속 침묵만 지켜서는 학문하는 태도라고 말할 수 없을 것이다.

伽耶는 한국의 역사서인 『삼국사기』에 나오는 한반도 남쪽에 자리 잡은 고대국가의 명칭이고 미마나(任那)는 일본의 역사서인 『일본서기』에 나오는 지명이다. 그런데 미마나에 대하여 언급한 사람은 거의 전부 가야와 미마나를 동일국가로 간주하고 있다. 이러한 한국인의 견해는 모두 일본학계의 주장을 따르고 있으므로, 먼저 일본인의 견해부터 살펴보고 실제로 가야와 미마나가 동일국인지 아닌지를 여기서 다시 살펴보고자 한다.

2. 가야와 미마나 관계에 관한 일본학계의 주장

가야와 미마나 관계에 관한 한국 고대사학자들의 견해를 살피기 전에 한국학계에 영향을 준 일본 사학자들의 견해를 살펴보기로 한다. 모든 일본 고대사학자들의 견해를 살필 수 없으므로 여기서는 대표적인 사학자들의 견해를 살펴보는 것이 좋을 것이다.

일본에서는 1848년 반 노부토모(伴 信友)부터 시작하여 1880년대의 일본 육군 참모본부를 거쳐 오늘날에 이르기까지 가야와 미마나가 동일국이라고 고집하였는데[5] 일본의 고대사학자들은 거의 전부 이 주장을 받아들이고 있다. 알려져 있는 바와 같이 1880년대는 일본이 한국 침략을

이른다. 최재석, 1993, 위의 논문 참조.
5) 최재석, 1992, 「任那 歪曲史 비판」『겨레문화』 6(『統一新羅·渤海와 日本의 關係』 수록).

진행시키고 있는 시기였으므로 학자가 아닌 일본 육군의 참모본부가 이 문제에 깊숙이 간여하였다는 것 자체가 당시 일본이 한국 침략을 준비하고 진행시키고 있었다는 반증의 하나가 될 것이다. 실제로 1880년대에 일본 육군 참모본부와 그 참모본부에 동원된 사람이 간행한 한국관계 저서는『廣開土王碑文拓本』(1883) 등 12권에 이른다.[6]

1) 대표적인 주장들

(1) 반 노부토모(伴 信友)의 주장

1848년 그는 미마나(任那)라는 명칭은 일본 천황 스진(崇神)(B.C. 97～B.C. 30)의[7] 이름에서 연유되었는데, 이때 이미 일본은 한국에 진출하여 그곳을 통치하였으며 한국의 역사서인『삼국사기』는 거짓 기술과 과장이 많아서 믿을 수 없다고 주장하고 있다. 또 그는 일본을 '위대한 천황의 나라[大皇國]'라 칭하였으며 한국뿐만 아니라 중국까지 진출하여 그곳을 통치하였다고 주장한다. 1945년 일본이 항복할 때까지 일본은 일본의 군대를 천황의 군대라는 뜻의 '皇軍', 일본국을 천황의 나라인 '皇國'이라 칭하였는데 이것은 1848년의 반 노부토모에 연유되었음을 알 수 있다.

(2) 일본 육군 참모본부의 음모

일본 육군의 참모본부는 1882년에『任那考稿』,『任那名考』등 미마나에 관한 두 권의 저서를 간행하였다. 1882년은 일본이 인천 앞바다에 군함을 이끌고 와서 강제로 한국을 개항시킨 해인 1876년의 6년 후에 해당하는 해이며 청일전쟁이 일어난 1894년의 12년 전에 해당하는 해이다. 1882년에 미마나에 관한 왜곡 해석을 낸 일본 육군 참모본부는 그들이

---

6) 위의 논문.
7) 日本天皇의 紀年은 W. G. Aston의 것을 따랐다.

비밀리에 파견한 군인간첩인 사코 가게노부(酒勾景信) 중위가 1년 후인 1883년에 중국에서 광개토왕비문의 탁본을 가져오자 다수의 한학자를 동원하여 비문의 해독과 왜곡 작업에 집중하였다. 다시 말하면 일본은 1876년과 1882년에 고대한일관계와 미마나에 관한 조작 저서를 간행하고, 다시 2년 후인 1884년에 광개토왕비문의 해독과 그 왜곡에 주력하였으며, 다시 그로부터 10년 후인 1894년에 청일전쟁을 일으켜 한국을 일본의 지배하에 두려고 하였다. 이렇게 볼 때, 일본은 메이지(明治) 시대에 들어서면서 일본 육군의 참모본부가 중심이 되어 한국 침략의 계획을 은밀히 진행시키고 있었음을 알 수 있다. 그 후의 일본사학자들의 고대한일관계사의 왜곡과 미마나사 왜곡서술은 직접적으로나 간접적으로나 이 일본 육군 참모본부가 저술한 세 권의 책을 토대로 한 것임을 알 수 있을 것이다.

(3) 간 마사토모(菅 政友)의 주장

1893년 한국의 사료는 믿을 수 없다고 전제한 다음 미마나, 백제, 신라는 모두 일본 식민지였으며 일본 왕이 백제 왕을 임명하였다고 주장하고 있다. 또 그는 일본 군대가 고구려 수도인 평양을 공격하여 이를 함락시켰다는 주장을 하였으며, 백제로부터 대규모 집단이주 기사인 오진(應神) 14년과 동 20년 9월 기사는 백제 반란자들이 일본에 귀순한 기사라고 주장하고 있다.

(4) 나카 미치요(那珂通世)의 주장

1894년부터 1896년 사이에 나카 미치요는 한국의 사서인 『삼국사기』는 조작되어 믿을 수 없으며, 진구고고(神功皇后)(A.D. 201～269)가 신라를 정벌하였다고 주장하였으며, 또한 수이닌(垂仁) 천황(B.C. 29～A.D. 70)으로부터 그 명칭을 하사받은 미마나와 가야는 동일국이며 일본의 통

제를 받았다고 주장하고 있다.[8]

(5) 구로이타 가쓰미(黑板勝美)의 주장

1908년 구로이타는 미마나라는 이름은 이미 수이닌 천황이 가야국에 하사한 국호이며 일본이 가야를 지배한 것은 수이닌(B.C. 29~A.D. 70) 내지 진구고고(A.D. 201~269) 시대라고 주장하고 있다. 일본이 舊韓末에 한국에 설치한 統監府와 유사한 기구인 미마나 일본부(任那日本府)를 가야에 설치하였다고 주장하고 있다.[9] 구한말의 일본의 한국 강점을 합리화시키려고 하고 있음을 보게 된다.

(6) 쓰다 소키치(津田左右吉)의 주장

쓰다는 1913년 한편에서는『일본서기』의 기사가 거의 전부 조작되었다고 주장하면서도, 다른 한편에서는 그러한 기사들 거의 전부가 역사적 사실이라는 모순된 주장을 하였다. 또 그는『삼국사기』의 가야와『일본서기』의 加羅는 동일국이며, 미마나의 위치를 기록한 스진 65년의 기사는 과장된 것이라고 주장한다. 또한 일본은 4세기 후반에 가야에 日本府를 설치하여 그곳을 통치하였는데 한국 사서(『삼국사기』)의 가야기사는 모두 조작된 것이라는 주장을 하고 있다.[10]

(7) 이마니시 류(今西 龍)의 주장

스에마쓰 야스카즈(末松保和)와 함께 고대한일관계사를 가장 많이 왜곡한 일본고대사학자 가운데 한 사람이다. 이마니시는 1919년에 미마나

---

8) (1), (2), (3), (4)의 주장은 최재석, 1992, 위의 논문 참조.
9) 최재석, 1992, 위의 논문 : 1990,「黑板勝美의 日本古代史論批判」『정신문화연구』38(『日本古代史研究批判』수록).
10) 최재석, 1992, 위의 논문 : 1990,「津田左右吉의 日本古代史論 批判」『民族文化研究』23(『日本古代史研究批判』수록).

와 가야국이 동일국이라는 점을 여러 번 반복하여 주장함과 동시에 가야
는 일본의 직할영토라고 주장하고 있다.

任那日本府의 명칭은 일본인에 의해서가 아니라 백제인에 의해서 만
들어진 것이라 하며, 역사 왜곡의 책임을 한국인에 돌리고 있음을 보게
된다. 아주 지능적인 왜곡이라 하겠다.[11]

(8) 아유카이 후사노신(鮎貝房之進)의 주장

아유카이는 1937년에 신라와 가야의 초대 왕은 모두 일본인이지만 통
일신라가 그 사실을 말살하였으며, 한국 사서에 나오는 가야라는 국명은
조작된 것이라고 주장한다. 또한 가야, 즉 미마나는 진고고고 시대의
1910~1945년에 한국에 설치한 日本總督府와 같은 것이었고, 이 任那日
本府가 가야국의 실권을 장악하였다고 주장하고 있다.

(9) 스에마쓰 야스카즈(末松保和)의 주장

1949년에 스에마쓰는 한국역사서인 『삼국사기』와 『삼국유사』의 가야
기사는 모두 조작된 것이라고 반복하여 강조하였으며, 미마나에 넓고 좁
은 두 가지 뜻이 있고 가야에도 넓고 좁은 두 가지 뜻이 있다고 함과 동
시에 미마나와 가야는 동일국이라고 주장하였다. 또 그는 369년에 일본군
이 바다를 건너가서 신라와 가야를 평정하였으며, 391년에 백제, 미마나,
신라에 군대를 파견하여 그 나라들을 일본의 臣下 나라로 삼았으며, 4세
기말 북쪽 고구려와 남쪽 강국인 일본이 한반도에서 항쟁하였으며, 또한
가야에 설치한 미마나 일본부는 가야의 徵稅·군사·소송권을 장악하였다
고 주장하고 있다.

스에마쓰는 1956년 그의 저서 『任那興亡史』에서 가야만이 미마나가
아니라 지금의 경상남도, 전라남도, 전라북도, 경상북도 일부, 충청남도

---

11) (7)~(12)의 주장은 최재석, 1992, 위의 논문 참조.

일부 등에 걸쳐있다고 주장하였다. 상식으로는 도저히 생각할 수 없는 허구의 주장임을 알 수 있다. 지금 그가 주장하는 미마나의 범위를 지도로 표시하면 다음과 같이 될 것이다.

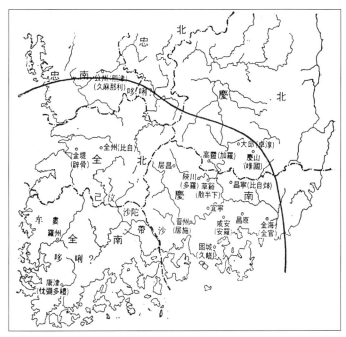

〈그림 1〉 미마나(任那)의 영역 (末松保和)
비고 : 線의 남쪽 전체 지역이 미마나이다(末松保和).

(10) 미시나 아키히데(三品彰英)의 주장

미시나는 1962년에 스진·수이닌 시대(B.C. 97～A.D. 70)부터 일본은 가야를 경영하였으며, 465년에 일본군과 신라군이 慶山의 땅을 둘러쌓고 쟁탈전을 벌였다고 주장하고 있다. 미시나는 가야 땅에 설치된 日本府는 532년 金海에서 고령으로 옮겼으며, 미마나라는 이름은 스진 천황의 이름에서 유래되었다고 주장하고 있다.

(11) 이케우치 히로시(池內 宏)의 주장

1970년 이케우치는 가야에도 넓고 좁은 두 가지 뜻이 있고 미마나에도 넓고 좁은 두 가지 뜻이 있으며, 광개토왕비와 『삼국사기』 强首傳, 『宋書』 와 『南齊書』의 任那加羅(가야)는 가라(가야)라는 한 나라를 뜻하며, 『일본서기』 崇神 65년조의 미마나는 金海를 뜻한다고 주장하고 있다. 여기서 '任那加羅'에 대하여 한마디 해둘 필요가 있을 것 같다. 『宋書』・『南齊書』 에는 任那와 加羅가 서로 다른 두 나라로 명기되어 있는데, 이케우치는 근거의 제시도 없이 任那加羅를 한 나라로 간주하고 있다.

(12) 이노우에 히데오(井上秀雄)의 주장

이노우에는 1978년, 미마나와 가야는 동일국이라는 전제 하에서 4세기 후반 일본이 가야에 일본부를 설치하여 그곳을 통치하였으며 391년부터 407년 사이에 신라를 서로 뺏으려고 고구려와 일본이 전투를 하였다고 주장한다. 또한 일본부의 기능은 가야의 외교 군사권의 장악, 가야 일본부의 郡縣 통치, 현지 일본부의 물자징발이었다고 주장함과 동시에, 일본부 세력의 주체는 일본에 있는 일본인이 아니라 가야에 거주하는 일본인이었다고 주장하고 있다.

2) 주장에 대한 반응

위에 적은 이러한 주장들이 사실과 전혀 다르다고 하더라도 가야는 인도인이 개국하였으며, 한국 남부의 문화는 인도의 문화라고 주장한 하야시 야스스케(林 泰輔)의 주장[12]에 비하면 그래도 나은 편이라 할 수 있겠다.

위의 주장들 가운데 (1)부터 (4)까지는 1880∼1890년대의 주장이고,

---

12) 林 泰輔, 1891, 「加羅の起源」『史學雜誌』25 : 1894, 「加羅の起源 續考」『史學雜誌』5권 2호.

(5)부터 (8)까지는 1908년부터 1945년까지의 주장이며, (9)에서 (12)까지
는 1945년 이후의 주장이다. 그러나 시대에 관계없이 가야와 미마나가 동
일국이라는 일본사학자들의 주장에는 변함이 없음을 알게 된다.

일본인들은 그들의 역사조작에 방해가 되는 『삼국사기』나 『삼국유사』
는 조작으로 몰고, 가야와 미마나가 동일국이라는 증거는 하나도 제시함
이 없이 말로만 가야와 미마나는 동일국이라고 주장하고 있다. 그러나 가
야와 미마나가 전혀 별개의 나라라는 증거는 있을지언정(다음절 참조) 같
은 나라라는 증거는 아무데도 없다. 이러한 일본인들의 주장에 어찌하여
한국 사학자들도 무조건 동조하며 가야와 미마나가 동일국이라고 주장하
는지 모르겠다. 또 일본인들은 가야와 미마나의 관계에 대하여 논할 때는
보통 가야와 미마나가 동일국이라고 주장함과 동시에 일본이 가야를 지
배하였다고 주장한다. 그런데 또 어찌하여 한국의 고대사학자들은 후자
인 일본이 가야(한국)를 지배하였다는 주장에 대해서는 놀라울 정도로 침
묵을 지키면서 전자인 가야와 미마나가 동일국이라는 대목에만 관심을
가져 이것을 받아들이는지 모르겠다.

이러한 경향은 『삼국사기』 초기기록 조작설에 대해서도 나타나고 있
다. 일본인들은 『삼국사기』 초기기록이 조작되었다고 주장할 때도 고대
한국은 일본의 식민지였다고 주장하였다. 이 경우에도 한국 고대사학자
들은 고대 한국은 일본의 식민지였다는 주장에 대하여는 침묵을 지킨 채
『삼국사기』가 조작되었다는 부분에만 관심을 보여 『삼국사기』가 조작되
었다는 일본인들의 주장을 받아들이고 있다.[13]

객관적인 증거를 제시하였다면 의당 가야와 미마나는 동일국이라고
하겠지만, 한 가지 증거의 제시도 없이 가야와 미마나는 동일국이라고 주
장하는 데도 왜 한국 고대사학자들이 그 주장을 받아들이는지 알 수 없는
수수께끼이다.

---

13) 최재석, 1985, 앞의 논문.

그들은 한결같이 증거의 제시 없이 가야와 미마나는 동일국이라는 전제하에 한국사서인 『삼국사기』와 『삼국유사』 기사는 조작되었다고 주장하고, 『일본서기』 기사라 할지라도 그들의 주장에 위배되면, 예를 들면 미마나의 위치를 뚜렷이 밝힌 스진(崇神) 65년의 기사는 과장된 것이라고 주장한다. 가야와 미마나가 각기 넓고 좁은 두 가지 뜻이 있다고 주장한 것도 가야와 미마나가 동일국이라고 주장하기 위한 저의에서 비롯된 것이다. 가야도 미마나도 각각 모두 한 가지 뜻이 있을 뿐이고 두 가지 뜻이 있는 것은 아니다. 두 가지 뜻이 있다는 주장은 허구이다.

앞에서 살펴본 바와 같이 일본인들은 시종일관 가야와 미마나는 동일국가라고 함과 동시에 가야는 일본이 경영한 식민지라고 주장한다. 백제로부터의 대규모 집단이주 기사인 오진(應神) 14년과 20년의 기사는 백제 반란자들의 일본귀순 기사라고 주장한다. 일본[야마토왜]이 아직 형성되지 않았던 시기였으므로 歸順은 있을 수 없고, 고도의 문화를 가진 백제인들에 의한 개척사업만이 있을 따름이다.

그들은 가야와 미마나는 동일국이며 가야가 일본의 식민지였다는 것을 주장하기 위하여 '미마나'라는 명칭이 스진 천황(B.C. 97〜B.C. 30)의 이름에서 연유한다고 주장하기도 하고, 수이닌 시대(B.C. 29〜A.D. 70)에 수이닌 천황이 가야에 하사한 국호라고 주장하기도 한다. B.C. 97년부터 진구고구 시대까지의 이른바 스진·수이닌 시대는 일본[야마토왜]이 아직 출현하기 훨씬 이전 시기이다. 또 수이닌 시대(B.C. 29〜A.D. 70) 내지 진구고고 시대(A.D. 201〜269)에 일본이 가야를 지배하였다고 주장하기도 하고, 진구고고 시대부터 일본의 식민지였다고 주장하는 사람도 있다. 한편 또 4세기 후반에 일본이 가야에 日本府를 설치하여 통치하였다고 주장하는 사람도 있다. 이렇게 근거의 제시 없이 마음 내키는 대로 주장을 하다 보니, 일본인들은 결국 서로 다른 4종의 주장을 하게 된 것이다.

또 일본의 역사 왜곡은 비단 일본의 고대사학자뿐만 아니라 일본의

국립대학도 동일하다. 도쿄대학이 편찬한 역사교재에서도 일본이 고대한
국을 지배하였다고 주장하고 있다. 1961년에 도쿄대학(東京大學)에서 간
행한 『日本史槪說』은 종래의 일본사학자 개개인의 주장과 꼭 같은 주장
을 하고 있다. 지금 그 역사 교과서 서술의 일례를 제시하면 다음과 같다.

이른바 '미마나일본부'에 대해서는 "종래 여러 설이 난립하여 정설이
없는 상태"라고 그럴 듯하게 말하면서도, "야마토왜는 미마나에 '미마나
일본부'를 설치하여 한반도 경략(지배)의 발판으로 삼아 백제와 신라에
압력을 가함과 동시에 대거 남하한 고구려와 싸웠으며, 5세기에 이르러
신라와 고구려가 야마토왜를 압박하자 야마토왜의 5인의 왕은 중국에 사
신을 보내 이 곤경을 외교 교섭을 통해 호전시키려 하였다"고 기술하고
있다.

"562년에 신라가 미마나를 완전히 병합하였으므로 수세기 동안 한반
도 지배의 실마리였던 '미마나일본부'는 소멸되었지만 야마토왜의 세력
은 한반도에서 완전히 손을 뗀 것은 아니며, 신라는 야마토왜의 국력을
두려워하여 '미마나'가 행하던 조공을 여전히 계속하여 보내왔다"고 기술
하고 있다.

전혀 별개의 나라인 가야와 미마나를 동일국가시하였으며, 야마토왜
가 한반도를 지배했다는 서술도 전적으로 허구이며 역사를 왜곡한 일본
사학자의 주장을 그대로 옮긴 데 불과하다. 6세기에 백제가 야마토왜 경
영 팀을 파견하여 야마토왜를 경영하였다는 『일본서기』의 기록에 대해
서는 일언반구의 언급도 없다.

앞에서 필자는 한국 고대사학자들이 『삼국사기』가 조작되었다는 일
본인의 주장을 근대적 학문적 비판이라고 칭찬하면서도 일본인들이 동시
에 주장한 고대 한국이 일본의 식민지였다는 주장에는 침묵만을 지켜왔
다는 점을 지적하였으며, 또한 한국 고대사학자들은 가야와 미마나가 동
일국이라는 일본인들의 주장에만 관심을 나타냈으나 그때 일본인들이 동

시에 주장한 고대 한국이 일본의 식민지였다는 주장에는 언급조차 하지
않았음을 지적한 바 있다.

　일본이 한국에 건너가서 그곳을 식민지로 삼으려면 적어도 조선·항해
수준, 王權의 정도, 일본의 강역 등의 조건이 충족되어야 한다. 이러한 조
건을 고려하지 않은 주장은 허구이거나 허구일 수밖에 없다. 다시 말하면
한국을 일본의 식민지로 삼으려면 우선 일본의 조선·항해의 수준이 발달
해야 하며, 일본의 강역도 적어도 독립국을 유지할 수 있을 정도로 넓어
야 하며, 또한 일본이 강력한 왕권을 가진 고대국가의 존재라는 것이 전
제되어야 한다.

　그런데 일본은 7세기에도 조선·항해수준이 유치하여 일본 단독으로는
해외로 갔다 올 수 없었으며, 신라의 도움에 의해서만이 한국이나 중국에
갔다 올 수 있었다.[14] 또 일본 국왕의 왕권은 미약하기 짝이 없었다. 즉 일
본 국왕의 가옥은 같은 지역에 거주하는 한 호족의 그것보다도 견고하지
못했다는 점, 그 호족이 일본 국왕의 보물을 전하지 않고 착복한 사실, 일본
국왕이 거주하는 지역의 바로 이웃인 가와치(河內)에 거주하는 한 호족이
비옥한 良田을 달라는 일본 국왕의 청을 거절한 사실 등[15]에 의해서도 일본
국왕은 왕권은 고사하고 일반 평민과 다름없는 존재였음을 알 수 있다.

　일본은 조선·항해수준이 매우 유치하여 7세기 중엽에도 당나라에 파
견할 사신을 신라에 보내 중국에 갈 신라사인의 선박에 편승할 것을 청하
였다. 그러나 신라가 이를 거절하여 당나라에 파견될 일본사신이 신라에
서 그대로 일본으로 돌아갔다.[16] 이러한 사정은 8, 9세기까지도 계속되었
다.[17] 따라서 일본이 선박을 타고 와서 고대 한국을 식민지로 삼았다는
일본인들의 주장은 허구임이 분명해진다.

---

14) 舒命 11년(639) 9월; 齊明 3년(657) 이 해.
15) 雄略 14년조; 安閑 원년 7월조.
16) 주 14)의 두 번째 사료 참조.
17) 『續日本紀』天平寶字 6년(762) 4월 17일 ; 『續日本後記』承和 7년(840) 9월 15일.

3. 가야와 미마나는 동일국인가

『일본서기』 스진(崇神) 65년 기사, 가야와 미마나의 멸망시기와 개국
한 해, 가야와 미마나 소속 지명의 비교, 미마나의 존립과 멸망 반복기사
등을 통해 가야와 미마나가 동일국인지 여부를 알아보고자 한다.[18]

1) 스진(崇神) 65년의 기사

스진 65년의 기사, 즉 "任那者 去筑紫國二千餘里 北阻海以在鷄林之
西南"을[19] 우리말로 풀이하면 다음과 같이 될 것이다. "미마나(任那)는
북규슈(北九州)에서 2천여 리 떨어져 있으며, 북쪽은 바다로 막혀 있고,
鷄林 즉 신라의 서남쪽에 있다"고 해석될 것이다. 이 기사는 다음 세 부
분으로 나누어진다.

① 미마나는 북규슈에서 2천여 리 떨어져 있다.
② 북쪽은 바나로 막혀 있다.
③ 미마나는 신라의 서남쪽에 있다.

『三國志』 倭人傳에 狗邪에서 쓰시마(對馬島)까지 1천여 리, 그곳에서
一支國(臺岐島)까지 1천여 리, 다시 末盧國(北九州)까지 1천여 리라 하였
으니, 결국 北九州에서 2천여 리 떨어져 있는 미마나는 대마도임을 알 수
있다. 이렇게 볼 때 위의 첫 부분은 대마도임을 나타낸다.

---

18) 이병도, 이기동, 김현구 등 16명의 고대사학자가 가야와 미마나를 동일시하고
　　있다. 최재석, 1993, 「伽耶史 연구에서의 伽耶와 任那의 混同」『한국민족학
　　연구』 창간호(『古代韓國과 日本列島』 수록) 참조.
19) 『일본서기』 崇神 65년조.

위의 둘째 부분인 '북쪽은 바다로 막혀있다'는 내용은 더욱 그 지점이 대마도임을 알 수 있게 한다.

다음 셋째 부분인 미마나는 '신라의 서남쪽에 있다'는 내용은 좀 모호한 것으로도 볼 수 있으나, 그 당시의 방향감각이나 지리적 지식으로 보아 대마도가 신라의 남쪽이 아니라 서남쪽에 있다고 하여도 첫째 내용이나 둘째 내용을 결정적으로 바꿀 조건은 되지 못한다고 생각한다. 이렇게 볼 때, 스진 65년의 기사는 대마도를 가리킨다고 보아야 할 것이다.

2) 가야와 미마나의 멸망 시기

지금 미마나의 존재 시기를 『일본서기』에서 제시하면 다음과 같다.

A-1. 欽明 23년 정월. 신라는 미마나의 관가를 쳐 없앴다[一書에 말하기를 21년에 미마나가 망했다고 한다].

A-2. 推古 8년 2월. 신라와 미마나가 서로 공격하였다.

A-3. 推古 8년 이해. 신라·미마나 두 나라가 사인을 보냈다(朝貢이라 표현).

A-4. 推古 8년 이해. 신라 또 미마나를 침공하였다.

A-5. 推古 18년 7월. 신라 사인 沙㖨部 奈末 竹世士, 미마나의 사인 㖨部 大舍 首智買가 쓰쿠시(筑紫)에 도착하였다.

A-6. 推古 18년 9월. 사인을 보내 신라·미마나의 사인을 불렀다.

A-7. 推古 18년 10월 8일. 신라·미마나의 使人이 王京에 도착하였다. 이날 額田部連比羅夫를 신라 손님을 영접하는 莊馬(여러 가지 馬具를 달아 장식한 말)의 우두머리로 임명하였다. 膳臣大伴을 미마나의 손님을 영접하는 장마의 우두머리로 하였다. 즉 아도(阿斗)의 河邊館에 安置하였다.

A-8. 推古 18년 10월 9일. 손님들이 조정에 왔다. 秦造河勝·土部連菟로 하여금 신라의 안내자로 하고, 間人連鹽蓋·阿閉臣大籠을 미마나의 안내자로 하였다. 함께 안내하여 南門으로 들어와서 조정외마당에 섰

다. 그때 大伴咋連·蘇我豊浦蝦夷臣·坂本糖手臣·阿倍島子臣 함께
앞으로 나가 마당에서 엎드렸다. 두 나라의 손님들이 각각 再拜하여
사인의 뜻을 전하였다. 4인의 大夫가 앞으로 나가 大臣에게 말하였다.
그때 大臣이 일어나서 廳舍 앞에서 서서 경청하였다. 여러 손님에 祿
을 주었다. 각각 차이가 있었다.

A-9. 推古 18년 10월 17일. 사인들에 조정에서 향응하였다. 河內漢直贊을
　　　신라의 共食者로 하고 錦識首久僧을 미마나의 공식자로 하였다.

A-10. 推古 19년 8월. 신라가 沙啄部 奈末 北叱智를 파견하고 미마나가
　　　習部 大舍 親智周智를 파견하였다(朝貢으로 표현함).

A-11. 推古 31년 7월. 신라가 大使 奈末 智洗爾를 파견하고 미마나가 達率
　　　奈末智를 파견하여 함께 訪日하였다.

A-12. 推古 31년 이해. 신라가 미마나를 쳐서 미마나는 신라에 종속되었다.
　　　같은 해, 야마토왜가 吉士磐金을 신라에 파견하고 吉士倉下를 미마
　　　나에 파견하였다.

A-13. 舒明 10년. 백제 신라, 미마나가 함께 사인을 倭에 보냈다(朝貢으로
　　　표현함).

A-14. 皇極 元년 2월. 야마토왜 왕이 坂本 吉士長兄을 미마나에 파견하라
　　　고 말씀하였다.

A-15. 大化 元년 7월 10일. 고구려·백제·신라가 사인을 파견하였다. 백제
　　　사인이 미마나의 사인을 겸하였다.

A-16. 大化 2년 2월 15. 고구려·백제·미마나·신라가 함께 사인을 야마토
　　　왜에 파견하였다(朝貢으로 표현함).

　　우리는 특히 앞의 사료 A-7에 의하여 倭[日本]가 미마나의 사인을 신
라의 사인과 똑같이 후대하였음을 알 수 있다. 지금 이해의 편의를 얻기
위하여 위의 사료를 표로 제시하면 <표 1>과 같다.

　　<표 1>에 나타나 있는 것과 같이 가야는 532년에 멸망하였다. 그런데
562년의 大伽耶 討平의 기사를 가야 멸망으로 간주하더라도 가야는 562
년까지만 존재한 한 국가임을 알 수 있다. 그러나 『일본서기』는 미마나
를 646년까지 존재한 나라로 기술하고 있으니 멸망의 해의 시각에서도
가야와 미마나는 동일국가가 될 수 없다. 미마나에 관하여 좀 더 상세하
게 살펴보자.

<표 1> 伽耶와 미마나의 멸망 시기

年代		伽耶 멸망 (『三國史記』)	미마나 존재 시기와 主要 歷史的 事件 (『日本書紀』)
A. 法興 19.	532	伽耶 멸망	
B. 欽明 21.	560		미마나 멸망(欽明 23년 分註).
C. 眞興 23; 欽明 23.	562	大伽耶 討平	신라가 미마나의 官家를 쳐 없앰
D. 推古 8. 2.	600		신라와 미마나가 서로 공격.
E. 推古 8. 이 해.	600		신라·미마나가 倭에 사신을 보냄(朝貢이라 표현.)
F. 推古 8. 이 해.	600		신라가 또 미마나를 침공.
G. 推古 18. 7.	610		신라의 使臣·미마나의 사신(喙部大舍首智買)이 筑紫 도착.
H. 推古 18. 9.	610		사람을 보내 신라·미마나의 사신을 초대.
I. 推古 18. 10. 8.	610		倭가 膳臣大伴을 裝飾馬部隊長으로 임명하고 미마나 사신 영접.
J. 推古 18. 10. 9.	610		倭의 間人連鹽蓋·阿閉臣大籠이 미마나 사신의 인도자가 되어 朝廷으로 안내.
K. 推古 18. 10. 17.	610		倭가 錦織首久僧을 미마나 사신의 共食者로 임명.
L. 推古 18. 10.	610		미마나의 사신 귀국길에 오르다.
M. 推古 19. 8.	611		미마나가 사신(習部大舍親智周智)을 倭에 파견.
N. 推古 31. 7.	623		미마나가 사신(達率奈末智)을 倭에 파견.
O. 推古 31. 이 해.	623		신라가 미마나를 공격.
P. 推古	623		倭가 吉士磐金을 신라에, 吉士倉下를 미마나에 파견.
Q. 舒明 10.	638		백제·신라·미마나가 사신을 倭에 보내다.
R. 皇極 1. 2.	642		倭王이 坂本吉士長兄를 미마나에 파견.
S. 大化 원. 7. 10.	645		고구려·백제(미마나 겸임)·신라가 사신 파견.
T. 大化 2. 2. 15.	646		고구려·백제·미마나·신라가 사신을 倭에 파견.

<표 1>에 나타나 있는 같이 562년부터 646년까지의 기사는 크게 세 가지 범주로 나눌 수 있다. 하나는 미마나가 倭에 사신을 보낸 기사(E, G~L, M, N, Q, S, T)이고, 둘째는 신라와 미마나가 싸움을 한 기사(D, F, O)이며, 셋째는 倭가 미마나에 사신을 파견한 기사이다(P, R). 600년부터 646년까지 일곱 번이나 미마나가 倭에 사신을 보내고, 600년부터 623년 사이에 신라와 미마나가 세 번씩이나 싸움을 하였으니, 이것만으로도 562년(가정)에 신라에 멸망당한 가야가 이 미마나와는 별개의 나라라는 것을 알 수 있다. 그리고 623년과 642년에 2회에 걸쳐 倭가 미마나에 사

신을 파견하였으니 미마나가 646년까지 존재한 것은 엄연한 역사적 사실이다. 562년에 가야가 멸망한 것으로 가정하더라도 미마나는 646년까지 존재하였으니 가야 멸망 후 미마나는 84년 이상 존재한 셈이 된다. 이렇게 562년에 가야가 멸망했다고 가정하더라도 가야는 646년까지 구체적인 수많은 역사적 사건을 통해 그 존재가 증명된 미마나(任那)와는 별개의 국가임이 확인되는 것이다.

그리고 신라와 미마나 두 나라가 동시에 조공 사인을 왜에 파견하였다는 E, G의 기사, 백제·신라·미마나의 3국이 동시에 조공 사인을 왜에 파견하였다는 Q의 기사, 고구려·신라·백제·미마나의 4국이 동시에 조공 사인을 파견하였다는 S의 기사 가운데 '조공'이라는 표현은 물론 조작이지만, 여러 나라가 동시에 일본에 사인을 파견하였다는 것은 조작이 아니고서는 현실적으로는 가능한 일이 아니다. 이 문제는 여기서는 더 이상 논하지 않기로 한다.

<표 1> 기사 가운데 G부터 L까지는 서기 610년에 倭를 방문한 미마나 사신에 대해 왜가 극진한 대접, 즉 唐의 사인이나 신라의 사인에 대한 대접과 거의 꼭 같은 대접을 한 것을 나타내는 기사이다. 532년에 가야가 망했다면 그로부터 68년 후, 그리고 562년에 망했다고 가정한다면 그로부터 38년 후에, 미마나는 사신을 倭에 파견하고 倭는 미마나의 사신에게 강대국의 사신에 대한 대접을 하였던 것이다.

3) 가야와 미마나가 개국한 해

알려져 있는 바와 같이 가야가 개국한 해는 A.D. 42년이지만 미마나의 개국한 해는 명확하지 않다. 지금 『일본서기』에서 미마나가 개국한 해를 추정하는 데 참고가 되는 기년을 제시하면 다음과 같다. 다음은 미마나 기사가 존재하는 『일본서기』의 기년이다.[20]

① 崇神 65년 (B.C. 33)
② 垂仁 2년 (B.C. 28)
③ 神功 49년 (249)
④ 神功 62년 (262)
⑤ 應神 14년 (283)
⑥ 應神 16년 (285)
⑦ 雄略 7년 (463)
⑧ 雄略 8년 (464)
⑨ 雄略 21년 (477)
⑩ 顯宗 3년 (487)

미마나에 관한 기사는 『일본서기』 스진(崇神) 65년조에 최초로 보이며, 그 후 수이닌(垂仁) 2년에 한 번 더 나타났으나, 그 후 270여 년 동안 공백으로 있다가 진고·오진조에 이르러 다시 네 번 정도 나타난다. 그 후 다시 60년 동안 공백으로 있다가 유랴쿠(雄略)조에 이르러 다시 미마나 기사가 이어지면서 그후부터는 빈번히 나타난다. 오진(應神) 이전의 기년은 조작되었을 가능성이 크다는 점과 또한 미마나 기사의 공백 기간 등을 고려할 때 미마나는 5세기 후반 유랴쿠 때에 개국했을 가능성이 크다고 하겠다. 이렇게 볼 때, 가야와 미마나의 개국년은 동일하지 않다. 설사 최초의 미마나 기사가 나타나는 스진 65년을 미마나의 개국년으로 간주하더라도 가야의 개국년과는 다르다.

4) 가야와 미마나 소속 지명의 비교

이제 일본 사학자들이 행한 미마나의 지명 비정을 살펴봄으로써 미마나가 가야국이 될 수 있는가의 여부를 알아보고자 한다.

---

20) 기년 계산은 W. G. Aston을 따름.

〈표 2〉 가야·미마나 소속 각 지명

나라 이름	『삼국유사』	『일본서기』
	6가야	미마나 10국
金官(金海)	○	
阿羅(咸安)	○	○安羅
小伽耶(固城)	○	
大伽耶(高靈)	○	
星山 또는 碧珍(星州)	○	
高靈(咸寧)	○	
多羅		○
加羅		○
斯二岐		○
卒麻		○
古嵯		○
子他		○
散半下(奚)		○
乞飡		○
稔禮		○

<표 2>에 보이듯이 '6가야'의 지명과 '미마나 10국'의 지명은 서로 다르다. 그런데 종래 일본 사학자들은 미마나 10국 가운데 加羅가 포함되어 있는 점에 유의하여, 이것을 왜곡하여 미마나에 광의의 미마나와 협의의 미마나가 존재하였다고 주장한 것이다. 되풀이하거니와 미마나에 廣狹 두 가지 뜻이 있는 것은 아니다. 加羅는 <표 2>에 나타나 있는 바와 같이 미마나 10국의 하나이다. 加羅는 미마나 10국의 하나일 뿐, 가야는 아니다. 또 아라(阿羅·安羅)가 6가야와 미마나 10국에 모두 포함되어 있다는 것은 우연일 뿐, 가야와 미마나가 동일국이라는 증거는 되지 못한다.

5) 미마나의 존립과 멸망 반복기사

『삼국사기』에 의하면 가야는 532년 즉, 법흥왕 19년에 망했으며 진흥왕 23년(562)에 大伽耶에 반란이 일어났으나 그 해에 진압되었다. 그러나 미마나는 562년 이후에도 계속 존립하여 한편으로 신라와 전쟁을 함과 동시에 倭와 서로 사인을 교환 파견하였으며 642년인 고교쿠(皇極) 원년에는 왜왕이 미마나에 사인을 파견한 사실이 앞 절에서 제시한 『일본서기』에 나타나 있다. 그 후 미마나가 언제까지 존립하였는지 기록하지 않아 확실치 않으나 646년(大化 2)까지는 존립한 것으로 기록되어 있다. 가야 멸망을 532년으로 보면 미마나는 가야 멸망 후 100년 이상 존속해 있었던 것이고, 562년의 대가야 반란과 진압을 기준으로 하면 미마나는 가야가 멸망한 지 80년 이상 존립한 셈이 된다.

또 강역의 시각에서 보아도 미마나와 가야는 동일 지역이 아니다. 앞에 제시한 바 있는 스진(崇神) 65년 기사는 미마나가 筑紫國에서 2천여 리 떨어진 거리에 있으며 북쪽은 바다를 사이에 두고 鷄林[경주·신라]의 서남쪽에 있다고 기록하고 있다. 이러한 『일본서기』의 기사는 미마나가 분명히 한반도에 존재하지 않음을 보여 주는 것이다. 그러나 일본 학계는 이 기사를 거의 전적으로 무시하고 있다.

그런데 이러한 기사보다도 우리들을 당황하게 하는 것은 미마나가 여러 번 멸망하고 또한 여러 번 재건되었다는 기사이다. 이에 관한 자료를 『일본서기』에서 뽑아 제시하면 다음과 같다.

B-1. 繼體 23년(529) 4월 7일. 미마나왕이 訪日하여 미마나의 구조를 청하였다.

B-2. 宣化 2년(537) 10월 1일. 신라가 미마나를 침범하므로 天皇은 磐과 狹手彦을 보내 미마나를 도와주었다.

B-3. 欽明 2년(541) 7월. 백제는 신라에 간 미마나의 執事를 불러 미마

나를 일으킬 것을 도모하였다.

B-4. 欽明 4년(543) 11월 8일. 津守連을 파견하여(中略) 詔書를 가지고
가게 하고 "그대는 미마나를 세운다고 말한 지 10여 년이 되었는
데 아직 이루어지지 않았다"라고 하였다.

B-5. 欽明 5년(544) 2월. 백제는 日本府의 卿과 미마나의 旱岐 등에 미
마나국을 세우는 것은 天皇이 위엄을 빌리지 않고서는 할 수 없다
고 하였다.

B-6. 欽明 6년(545) 9월. 백제가 中部의 護德(固德) 菩提 등을 미마나에
파견하였다.

B-7. 欽明 9년(548) 6월 2일. 백제에 사인을 보내 미마나와 함께 고구려
를 방어하라고 하였다.

B-8. 欽明 13년(552) 5월 8일. 백제·加羅·安羅가 사인을 보내 奏上하기
를 "고구려·신라가 연합하며 백제와 미마나를 멸망시킬 계획을 하
고 있으니 구원병을 청합니다"라고 하였다.

B-9. 欽明 23년(562) 正月. 신라는 미마나를 쳐 없앴다(一書에 欽明 21
년에 미마나가 망했다고 한다).

B-10. 欽明 32년(571) 3월 5일. 日本은 사인을 신라에 보내 미마나를 망
하게 한 것을 문책하였다.

B-11. 欽明(571) 4월 15일. 天皇이 중병으로 누워서 신라를 쳐서 미마나
를 세우라고 하였다.

B-12. 敏達 4년(575) 2월 乙丑(2월에는 乙丑이 없다). 天皇이 新羅가 아
직 미마나를 세우지 않으므로 皇子와 大臣에 지시하여 "미마나의
일을 게을리하지 말라"고 하였다.

B-13. 敏達 4년(575) 4월 6일. 일본이 신라·미마나·백제에 각각 사인을
보냈다.

B-14. 敏達 12년(583) 7월 1일. 父王(欽明)이 미마나 회복의 뜻을 이루
지 못하였으니 본인이 미마나를 부흥시키려고 한다고 말하였다.

B-15. 敏達 14년(585) 3월 30일. 天皇은 미마나를 세우려고 생각하고 坂
田耳子王을 사인으로 삼았다.

B-16. 崇峻 4년(591) 8월 1일. 天皇이 군신에게 "나는 미마나를 세우려
고 한다. 경들은 어떠한가"라고 하였다.

B-17. 崇峻 4년(591) 11월 4일. 新羅와 미마나에 각각 使人을 보내 미마
나 일을 묻게 하였다.

B-18. 推古 8년(600) 2월. 신라와 미마나가 서로 공격하였다.

B-19. 推古 9년(601) 3월 5일. 사인을 고구려와 백제에 보내 미마나를 구하라고 하였다.

B-20. 推古 18년(610) 7월. 신라 사인과 미마나 사인이 筑紫에 왔다.

B-21. 推古 19년(611) 8월. 신라와 미마나의 사인이 조공하였다.

B-22. 推古 31년(623) 7월. 신라와 미마나의 사인이 來朝하였다

B-23. 推古 31년(623) 이 해. 신라가 미마나를 쳤으며 미마나가 신라에 복종하였다.

B-24. 舒明 10년(638) 이해. 백제·신라·미마나가 나란히 조공하였다.

B-25. 皇極 元년(642) 2월 22일. 大臣에 詔하며 고구려·백제·신라·미마나에 사인을 보내라고 하였다.

B-26. 大化 元년(645) 7월 10일. 백제의 조공사는 미마나의 사인을 겸하여 미마나의 조공을 하였다.

위의 사료 B에서 미마나를 구원하다, 구원을 청하다 등의 기사는 미마나가 존립해 있음을 뜻하고 미마나를 일으켜야 한다, 세워야 한다 등의 기사는 미나나가 멸망되어 있는 상태를 뜻하는 것이다. 이런 점을 고려에 넣고 위의 사료 B를 요약하여 제시하면 <표 3>과 같다.

〈표 3〉 미마나의 존립과 멸망의 반복기사(『日本書紀』)

연대	미마나 멸망	미마나 존립	연대	미마나 멸망	미마나 존립
529(繼體 23)		○	583(敏達 12)	○	
537(宣化 2)		○	585(敏達 14)	○	
541(欽明 2)	○		591(崇峻 4)	○(8월)	○(11월)
543(欽明 4)	○ (10여 년 전부터 미마나 멸망)		600(推古 8)		○
			601(推古 9)		○
544(欽明 5)	○		610(推古 18)		○
545(欽明 6)		○	611(推古 19)		○
548(欽明 9)		○	623(推古 31)		○
552(欽明 13)		○	638(舒明 10)		○
562(欽明 23)	○		642(皇極 元)		○
571(欽明 32)	○		645(大化 元)		○
575(敏達 4)	○(2월)	○(4월)			

<표 3>을 정리하면 다음과 같이 될 것이다.

529년(繼體 23)～537년(宣化 2) ········· 9년 동안 미마나 존립
541년(欽明 2)～544년(欽明 5)   ········· 4년 동안 미마나 멸망
545년(欽明 6)～552년(欽明 13) ········· 8년 동안 미마나 존립
562년(欽明 23)～575년(敏達 4) 2월 ····· 약 13년 동안 미마나 멸망
575년(敏達 4) 4월～583년(敏達 12) ····· 약 8년 동안 존립
583년(敏達 12)～591년(崇峻 4) 8월 ····· 약 8년 동안 멸망
591년(崇峻 4) 11월～645년(大化 元) ······ 약 54년간 미마나 존립

〈그림 2〉 미마나의 존립과 멸망의 반복

529년부터 645년까지 116년 동안에 미마나가 멸망과 再生을 7번이나 반복하고 있음을 <그림 2>을 통하여 알게 된다. 왜 이런 일이 생겨났는가? 필자는 이 문제를 일본 학계에 문의하고자 한다. 지금까지 일본 학계에서는 이러한 기사의 내용에 대해서는 전혀 언급하지 않은 채 다만 미마나는 伽耶이고 伽耶는 야마토왜의 식민지였다고 주장하였고 또한 주장하고 있다. 또 비다쓰(敏達) 4년(575)과 스슌(崇峻) 4년(591)은 각각 모두 한편에서는 미마나가 멸망한 시기라 하면서 다른 한편에서는 미마나가 존립한 시기라고 하니(<표 3> 참조) 이 또한 어떻게 받아들여야 할지 모를 일이다. 앞에서 사료 A를 통하여 살펴본 바 있는 한반도의 한 나라와 미마나가, 또는 한반도의 두 나라와 미마나가, 또는 한반도의 세 나라와 미마나가 동시에 일본에 사인을 파견하였다는 조작기사와 관련시켜 보면, 이들 기사는 조작치고도 아주 서투른 조작이라고 할 수 밖에 없을 것이

다. 또, 설사 미마나가 7회나 흥망을 되풀이한 것을 사실로 받아들인다 하더라도 이것은 형성과 멸망이 각각 한 번밖에 없는 伽耶와 미마나가 별개의 나라라는 이유는 될지언정 동일국이라는 근거는 되지 못한다.

그리고 일본인들은 미마나에 日本府가 있다는 것만 강조할 뿐 미마나 관리가 신라 관위와 백제 관위를 사용한 사실에 대하여는 전혀 언급하지 않고 있다. 미마나가 신라와 백제의 관위를 사용하였다는 것은 미마나가 신라와 백제의 식민지였다는 것을 뜻한다.

〈표 4〉 미마나에서의 신라와 백제 관위의 사용(『일본서기』)

연대	신라 관위	백제 관위
610년 7월	신라 관위 사용	-
611년 8월	신라 관위 사용	-
623년	신라에 복종	-
623년 7월	-	백제 관위 사용

4. 맺는말

일본인 사학자들이 고대 한국이 일본의 식민지라는 그들의 역사왜곡에 방해가 되는 『삼국사기』를 조작으로 몰아붙인 것을 간파하지 못한 한국 고대사학자들은 일본인들의 주장을 그대로 받아들이거나 한술 더 떠서 '근대적 학문적 비판'이라고 높게 평하였다.[21] 말하자면 강도에게 훈장을 달아준 셈이 된다.

한국의 사학자들은 또 일본 사학자들이 가야 내지 고대 한국이 일본의 식민지였다는 것을 주장하기 위하여 만들어낸 가야·미마나 동일국가설도 간파하지 못하고 그대로 받아들이고 있다. 『일본서기』에는 日本府

---

21) 최재석, 1985, 앞의 논문 참조.

에 관한 기사가 12개소 있지만 그중 11개는 긴메이(欽明) 2년(541) 4월부터 동 13년(552년) 5월 8일까지 11년 사이에 존재한다.[22] 이 일본부는 미마나에 존재하는 것으로 되어 있으므로 미마나를 가야라 할 경우 가야에 일본의 일본부가 존재하는 것이 되고 따라서 바로 일본이 가야를 지배·통치한 것이 된다. 바로 이 점에 주목한 일본은 150여 년 전인 19세기 중엽부터 지금까지 그렇게도 끈질기게 "가야는 미마나"라는 주장을 해온 것이다. 일본 육군 참모본부가 중심이 된 일본의 국가적 차원의 저의를 간파하지 못하고, 한국의 고대사학자들은 한결같이 가야와 미마나는 동일국이라고 하는 일본의 주장을 받아들인 것이다.

일본학계가 아무런 근거 없이 주장하는 허구의 주장을 제외하고는 가야와 미마나가 동일하다는 증거는 아무데도 없다. 『일본서기』스진(崇神) 65년의 기사, 가야와 미마나의 멸망년과 開國年, 가야와 미마나 소속의 각 지명의 비교, 미마나의 존재를 의심케 하는 미마나의 존립·멸망 반복 기사 등 어느 시각에서도 가야와 미마나는 동일국이 아니었고 또한 동일국이 될 수 없다.

필자는 두 번에 걸쳐 가야와 미마나가 동일국이 아니라는 견해를 피력하였다. 한국의 고대사학자들은 별개의 나라라는 증거는 있을지언정 동일국이라는 증거는 아무 곳에도 존재하지 않는데, 여전히 가야와 미마나는 동일국이라고 주장하는지 자기 견해를 분명히 밝혀야 할 것이다. 그리고 필자가 『삼국사기』초기기록이 조작되었다고 평한 한국 고대사학자들을 비판한 지도 20년이 지났으나 아직도 회답을 받지 못하고 있다. 이 문제에 대해서도 침묵으로 일관할 것이 아니라 빠른 시일 안에 회답이나 비판이 있기를 바란다.[23]

---

22) 欽明 2년 4월; 2년 7월; 4년 11월; 4년 12월; 5년 정월; 5년 2월; 5년 3월; 5년 11월; 6년 9월; 9년 4월 3일; 13년 5월 8일.
23) 『삼국사기』초기기록이 조작되었다는 조작설을 주장한 이병도, 이기백 등은 이미 세상을 떠났지만, 아직도 건강하게 학문활동을 하는 사학자도 있으니 의

일본인들은『삼국사기』초기기록이 조작되었다고 할 때도, 가야와 미마나가 동일국이라고 주장할 때도 고대 한국은 일본의 식민지였다고 주장하였다. 한국 고대사학자들은『삼국사기』초기기록 조작설과 가야 미마나 동일국설은 받아들이면서도 그때 동시에 일본인들이 주장한 고대한국이 일본의 식민지였다는 주장에 대하여는 아무런 언급이 없이 침묵만 지키고 있다. 침묵은 반대가 아니라 시인을 뜻한다는 사회 통념을 알고 있는지 궁금할 따름이다. 가야와 미마나가 동일국이라고 주장하는 사람들에게 지금도 여전히 가야와 미마나가 동일국이라고 주장하고 있는 것인지 질문한다.[24]

당 필자의 질문에 회답해야 할 것이다.

24) 일본인들의 주장을 받아들여『삼국사기』는 조작되었으며 가야와 미마나(任那)는 동일국이며, 또한 암묵리에 고대 한국은 일본의 식민지였음을 자인하는 자신은 실증사학자라고 지칭하고,『삼국사기』는 조작되지 않았고, 고대 한국이 일본의 식민지가 아니라 반대로 고대 일본이 한국의 식민지였으며, 또한 가야와 미마나는 동일국이 아니라 별개의 나라라는 증거를 제시하는 사람은 편협된 국수주의자라고 평한 사람이 존재한다는 현실을 어떻게 받아들여야 할 것인가 난감할 따름이다.

제6장 6세기의 백제에 의한 야마토왜 경영과 法隆寺 夢殿의 觀音像

1. 머리말

武寧王·聖王·威德王 3代의 在位 기간은 서기 501년부터 598년까지이므로 6세기 백제는 이들 3王이 통치한 시기였다고 말할 수 있을 것이다. 그런데 필자는 이미 무령왕·성왕·위덕왕 3왕의 對日 정책에 대해 언급한 바 있다. 즉, 武寧王의 야마토왜 경영,[1] 聖王의 日本 불교 포교,[2] 威德王의 對日 불교정책[3]에 대해 논고를 발표하였으나, 그때 무령왕·성왕·위덕왕 3왕의 대일정책의 차이에 대해서는 분명하게 밝히지 않았다. 그러나 「法隆寺 재건과 통일신라」라는 논고에서는[4] 法隆寺의 百濟觀音像, 釋迦三尊像, 夢殿觀音像 등이 한국에서 제작되었을 가능성이 매우 높다는 것을 언급하였다. 특히 夢殿觀音像에 관해서는 그 天衣, 가슴 장식, 좌대 문양이 한국의 불상과 매우 유사하다는 것을 지적하였다.[5] 그런데 최근

---

1) 최재석, 1991, 「武寧王과 그 前後時代의 大和倭 경영」『韓國學報』65(『統一新羅·渤海와 日本의 關係』수록).
2) 최재석, 1997, 「552년 百濟 聖王의 大和倭佛敎 포교」『日本學誌』17(『古代韓日佛敎關係史』수록).
3) 최재석, 1996, 「6세기 百濟 威德王의 對大和倭 불교정책과 法興寺 조영」『정신문화연구』65(『古代韓日佛敎關係史』수록).
4) 최재석, 1997, 「法隆寺再建과 통일신라」『韓國學報』86(『古代韓日佛敎關係史』수록).
5) 최재석, 1998, 『古代韓日佛敎關係史』, 서울: 一志社, 407쪽.

에 夢殿觀音像 제작에 관한 획기적인 논고를[6] 접하게 되어 종래 본인이
발표한 논고의 요지를 더욱 분명히 하지 않으면 안 되겠다는 필요성을
느끼게 되어 본고를 집필하게 된 것이다.

　　본고는 武寧王·聖王·威德王이 일본에서 편 정책 차이를 규명하는
데 역점을 두고, 3王의 정책 차이의 시각에 선다면 日本에 남아 있는
6세기 백제 불교유물은 武寧王이나 聖王 시대에 제작한 것이 아니라
위덕왕 때의 제작일 수밖에 없다는 것을 논증하려고 한다.

2. 백제 제21대 蓋鹵王부터
제27대 威德王까지의 系譜

　　필자는 『三國史記』百濟本紀 阿莘王 8년 8월 기록과 『日本書紀』오
진(應神) 14·16년 기록을 사실에 입각한 것으로 보고 고구려와 싸움에 시
달린 백제인이 대규모로 新天地인 日本列島의 畿內로 이주하였으며, 따
라서 이 시기(399~405)부터 이 지역에 정치집단인 야마토왜(大和倭)가
형성된 것으로 보았다.[7] 그러나 백제는 이보다 수십년 전인 369년(近肖
古王 24년)부터 시작하여 371·375·376·377·386·392년 등 연이어 고구
려의 공격을 받았다. 『三國史記』와 『日本書紀』 등의 기록에 나타나지는
않았으나, 이 기간(369~392)에도 백제의 주민이 고구려와의 싸움이나
兵役에 시달림을 피해 대거 畿內 지방으로 이주했을 것이다. 따라서 4세
기 후반에 백제 이주민에 의한 야마토왜 형성의 가능성을 배제할 수 없을
것이다.

---

6) 金相鉉, 1999, 「백제 威德王의 父王을 위한 追福과 夢殿觀音」『韓國古代史
　研究』15.
7) 崔在錫, 1990, 『百濟의 大和倭와 日本化過程』, 一志社, 66~68쪽.

　개로왕부터 위덕왕까지의 在位年代(<표 1>)를 살펴본 연후에 이들 왕의 계보를 알아보고자 한다.

〈표 1〉 蓋鹵王~威德王의 재위 연대

王	在位年代	日本年代
21대 蓋鹵王	455~475	安康　2~雄略 19
22대 文周王	475~477	雄略 19~雄略 21
23대 三斤王	477~479	雄略 21~雄略 23
24대 東城王	479~501	雄略 23~武烈　3
25대 武寧王	501~523	武烈　3~繼體 17
26대 聖　王	523~554	繼體 17~欽明 15
27대 威德王	554~598	欽明 15~推古　6

　『三國史記』에 의해 개로왕부터 위덕왕까지 諸王의 出系를 적기하면 다음과 같다.

제21대 개로왕

① 혹은 近蓋婁王이라고도 한다.
② 이름은 慶司이고 毗有王의 長子이며 毗有王이 在位 29년에 돌아가자 (乙未 455년) 즉위하였다.
③ 乙卯年(475) 고구려 長壽王이 백제 王都를 함락시키고 개로왕을 살해하였다.

제22대 文周王

① 文周王(汶洲王이라고도 한다)은 蓋鹵王의 아들이다.
② 乙卯年(475)에 즉위하였다.
③ 475년 10월에 서울을 떠나 熊津으로 천도하였다.
④ 在位 3년(477) 9월에 解仇가 王을 弒害하였다.

제23대 三斤王

① 文周王의 長子로 왕이 돌아가자 즉위하였다.

② 재위 3년(479) 11월에 王이 돌아가셨다.

제24대 東城王

① 이름은 牟大 혹은 摩牟라고 한다. 文周王의 弟 昆支의 아들이다.

② (문주왕의 長子인) 三斤王이 돌아가자 즉위하였다. 三斤王 3년(乙未 479)에 즉위하였다.

③ 재위 23년(辛巳 501)에 苩加가 사람을 시켜 왕을 弑害하였다.

④ 왕이 돌아가자 諡號를 東城이라 하였다.

제25대 武寧王

① 이름은 斯摩 혹은 隆이라 한다. 牟大王(東城王)의 第2子이다.

② 牟大王이 재위 23년(501년)에 돌아가자 즉위하였다.

③ 재위 23년(癸卯 523년) 5월에 왕이 돌아가자 武寧이라 諡號하였다.

제26대 聖王

① 武寧王의 長子이며 武寧王이 돌아가자(癸卯 523년) 즉위하니 나랏사람들이 聖王이라 하였다.

② 재위 16년(538)에 王都를 사비(所夫里라고도 한다)로 옮기고 국호를 남부여라 하였다.

③ 재위 32년(554) 7월 왕은 신라를 습격하였으나 (중략) 해를 입고 돌아가므로 聖이라 諡號하였다.

제27대 威德王

① 聖王의 元子인데 聖王이 재위 32년에 돌아가자(554) 즉위하였다.

② 재위 45년(598) 12월 왕이 돌아가자 威德이라 諡號하였다.

위에서 東城王의 제2子가 25대 武寧王이고 무령왕의 長子가 제26대 聖王이며 성왕의 元子(長子)가 제27대 威德王임을 알 수 있다.

3. 백제 武寧王의 야마토왜 경영

『日本書紀』는 日本(야마토왜)이 7세기에 들어서, 즉 603년(推古 11), 647년(大化 3), 649년(大化 5), 664년(天智 3) 네 차례 官位를 제정하였다고 기록하고 있다.

그런데 이 가운데 664년의 관위 제정 기사는 사실로 인정되나 그 밖의 관위 제정 기사는 사실로 받아들이기 어렵다.[8] 그러나 603년에 야마토왜의 최초 관위 제정 기사를 사실로 받아들인다 하더라도 603년 이전의 야마토왜에 관위가 제정되지 않았다는 것은, 603년 이전은 야마토왜가 아직 국가체제가 이루어지지 않았다는 것을 뜻한다. 日本 최초 관위 제정 기사와 관련하여 제일 먼저 상기되는 것은 倭王 즉 日本天皇의 존재에 대한 의혹이다. 이 문제는 역대 倭王의 수명과 그 공위 기간의 시각에서 검토될 수 있을 것이다.

우리는 <표 2>에 의하여 다음과 같은 사실을 알 수 있다.

첫째, 『日本書紀』와 『古事記』의 저술 연도는 불과 8년밖에 차이가 없는데도 양자의 역대 천황의 수명은 큰 차이가 난다. 이것은 어느 것이나 사실의 기록이 아님을 나타내는 것이다.

둘째, 제1대 왕 진무(神武)부터 제15대 왕 오진(應神)까지의 수명은 대체로 100세 이상 되는 것이 많아 사실로 받아들이기 어렵다. 그 후대인 제16대 왕 닌토쿠(仁德)부터 제40대 왕 지토(持統)까지의 왕의 수명은 오

---

8) 崔在錫, 1999,「『日本書紀』에 나타난 大和倭 官位제정 기사에 대하여」『韓國學報』 97(『古代韓日關係와 日本書紀』 수록).

진 이전의 왕과는 대조적으로 대부분 기록되어 있지 않다. 일반적으로 고
대로 소급할수록 모르는 것이 많은데, 여기서는 선대 역대 왕의 수명은
구체적으로 기록하고 후대 왕들의 수명은 모른다고 하니 이것은 상식에
도 어긋난다.

〈표 2〉 역대 일본 천황의 수명(古田武彦)[9]

天皇	『日本書紀』	『古事記』	天皇	『日本書紀』	『古事記』
1 진무	127세	137세	20 안코	?	56세
2 스이제이	84세	45세	21 유랴쿠	?	124세
3 안네이	57세	49세	22 세이네이	약간	?
4 이토쿠	<77세>	45세	23 겐조	?	38세
5 고쇼	<113세>	93세	24 닌켄	?	?
6 고안	<137세>	123세	25 부레쓰	?	?
7 고레이	<128세>	106세	26 게이타이	82세	43세
8 고겐	<116세>	57세	27 안칸	70세	?
9 가이카	<111세>	63세	28 센카	73세	?
	또는 115세		29 긴메이	약간	?
10 스진	120세	168세	30 비다쓰	?	?
11 스이닌	140세	153세	31 요메이	?	?
12 게이코	106세	137세	32 스슌	?	?
13 세이무	107세	95세	33 스이코	75세	?
14 주아이	52세	52세	34 조메이	?	
진구고고	100세	100세	35 고교쿠	讓位(重任)	
15 오진	110세	130세	36 고토쿠	?	
16 닌토쿠	?	83세	37 사이메이	?	
17 리추	70세(35세)	64세	38 덴지	<46세>	
18 한제이	?	60세	39 덴무	?	
19 인교	?	78세	40 지토	讓位	

비고: < >는 기사에 의한 산출

　야마토왜 왕들의 수명이 현실로 받아들이기 힘들 정도로 장수인 점도
그러하지만, 왕과 왕 사이에 수많은 空位期間이 존재하는 점에서도 야마
토왜 왕의 존재를 의심하게 한다. 空位期間에 관련된 왕이 여러 번 등장

　9) 古田武彦, 1973, 『失われた九州王朝』, 東京: 朝日新聞社, 126쪽.

하고 또 그 空位期間이 3년 몇 개월부터 11개월에 이르기까지 長短의 차
이가 나는 사례가 여러 번 존재하는 것도 사실로 받아들이기 어렵게 한
다. 단적으로 말하면, 이러한 현상들은 책상 위에서 조작한 것이 아니고
서는 일어날 수 없다. 다시 말하면, 야마토왜의 역대 천황 존재에 대해
긍정적으로 보려는 사람도 그러한 天皇의 평균 수명이나 공위 기간의 존
재를 알게 되면 天皇의 존재에 대해 의심을 하지 않을 수 없을 것이다.
역대 天皇 사이에 존재하는 공위 기간을 제시하면 <표 3>과 같다.[10] 더구
나 663년 白江口전투에 참전한 日本軍(倭軍)이 백제왕 豊의 군대였다는
『舊唐書』『唐書』의 기사를[11] 고려해 넣는다면 日本列島에 天皇이 존재
했을 가능성은 더욱 희박해진다.

<표 3> 日本 歷代天皇의 空位期間

歷代天皇	空位期間		
	年	月	日
1대 神武~ 2대 綏靖	3	9	26
4대 懿德~ 5대 孝昭	1	4	–
6대 孝安~ 7대 孝靈	1	0	1
7대 孝靈~ 8대 孝元		11	5
11대 垂仁~12대 景行	1	0	26
13대 成務~14대 仲哀	1	6	28
15대 應神~16대 仁德	2	10	17
16대 仁德~17대 履中	1	1	14
18대 反正~19대 允恭	3	–	–
19대 允恭~20대 安康		11	28
22대 淸寧~23대 顯宗		11	14
26대 繼體~27대 安閑	2	10	–
29대 欽明~30대 敏達		11	16

　　倭王의 존재가 의심스럽고 官位가 제정되지 않은 시기, 다시 말하면

10) 水野 祐, 1954, 『(增訂)日本古代王朝史論序說』, 東京: 小宮山慶一.
11) 史料 E-1, E-2, E-3, E-4 참조.

국가체제가 아직 이루어지지 않은 6세기 야마토왜에 어떤 정치 상황이
전개되었는가 알아보자. 이 시기, 즉 6세기에 백제는 야마토왜에 경영 팀
을 여러 번 파견하였다. 여기에 관한 기사를 『日本書紀』에서 제시하면
다음과 같다.

> A-1. 505년(武寧王 5; 武烈 7). 武寧王이 斯我君(백제왕족)을 야마토왜에
>   파견하였다.
> A-2. 512년(武寧王 12; 繼體 6) 12월. 백제, 사람을 倭에 파견하였다.
> A-3. 513년(武寧王 13; 繼體 7) 6월. 百濟, 姐彌文貴 장군·州利卽爾 장군
>   을 파견하여 穗積臣押山과 함께 五經博士 段楊爾를 야마토왜에 파견
>   하였다.
> A-4. 515년(武寧王 15; 繼體 9) 2월 4일. 백제사인 文貴 장군 등이 귀국하
>   였다.
> A-5. 516년(武寧王 16; 繼體 10) 9월. 백제는 따로 오경박사 漢高安茂를
>   야마토왜로 보내고(그동안 3년 동안 야마토왜를 경영한) 오경박사 段
>   楊爾와 교대시켰다.

위의 『日本書紀』 기사에서 백제 武寧王이 장군과 오경박사를 국가체
제가 아직 이루어지지 않은 야마토왜(日本)에 파견하여 그곳을 경영했던
사실을 알 수 있다. 길안내와 경호를 담당한 것으로 보이는 백제 장군은
日本에 파견된 지 2년 만에 귀국하였고, 야마토왜 경영 임무를 담당한 오
경박사 段楊爾는 3년 동안의 근무가 끝나자 새로 부임한 오경박사 漢高
安茂에게 그 임무를 인계하고 백제로 귀국했음을 알 수 있다. 즉, 武寧王
은 백제 관리를 3년 임기제로 야마토왜에 파견하여 그곳을 통치했던 것
이다. 백제 武寧王이 야마토왜를 경영한 사실은 그의 승하를 天子의 죽음
을 뜻하는 崩으로 표현한 무령왕릉 출토 誌石이나 무령왕의 棺을 야마토
왜에서만 생산되는 목재로 만들었다는 점에[12] 의해서도 뒷받침되고 있음

---

12) 朴相珍·강애경, 1991, 「百濟武寧王陵出土 棺材의 樹種」 『국립박물관 고적조
   사보고서』 23.

을 알 수 있다.

　1971년 武寧王陵 발견은 획기적이고 역사적인 큰 사건이었다. 기록상으로는 최초로 日本을 통치한 武寧王의 陵에서 墓誌(誌石)와 環頭大刀를 비롯한 수많은 유물이 쏟아져 나왔기 때문이다.『三國史記』의 기록을 전설·허구의 기록이라고 줄기차게 주장해 온 日本人 학자에게는 적어도 武寧王에 관한 한 더이상 역사 왜곡을 할 수 없는 확고한 증거물이 나타난 것이다.

　武寧王陵에서 출토된 墓誌銘의 내용은 "寧東大將軍 百濟斯麻王 年六二歲 癸卯年 五月 丙戌朔 七日 壬辰 崩到"였다. 여기서 우리는 武寧王의 下世는 諸侯의 죽음을 뜻하는 '薨'이 아니라 天子의 죽음을 뜻하는 '崩'이었음을 주목하게 된다. 日本人 학자가 종래 百濟王(武寧王 등)이 중국의 南朝나 北朝의 屬國이었다고 목에 힘을 주어 그렇게도 주장한 것도 왜곡이고 조작임이 이로써 광명천하에 드러나게 된 셈이다. 天子로서 백제왕은 黃金 冠과 大刀가 상징하고 있듯이 야마토왜를 경영한 것이 誌石에 분명히 나타나 있음을 알게 되었다.

〈그림 1〉 죽음을 薨이 아니라 崩으로 표시한
武寧王의 墓誌銘

우리는 日本列島를 뒤덮고 있는 여러 地名의 유래에 의해서도 백제와 야마토왜의 정치적 관계를 알 수 있을 것이다. 『日本書紀』 조메이(舒明) 11년~13년조의 기사에 의해, 야마토왜의 중심부를 흐르는 강을 '百濟川', 그 百濟川 가에 지은 倭王의 거처를 '百濟宮', 그리고 倭王 조메이가 돌아간 후 그 시체를 안치한 곳을 '百濟大殯'이라 칭하였음을 상기한다. 또, 일본열도의 여러 곳(攝津·河內·和泉·大和·近江·肥後·上野 등)에 百濟라는 國名을 본딴 地名이 존재하고 있음을[13] 또한 상기하게 한다. 이러한 지명은 A.D. 400년 전후나 혹은 무령왕대부터 생겨난 것이 아닌가 한다.

武寧王은 五經博士와 장군으로 구성되는 야마토왜 경영 팀을 파견하여 야마토왜를 통치했을 뿐만 아니라 백제 사람이 경영한 야마토왜에서 많은 말(馬)을 가져와서 사용하기도 하였다. 『日本書紀』 게이타이(繼體) 6년(武寧王 12) 4월조의 기사[14] 즉 호즈미노오미 오시야마(穂積臣押山)를 백제에 파견하여 筑紫의 馬 40필을 선물하였다는 기사는 이러한 사실을 반영하는 것이다. 여기서 우리는 武寧王의 棺材도 일본에서 가져온 材木이라는 것을 상기하게 된다. 결국, 武寧王代의 백제는 일본에서 말도 가져오고 木材도 가져왔으니 일본에서 생산되는 그 밖의 많은 물품도 가져왔을 것이다.

4. 백제 聖王의 야마토왜 경영

오경박사 등을 파견하여 야마토왜를 경영한 武寧王의 뒤를 이어 百濟王에 오른 聖王은 父王인 무령왕보다 일층 야마토왜 경영에 정력을 경주하였다.

---

13) 崔在錫, 1990, 『百濟의 大和倭와 日本化過程』, 124~131쪽.
14) 『日本書紀』 繼體 6年 4月 6日 遣穂積臣押山 使於百濟 仍賜筑紫國馬四十匹.

성왕(523~554)은 552년(聖王 30; 欽明 13) 10월에 達率(백제 제2의 관위)의 관위를 가진 官人을 야마토왜에 파견하여 불교 포교를 지시하고 이를 실행에 옮겼으니, 야마토왜에 최초로 불교를 포교한 왕이라고 할 수 있다. 『日本書紀』는 여기에 대해 다음과 같이 서술하고 있다.

> B-1. 欽明 13년(552; 聖王 30) 10월. 백제의 聖明王(聖王)은 西部 姬氏 達率(백제 16관위 중 제2계급) 怒唎斯致契 등을 파견하여 석가불의 금동상 1구, 幡蓋 약간, 經論 약간의 책을 獻上한다. 따로 表하여 널리 예배하는 功德을 말하고, "이 불법은 여러 법 가운데 가장 뛰어나다. 깨치기 어렵고 들어가기 어렵다. 周公·孔子도 알지 못하였다. 이 법은 무량무병의 福德果報를 낳고 無上의 菩提에 도달할 수 있다. 비유해서 말하면, 사람이 如意珠를 품고 필요에 따라 모두 마음먹는 대로 되는 것과 같이 이 묘법의 보물도 그러하다. 기원하는 것은 마음대로 이고 모자라는 바 없다. 또한, 인도에서 三韓에 이르기까지 교에 따라 받들어 모시고 조공하지 않는 자가 없다. 이 때문에 백제왕 臣 明은 삼가 陪臣인 怒唎斯致契를 파견하여 조정에 전하여 畿內에 유통시키고자 한다. 부처님이 내 법은 東쪽으로 전해질 것이라고 말씀하신 것을 실현시키는 것이다"라고 하였다.
>
> 　이날 천황은 이것을 듣고 환희용약하여 (기뻐서 참새처럼 뛰면서) 백제 사인에 詔하기를 "朕은 옛부터 지금까지 이러한 妙法을 들은 일이 없다. 그러나 朕 혼자서 결정하지 아니할 것이다"라고 말하였다. 群臣 한 사람 한 사람에게 물었다. (중략) 蘇我稻目大臣이 말하기를, "西國의 제국은 모두 (부처에) 禮拜를 한다. 日本만이 그것에 위배해야 할 것인가"라고 하였다. (중략) 천황은 말하였다. "그러면 願人인 稻目에 수여하여 시험적으로 예배시켜 보자"고.

사료 B-1을 읽어 본 사람이면 누구나 이 사료의 내용이 백제왕이 백제 관리를 야마토왜 왕에게 보내 불교를 포교할 것을 지시한 것임을 알 수 있을 것이다. 그 기사는 윤색되어 표현이 반대로 되어 있다. 표현은 백제왕은 야마토왜의 臣下이고 야마토왜 왕은 황제로 비유되어 있으나 내용은 백제왕이 야마토왜에 불교를 포교할 것을 지시한 것으로 되어 있다.

'獻', '表', '백제왕 臣', '明이 삼가 운운' 등의 용어와 '詔', '朕' 등의 용어
는 前者를 나타내는 용어이다. 이러한 조작·윤색된 부분을 제외하고 그
내용을 살펴보면 백제 聖王이 야마토왜에 불교 포교를 지시한 것을 알
수 있다. 즉, 성왕이 백제의 고급관리를 야마토왜에 파견하여 佛法을 畿
內에 포교토록 하였더니 야마토왜 왕은 성왕이 파견한 백제 관리에 대해
개인적으로는 불교를 대단히 좋아하지만 자기(야마토왜 왕) 단독으로는
결정하지 않겠다는 뜻을 전했다는 내용의 기사임을 알 수 있다. 『日本書
紀』 기사는 야마토왜 왕 자신은 환희용약하여 백제 불교를 받아들이고
싶지만 그 결정을 자기 혼자서는 하지 않겠다고 말한 것으로 되어 있으나
이 표현은 어딘가 모르게 부자연스럽다. "자기 혼자서는 결정하지 않겠
다"가 아니라 "자기 혼자서는 결정하지 못한다"로 되어 있는 것을 윤색·
왜곡한 것으로 보여진다. 기사의 내용에 의하면 倭王이 蘇我稻目의 결정
에 따라 불교를 받아들이고 있기 때문이다. 백제왕이 야마토왜에 불교 포
교 정책을 실행함에도 倭王은 제외되었음을 알 수 있다. 백제의 야마토왜
불교 포교는 백제왕→백제 관리→蘇我→야마토왜 왕의 지휘 계통으로
행해졌음을 알 수 있다. 한편, 불교 포교에 倭王이 제외되었다는 것은 倭
王 자체가 존재하지 않거나 존재한다고 하더라도 그 존재 의미가 거의
없는 상태라고 말할 수 있을 것이다.

〈그림 2〉 백제의 야마토왜 불교 포교 명령 계통

　백제 聖王은 達率 怒唎斯致契로 하여금 金銅佛像 1구, 幡蓋 약간, 불
경 약간 권을 야마토왜로 가져가서 불교를 포교케 하였는데, 이 금동불상
은 야마토왜 최초의 불상인 셈이 된다. 民間人에 의해 백제에서 야마토왜
로 전해진 불상의 존재 가능성을 부정하는 것은 아니지만, 적어도 공식적

으로 백제에서 야마토왜로 전해진 불상은 이것이 최초의 것으로 보인다. 지금 이 불상이 어느 곳에 안치되어 있는지 아직 밝혀진 바 없다.

요컨대, 위의『日本書紀』기사는 獻·上表·臣·帝國·天皇·西蕃 등의 용어로 윤색되어 있음에도 우리는 다음과 같은 역사적 사실을 알 수 있는 것이다. 첫째, 백제 성왕은 백제의 관리를 시켜 야마토왜 지역에 불교를 포교하라고 지시한 사실, 둘째, 야마토왜 왕인 긴메이(欽明)는 백제 성왕의 지시를 따랐다는 사실, 셋째, 야마토왜 왕은 이 사실을 백제 성왕이 파견한 관리에게 말하여 백제왕에 보고한 사실 등을 알 수 있다.

그런데 聖王은 자신이 사람을 보내 야마토왜에 불교를 포교한 해인 552년(聖王 30)보다 5년 전인 547년(聖王 25)에 백제 관리를 파견하여 야마토왜를 경영하였다(C-1 참조). 다시 말하면, 성왕은 552년 처음으로 야마토왜에 사람을 보내 불교를 포교한 것이 아니라 547년에 백제 관리를 파견하여 야마토왜를 경영한 지 5년이 지난 후인 552년(聖王 30)에야 백제의 고급 관인을 야마토왜에 파견하여 불교를 포교한 것이다. 즉, 聖王은 백제의 정치적 영향력이 미치지 않는 지역에 갑자기 사람을 보내 불교를 포교한 것이 아니라 일단 백제 관리를 파견하여 5년간 통치한 후에, 다시 말하면 그곳을 정치적으로 장악한 후에 불교를 포교하는 치밀한 계획성을 보여 주고 있다.

聖王은 547년(聖王 25; 欽明 8)에는 주로 백제 관리를 파견하여 야마토왜를 경영하고 5년 후인 552년(聖王 30; 欽明 13)에는 역시 백제 관리를 파견하여 불교를 포교하고, 다시 2년 후 인 554년(聖王 32; 欽明 15) 2월에는 백제 관리 이외에 오경박사, 승려, 易박사, 曆박사, 醫박사, 採藥師, 樂人 등을 포함시켜 전체적으로 8종의 전문인으로 구성되는 야마토왜 경영 팀을 파견하여 야마토왜를 통치하였다. 武寧王은 야마토왜 경영 팀을 3년 근무 교대제로 파견하였으나 聖王은 7년 근무 교대제로 바꾸었다. 이것은 야마토왜 경영 팀을 단기간 근무케 하고 빈번히 교대시키는 것보다는 장기간 근무시키고 교대시키는 것이 더 능률적이라고 생각하였기 때문인 것으로 생각된다. 이에 관한 『日本書紀』의 기사를 제시하면 다음과 같다.

> C-1. 547년(聖王 25; 欽明 8) 4월. 백제가 下部 奈率 東城子言을 파견하여 德率 汶休麻那와 교대시켰다.
> C-2. 552년(聖王 30; 欽明 13) 10월. 聖王은 西部臣民 達率 怒唎斯致契 등을 파견하여 佛像, 幡蓋, 經論 등을 보내 야마토왜에 불교를 포교하였다(요약문. B-1과 동일).
> C-3. 554년(聖王 32; 欽明 15) 2월. 백제는 德率 東城子莫古를 보내 먼젓번의 근무자 奈率 東城子言과 교대케 했다. 五經博士 王柳貴를 固德 馬丁安과 교체시켰다. 僧 曇慧 등을 僧 道深 등 7인과 교체시켰다. 또, 易博士 施德 王道良, 曆博士 固德 王保孫, 醫博士 奈率 王有悷陀, 採藥師 施德 潘量豊, 固德 丁有陀, 樂人 施德 三斤, 季德 己麻次, 季德 進奴, 對德 進陀를 보내 먼젓번 근무자와 교체시켰다(『日本書紀』).

백제 성왕은 554년에 僧 曇慧 등 9인을 야마토왜에 파견하여 그전에 근무한 僧 道深 등 7인과 교체시켰음을 알 수 있다. 승려 道深 등이 만일 백제 관리 奈率 東城子言이나 오경박사 固德 馬丁安과 함께 야마토왜에 파견되었다고 한다면 그들도 547년에 야마토왜에 파견되었을 것이다. 그렇게 되면, 도침 일행은 백제가 야마토왜에 불교 포교를 지시한 해인 552년보다 5년 전인 547년에 야마토왜에 파견되었을 것이다. 그러면, 이들이 547년부터 백제불교 보급 지시를 한 552년 사이 5년 동안 야마토왜에서 어떤 임무를 수행하였는가 하는 문제가 제기된다. 백제는 소가씨(蘇我氏)에 지시하지 않고 독단적으로 야마토왜 주민에게 불교를 지도했을 가능성도 배제할 수 없을 것이다.

여하튼 554년에 파견된 승려 曇慧 등 9인으로 조직된 백제 승려 집단은 야마토왜의 정치·행정을 지도할 백제 관리 德率 東城子莫古와 오경박사 王柳貴와 易·曆·醫·藥·樂 등을 지도할 백제의 전문인과 함께 야마토왜에 파견되어 야마토왜의 불교를 지도하였다.

바꾸어 말하면, 백제 승려만이 야마토왜에 파견된 것이 아니라 야마토왜의 전반적인 정치·종교·산업·의료 등(정치·불교·易·曆·醫·藥·樂 등)을 지도 경영할 종합적인 경영 팀의 한 구성 멤버가 되어 야마토왜에 파견되어 자기 임무를 수행하였을 것이다. C-3의 자료는 바로 이러한 상황을 나타내는 것이다.

성왕은 554년 7월 신라와 전쟁에서 목숨을 잃기 5개월 전인 2월에도 대규모의 야마토왜 경영 팀을 조직하여 야마토왜에 파견할 정도였으니, 백제의 번영·발전과 야마토왜 경영에 대한 聖王의 집념과 열의는 대단했음을 알 수 있다. 야마토왜에 파견되어 야마토왜 경영에 관여한 백제 관리의 관위는 德率·奈率 등 제4, 제5 등급의 높은 관위였다.

백제 성왕은 앞에서 살펴본 바와 같이 547년과 554년 야마토왜에 관리를 파견하여 그곳을 통치하였고, 552년에는 백제 제2의 관위를 가진 관리를 파견하여 백제불교를 그곳에 포교하였다. 그러나 성왕에 의한 백제 관리의 야마토왜 파견은 이것으로 끝나는 것이 아니었다. 『日本書紀』에 의하면, 이 밖에 적어도 14회에 걸쳐 백제 관리를 야마토왜에 파견하였다. 『日本書紀』는 야마토왜에서 이들의 활동에 대해 구체적으로 밝히지 않았으나 대체로 정치적·군사적 목적으로 야마토왜로 파견된 것으로 여겨진다. 이에 관한 기사를 『日本書紀』에서 뽑아서 제시하면 다음과 같다.

D-1. 534년(聖王 12; 安閑 元) 5월. 백제는 下部 脩德 嫡德孫, 上部 都德 己州己婁를 倭에 파견하였다.

D-2. 541년(聖王 19; 欽明 2) 7월. 백제가 奈率 紀臣 彌麻沙, 奈率 中部 己連을 파견하였다. (543년[聖王 21, 欽明 4] 4월 奈率 紀臣 彌麻沙 등 귀국)

D-3. 543년(聖王 21; 欽明 4) 9월. 백제 성왕 奈率 眞牟貴文·護德 己州己婁, 施德 物部 麻奇牟 등을 倭로 파견하여 扶南財物과 奴 2口를 보냈다.

D-4. 544년(聖王 22; 欽明 5) 3월. 백제는 奈率 阿乇得文, 奈率 許勢奇馬,

奈率 物部奇非 등을 파견하였다. (同年 10월에 奈率得文, 奈率奇馬 등 귀국)

D-5. 545년(聖王 23; 欽明 6) 5월. 백제는 奈率 其㥾, 奈率 用奇多, 施德 次酒 등을 倭에 파견하였다.

D-6. 546년(聖王 24; 欽明 7) 6월 12일. 백제는 奈率 掠葉禮를 倭로 파견하였다. (548년[聖王 26; 欽明 9] 윤7월에 백제로 귀국)

D-7. 547년(聖王 25; 欽明 8) 4월. 백제 德率 眞慕宣文, 奈率 奇麻 등을 파견하여 구원군을 청하였다. (548년 정월 3일에 德率 眞慕宣文 등 귀국)

D-8. 548년(聖王 26; 欽明 9) 4월 3일. 백제 杆率 掠葉禮 등을 파견하였다.

D-9. 549년(聖王 27; 欽明 10) 6월 7일. 將德 久貴, 固德 馬次文 등이 倭에서 귀국하였다. (야마토왜 파견 연월은 없음)

D-10. 550년(聖王 28; 欽明 11) 4월 16일. 백제가 奈率 皮久斤·施德 灼干那를 倭에 파견하여 고구려인 포로 10口를 보냈다.

D-11. 552년(聖王 30; 欽明 13) 5월 8일. 백제가 德率 木劦今敦·河內部 阿斯比多를 파견하여 구원을 청하였다. (553년 1월 13일에 백제로 귀국)

D-12. 553년(聖王 31; 欽明 14) 1월 12일. 백제는 德率 科野次酒·杆率 禮塞敦을 파견하여 원병을 청하였다.

D-13. 553년(聖王 31; 欽明 14) 8월 7일. 백제는 奈率 科野新羅, 固德 汶休帶山 등을 파견하여 계속 구원을 청하였다.

D-14. 554년(聖王 32; 欽明 15) 1월 9일. 施德 木劦文次·施德 日佐分屋 등을 倭에 파견하여 구원병을 청하였다.

위의 기사 가운데 D-1부터 D-9 중 D-3과 D-7을 제외한 기사는 백제왕이 백제 관리를 倭로 파견한 이유를 언급하지 않고 있다. 그러나 C-1, C-2, C-3의 예로 보아 대개는 정치적·종교적 경영 목적으로 파견된 것으로 보인다. D-10의 고구려 포로 10口는 550년 즉 聖王 28년 정월에 장군 達己로 하여 군사 1만 명을 거느리고 고구려의 道薩城을 攻取하였을 때[15] 잡은 포로로 백제 경영하에 있는 야마토왜에 노동력을 제공할 목적

---

15) 『三國史記』 卷26, 百濟本紀 聖王 28년조.

으로 보내진 것으로 생각된다. 그리고 D-7, D-11~D-14는 야마토왜에 병력을 요청한 기사임을 알 수 있다. 기사는 구원병을 요청했다고만 기록하고 있으나, 『三國史記』, 『舊唐書』 등의 기록으로 보아 야마토왜의 군대는 百濟王의 군대로 백제 본국을 도왔음을 알 수 있다. 지금 야마토왜의 군대가 백제왕의 군대임을 나타내는 사료를 제시하면 다음과 같다.

E-1. 劉仁軌 (중략) 遇倭人白江口 四戰皆克 焚其舟四百艘 煙炎灼天 海水爲丹 王扶餘豊脫身而走 不知所在 或云奔高句麗 獲其寶劍 王子扶餘忠勝·忠志等帥其衆 與倭人並降 (『三國史記』 義慈王 20년)

E-2. (劉)仁軌遇扶餘豊之衆於白江之口 四戰皆捷 焚其舟四百艘 賊衆大潰 餘豊脫身而走 僞王子扶餘忠勝·忠志等率士女及倭衆降 百濟諸城皆復歸順 (『舊唐書』 백제)

E-3. (劉)仁軌遇倭兵於白江之口 四戰捷 焚其舟四百艘 煙焰張天 海水皆赤 賊衆大潰 餘豊脫身而走 獲其寶劍 僞王子扶餘忠勝·忠志等率士女及倭衆幷耽羅國使 一時並降 百濟諸城 皆復歸順 (『舊唐書』 劉仁軌)

E-4. 豊衆屯白江口 四遇皆克 火四百艘 豊走 不知所在 僞王子扶餘忠勝·忠志 率衆及倭人請命 諸城皆復 (『唐書』 百濟)

이해를 돕기 위해 위의 사료를 번역하면 다음과 같다.

F-1. 劉仁軌(중략)가 白江口에서 倭人을 만나 네 번 싸워 모두 이기고 배 400척을 불태우니 연기와 화염이 하늘을 덮고 해수도 빨갛게 물들었다. 王 扶餘豊이 도주하여 그 행방을 알지 못하는데 혹은 고구려로 갔다고도 한다. 그의 寶劍을 노획하였다. 王子 扶餘忠勝·忠志 등이 그의 군대와 왜인을 거느리고 함께 항복하였다.

F-2. 劉仁軌는 白江口에서 扶餘豊의 군대를 만나 네 번 싸워 모두 승리하고 豊의 선박 400척을 불태우니 적군이 크게 패하여 扶餘豊은 도주하고 거짓(옛) 王子 忠勝·忠志 등은 士女와 倭軍을 거느리고 항복을 하자 백제의 여러 城 등 모두 항복 귀순하였다.

F-3. 劉仁軌는 白江口에서 倭人을 만나 네 번 싸워 모두 승리하고 그 선박 400척을 불태우니 화염이 하늘을 메우고 바다물은 모두 붉게 물들어 적군은 크게 무너지고 扶餘豊은 도주하여 그의 寶劍을 노획하였다.

거짓왕자 扶餘忠勝과 忠志 등은 士女와 왜군과 탐라 군사를 거느리
고 한꺼번에 항복하니 백제의 여러 城이 모두 다시 귀순하였다.

F-4. 豊의 군대는 白江口에서 진을 치고 있었으나 네 번 싸워 모두 이기고
선박에 불을 놓아 400척을 불태우니 豊이 도주하였다. 그가 어디로
갔는지 소재를 알지 못한다. 거짓(옛) 왕자 扶餘忠勝·忠志가 백제 본
토 군대와 倭軍을 거느리고 항복하니 모든 城이 항복하였다.

우리는 앞의 史料에서 白江口에서 항쟁한 E-1, E-2, E-3, E-4는 같은
내용의 기사이며, 이 기사에 나오는 倭人, 倭兵, 扶餘豊之衆, 豊衆도 표현
만 조금씩 다를 뿐 모두 같은 의미를 담고 있다. 즉, 倭人도 倭兵도 백제
왕 豊의 군대임을 나타낸다. 전쟁에 패하여 豊이 도주한 후에는 백제 왕
자 忠勝·忠志가 왜군을 통솔하였으니 倭軍 즉 日本軍이 백제왕의 군대
였다는 사실은 더욱 분명해진다.

야마토왜의 군대가 백제왕이나 백제의 총사령관의 지시에 따라 동원
되어 백제로 오게 된 것은 비단 중국사서(『舊唐書』, 『唐書』)에만 기록되
어 있는 것이 아니라 일본사서인 『日本書紀』에도 기록되어 있다.

G-1. 齊明 6년(660) 12월 24일. 천황은 福信의 지시에 따라(天皇方隨福信
所乞之意) 筑紫로 행차하여 구원군을 보내려고 생각하여 우선 이곳
으로 행차하여 여러 兵器를 준비하였다.

G-2. 齊明 7년(661) 7월 24일. 齊明天皇이 세상을 떴다.

G-3. 天智 元年(662) 正月 27일. 백제의 佐平 鬼室福信에 화살(矢) 10만
본, 실(絲) 500근, 布 1,000端, 가죽 1,000張, 씨벼 3,000斗를 주었다.

우리는 日本의 사이메이(齊明) 天皇이 660년 12월 백제 武王(璋)의 조
카인 福信의 지시에 따라 백제 구원군과 무기를 준비했으나 661년 사이
메이가 세상을 뜨자 다음 왕인 덴지(天智) 天皇이 사이메이가 생전에 준
비한 무기와 구원병을 福信에게 전달하였고, 福信의 상전이며 야마토왜
에서 귀국하여 백제 부흥군의 왕이 된 豊은 덴지천황이 福信에게 전달한

무기와 구원병으로 周留城과 白江口에서 羅唐연합군과 항쟁하였음을 알
수 있다.

聖王은 야마토왜에 사람을 보내 불교를 포교하고, 또한 야마토왜 경영
팀을 파견하여 그곳을 통치하기도 하였지만, 그곳을 통치하여 얻은 열매
를 백제 본토로 가져오기도 하였다. 즉, 백제는 546년(聖王 24; 欽明 7)
야마토왜에서 良馬 70匹과 선박 10척을 가져왔으며, 551년(성왕 29; 欽明
12)에는 보리 종자 1,000석을 가져왔다. 당시 야마토왜의 강역을[16) 생각
한다면, 良馬 70匹이나 선박 10척, 보리 종자 1,000石이라는 量은 막대한
양이라고 할 수 있을 것이다. 이에 관한 사료를 제시하면 다음과 같다.

H-1. 512년(武寧王 12; 繼體 6) 4월 6일. 백제에 파견하는 사인에 말 40필
을 주었다.

H-2. 546년(聖王 24; 欽明 7) 정월 3일. 백제의 사인 나솔 己連 등이 귀국
할 때 양마 70필, 선박 10척을 주었다.

H-3. 548년(聖王 26; 欽明 9) 10월. 백제에 370인의 인부를 보내 得爾城
구축을 돕게 했다.

H-4. 550년(聖王 28; 欽明 11) 2월 10일. 백제의 사인에 矢 30具(1,500本)를
주었다.

H-5. 551년(聖王 29; 欽明 12) 3월. 보리 종자(麥種) 1,000石을 백제왕에 주었다.

H-6. 553년(聖王 31; 欽明 14) 6월. 백제에 파견하는 사인에게 양마 2필,
선박 2척, 弓 50장, 화살(箭) 50具(2,500本)를 주었다.

H-7. 554년(聖王 32; 欽明 15) 정월. 백제에 군대 1,000명, 마 100필, 선박
40척을 보내도록 하였다.

H-8. 556년(威德王 3; 欽明 17) 정월. 일본에 온 백제 왕자 惠에 많은 병기
와 양마를 주었다.

지금 위 사료의 내용을 표로 제시하면 <표 4>와 같다.

---

16) 야마토왜의 강역에 대해서는 최재석, 1998,「7세기 말의 日本의 疆域에 대하
여」『人文論集』43(『古代韓國과 日本列島』수록).

〈표 4〉백제가 日本(야마토왜)에서 징집한 군대·인부와 징수한 물품

연 대	물 품							
	馬	船	麥種	弓	箭	人夫	軍隊	兵器
512년(武寧王 12; 繼體 6)	40필							
546년(聖王 24; 欽明 7)	70여필	10척						
548년(聖王 26; 欽明 9)						370인		
550년(聖王 28; 欽明 11)					30구			
551년(聖王 29; 欽明 12)			1000석					
553년(聖王 31; 欽明 14)	2필	2척		50장	50구			
554년(聖王 32; 欽明 15)	100필	40척					1000명	
556년(威德王 3; 欽明 17)	많이							많이

武寧王 때보다도 聖王 때에 이르러 훨씬 더 다양하고 막대한 양의 물품을 日本에서 가져왔음을 알 수 있다.

5. 백제 威德王의 야마토왜 정치·불교 경영과 法隆寺 夢殿의 觀音像

554년부터 597년까지 재위한 威德王은 父王인 聖王의 유업을 계승하여 야마토왜의 경영, 특히 불교에 의한 야마토왜 경영에 혼신의 힘을 경주하였다.

백제의 역대 왕 중 위덕왕만큼 야마토왜 불교 경영에 주력한 왕은 없는 것 같다. 무령왕이 야마토왜에 五經博士를 교대로 파견하여 야마토왜를 경영한 데 반해, 聖王은 547년에 五經博士 대신 百濟官人을 교대로 파견하여 야마토왜를 경영하다가 7년 후인 552년(聖王 30, 欽明 13)에는 백제 관인을 보내 야마토왜에 백제의 불교를 보급하도록 지시하였다.

백제 성왕이 야마토왜 왕에게 불교 포교를 지시한 지 2년 후인 554년에 위덕왕이 즉위하면서 야마토왜의 불교 보급에 더욱 적극성을 띠게 된

다. 위덕왕이 야마토왜에서 실시한 불교 보급 정책과 그 실제를 『日本書紀』에서 제시하면 다음과 같다.

I-1. 577년(威德 24; 敏達 6) 11월 1일. 百濟 國王은 倭에 들어가는 還使의 大別王 등에 경론 약간, 律師·禪師·比丘尼·呪禁師·造佛工·造寺工 6人을 보냈다. 이들은 나니와(難波)의 大別王의 절에 거주케 했다.

I-2. 584년(威德 31; 敏達 13) 9월. 鹿深臣에 미륵보살 石像 1구, 佐伯連에 불상 1구를 주어 야마토왜에 보냈다.

I-3. 587년(威德 34; 崇峻前紀) 6월 21일. 善信尼들은 大臣(蘇我馬子)에 말하기를 "出家의 길은 受戒하는 것이 근본입니다. 원컨대 백제에 가서 受戒의 법을 배워 보고 싶습니다"라고 하였다.

이달 백제의 調使가 왔다. 대신은 使人에 말하기를 "이 善信尼들을 데리고 그대의 나라에 건너가서 受戒法을 배웠으면 합니다. 끝나면 돌아오도록 하십시오"라고 하였다. 사인이 답하기를 "우리들이 귀국하여 우선 국왕에 말씀드리겠다. 그후 출발해도 늦지 않을 것이다"라고 하였다.

I-4. 588년(威德 35; 崇峻 元) 이해. 백제국은 恩率 首信, 德率 蓋文, 那率 福富味身 등을 파견하여 舍利를 보냈다. 또, 승려 聆照律師·令威·惠衆·惠宿·道嚴·令開 등과 寺工 太良未太·文賈古子, 鑪盤박사 將德 白昧淳, 瓦박사 麻奈文奴·陽貴文·㥵貴文·昔麻帝彌, 畫工 白加를 보냈다. 백제 사인과 함께 僧 惠總·令斤·惠窒 등을 파견하였다. 蘇我馬子는(야마토왜에 간) 백제의 승려에 수계법을 부탁하고 善信尼들은 백제 사인 恩率 首信에 딸려 학문을 하기 위해 출발시켰다. 飛鳥 衣縫造의 선조 樹葉의 집을 헐어 버리고 처음으로 法興寺를 지었다.

I-5. 590년(威德 37; 崇峻 3) 3월. 학문승 善信尼 등이 백제에서 돌아와서 사쿠라이데라(櫻井寺)에 살았다.

I-6. 595년(威德 42; 推古 3) 이해. 백제승 慧聰을 야마토왜에 파견하였다. 5월 10일, 고구려에서 온 慧慈와 불교를 포교하고 함께 왜불교의 기둥[棟梁]으로 삼았다.

I-7. 596년(威德 43; 推古 4) 11월. 法興寺가 준공되었다. 慧慈·慧聰 두 사람을 처음으로 법흥사에 입주하게 했다.

I-8. 597년(威德 44; 推古 5) 4월 1일. 威德王이 왕자 阿佐를 야마토왜에 파견하였다.

위덕왕은 즉위한 지 24년이 되는 해(577년)에 律師, 禪師, 比丘尼, 呪
禁師와 불상을 조성하는 전문인인 造佛工, 寺刹을 건설하는 造寺工 등을
야마토왜에 파견하여 사찰과 불상을 제작함과 동시에 승려인 律師, 禪師,
比丘尼 등으로 하여금 그 사찰을 운영케 하였음을 사료 I-1에서 알 수 있
다. 사찰의 정확한 위치를 파악할 수는 없으나 그들이 나니와의 大別王의
절에 거주하였다고 하니 나니와(大阪)임은 분명하다고 하겠다. 나니와에
사람을 보내 사찰을 지은 지 11년이 되는 588년(威德王 35; 崇峻 元)에도
위덕왕은 백제 관리, 승려, 사찰 건설 전문인인 寺工, 瓦박사, 불탑 노반
주조 기술자, 畫工 등을 파견하여 그곳에서 사원(法興寺·飛鳥寺)과 불상
등을 제작하였음을 I-4에서 알 수 있다.

사료 I-3, I-4의 후반부, I-5는 왜곡 윤문되어 있는 곳이 있으나 6세기말
백제왕(위덕왕), 야마토왜에 파견된 백제 사인, 蘇我氏 사이의 관계를 나
타내는 중요한 사료이다. 위덕왕이 파견한 백제사인을『日本書紀』가 '調
使'로 기록한 것은 분명히 왜곡한 것이다. I-3은 587년 소가 우마코(蘇我
馬子)가 백제왕이 야마토왜에 파견한 백제 사인(이름 기록하지 않음)에게
善信尼들을 귀국길에 데리고 가서 백제 불교의 수계법을 배우게 하고 야
마토왜로 귀국시켜 달라고 청을 하였으나, 백제 사인은 우선 귀국하여 위
덕왕의 허락을 받고 난 후에 데리고 가겠다고 하여 蘇我馬子의 청을 거
절하였다는 기사이다. I-4는 588년에 야마토왜에 파견된 백제 관리 恩率
(백제 16관위 가운데 제6 계급) 首信이 전년인 587년에 蘇我馬子의 청을
거절했던 그 善信尼들을 백제로 데리고 왔다는 기사인데, 여기에는 587
년 6월부터 588년 사이에 蘇我馬子의 청이 상소되어 이에 대한 백제 위
덕왕의 윤허가 떨어졌다는 내용이 내포되어 있다.

즉, 위의 사료는 야마토왜(日本)는 위덕왕과 위덕왕이 파견한 백제 관
리에 의해 경영되며, 蘇我氏는[17] 야마토왜를 경영하기 위해 야마토왜에

---

[17] 蘇我氏가 백제의 지시를 따른 것은 皇極 원년까지이며 그 이후는 스스로 왕

파견된 백제 사인의 지시를 거역할 수 없다는 것을 나타내는 중요한 기사이다. 다시 말하여, 야마토왜 통치 조직에는 백제왕 → 백제 사인 → 蘇我氏만 존재하고, 따라서 天皇은 야마토왜 통치 조직선상에 존재하지 않음을 알 수 있다. 이런 점에서도 천황의 존재는 매우 회의적이라고 할 수 있겠다.

위의 사료에서 威德王의 對倭 불교 정책을 정리하면 다음과 같다.

① 위덕왕은 577년(威德王 24; 敏達 6)에 승려, 조불공, 조사공을 파견하여 나니와(難波·大阪) 지방에 백제 사찰을 지은 지 11년 후인 588년(威德王 35; 崇峻 元)에 다시 백제의 고급 관리·승려·寺工·鑪盤박사·瓦박사·畫工 등을 파견하여 거대한 사찰인 法興寺(飛鳥寺)를 건립하였다.

② 威德王은 각종 불상을 보내 그의 지시로 지은 사찰에 안치하게 하였다.

③ 威德王은 백제의 고승 慧聰 등을 파견하여 그가 지은 사찰에 입주케 하고 야마토왜 불교의 기둥(棟梁)으로 임명하였다.

④ 威德王은 야마토왜의 善信尼 등을 백제로 불러 교육시켜서 돌려보내 사쿠라이데라(櫻井寺)에 살게 하였다.

⑤ 이러한 일련의 불교 정책이 일단 완료되자 威德王은 왕자 阿佐를 야마토왜에 파견하여 시찰케 하였다.

『扶桑略記』는 593년(위덕왕 40)에 法興寺에서 蘇我氏 등 100여 명이 모두 백제복을 입고 佛舍利 安置式을 거행했다고 기록하고 있는데, 이 행사도 위덕왕의 지시로 행해졌을 것이다. 그런데 588년(위덕왕 35) 백제

이라 칭하여 백제에 반역을 하게 되어 결국 誅殺하게 된다. 최재석, 1999, 「백제 義慈王에 의한 蘇我立鹿 父子 誅殺과 '大化改新'에 관한 『日本書紀』 기사에 대하여」『民族文化論叢』20(『古代韓日關係와 日本書紀』수록) 참조.

위덕왕에 의한 法興寺 조영의 의미는 아무리 강조하여도 지나치지 않으
므로 사료 I-4에 대해서는 좀더 구체적으로 살펴볼 필요가 있을 것이다.

　이해의 편의를 얻기 위해 위의 기사에서 위덕왕이 파견한 人的 구성
을 정리하면 다음과 같이 된다. 이것은 위덕왕이 법흥사를 조영하기 위해
법흥사 조영 팀을 구성하여 야마토왜로 파견한 팀의 구성 내용이다.

① 官人　恩率(백제의 제3의 官位) 首信
　　　　德率(백제의 제4의 官位) 蓋文
　　　　那率(백제의 제6의 官位) 福富味身
② 僧　　惠聰
　　　　令斤
　　　　惠寔
　　　　聆照律師
　　　　令威
　　　　惠衆
　　　　惠宿
　　　　道嚴
　　　　令開
③ 寺工　太良未太
　　　　文賈古子
④ 鑪盤博士　將德 白昧淳
⑤ 瓦博士　麻奈文奴
　　　　陽貴文
　　　　悽貴文
　　　　昔麻帝彌
⑥ 畫工　白加

우리는 『日本書紀』 스슌(崇峻) 원년조의 기사나 위의 法興寺 건립 팀의 人的 구성에 의해 다음과 같은 사실을 알 수 있다.

첫째, 위덕왕은 父王인 성왕이 百濟官人·五經博士·僧侶 등을 파견하여 경영하던 야마토왜에 사찰 조영 팀을 보내 백제 사원인 법흥사를 조영하였는데, 야마토왜에도 백제에서처럼 불법이 융성하기[法興]를 바라는 위덕왕의 야마토왜 통치 의지가 사원의 명칭에 잘 나타나 있다고 하겠다.

둘째, 위덕왕은 백제 관인·승려·寺院 건축공·佛塔 鑪盤 주조 기술자·기와공·佛畵 기술자 등 6종의 전문인으로 구성한 사찰 조영 팀을 파견하여 法興寺를 건립하였다.

셋째, 위덕왕은 법흥사 조영 팀의 통솔자로 4인의 백제 관인을 파견하였는데, 팀의 최고 통솔자는 백제 官位 16계급 가운데 제3의 계급인 恩率의 관위를 가진 관리 首信이었다.

넷째, 善信尼 등이 정확히 언제 백제로 왔는지는 알 수 없으나 590년(威德 37; 崇峻 3)에 백제에서 야마토왜로 돌아갔으니 팀의 통솔자인 恩率 首信이 法興寺 조영을 착수한 588년부터 590년 사이의 어떤 해에 백제에 잠시 귀국하였을 것이다. 이렇게 볼 때, 백제의 관인이나 승려의 통솔자인 首信은 法興寺 준공(596년)까지는 수시로 백제를 내왕하였음을 알 수 있다.

다섯째, 法興寺 조영시 백제에서 파견된 惠聰·令斤·惠寔·聆照律師·令威·惠衆·惠宿·道嚴·令開 등 9명의 승려 가운데 제일 상위의 백제승은 惠聰으로 보인다. 그런데 「元興寺伽藍緣起」에는 惠聰 대신 惠恩, 그리고 그 「元興寺伽藍緣起」가 인용하는 「塔鑪盤銘」에는 惠總으로 기록되어 있다. 즉, 恩·聰·總은 같은 뜻으로 사용되고 있음을 알게 된다. 알려져 있는 바와 같이 人名의 惠는 慧로 통한다. 예를 들면, 중국승 惠遠을 慧遠으로도 표기한다. 이렇게 보면 惠總은 慧聰으로도 사용되었음을 알게 된다.

여섯째, 백제 위덕왕의 야마토왜 불교 정책을 살펴보면, 사찰 조영은 백제 관리가 사찰 조영 전문 기술자를 이끌고 가서 사찰을 짓게 하고 포교와 불교 행사는 주로 백제 승려로 하여금 주도케 하였다.

595년(위덕왕 42; 推古 3)에 야마토왜로 건너가서 불교를 포교하고 야마토왜 불교의 우두머리[棟梁]로 임명되었으며, 다음해인 596년(威德 43; 推古 4) 11월에 法興寺가 준공되자 高句麗에서 온(615년 11월 5일 고구려로 귀국) 慧慈와 함께 法興寺에 입주한 慧聰은 바로 法興寺 기공 때에 백제에서 파견되어 참여한 惠總(惠恩·惠聰)임을 알 수 있다. 다시 말하면, 백제승 惠總(慧聰)은 588년(위덕왕 35; 崇峻 元) 法興寺 조영 착수 때 다른 8명의 백제승을 거느리고 참석한 후 귀국하였다가, 法興寺 준공 1년 전인 595년(위덕왕 42; 推古 3)에 다시 야마토왜에 파견되어 불교 포교에 종사하다 596년 法興寺가 준공되자 法興寺에 입주하여 야마토왜 불교를 지도 감독하였음을 알게 된다. 『日本書紀』는 慧聰이 그 후 언제 백제로 귀국하였는지에 대해서는 기록하지 않고 있다. 그러나 慧聰과 함께 法興寺에 입조하여 야마토왜 불교를 지도한 慧慈는 615년(무왕 16; 推古 23)에 고구려로 귀국한 것으로 기록하고 있다.

또, 慧聰은 위덕왕 40년(593) 法興寺의 佛舍利 안치식에도 참가하여 그 식을 주도하였을 것이다. 588년 法興寺 기공 때도 참여하고 596년 法興寺가 준공된 뒤에는 그곳에 입주하여 야마토왜의 불교 지도자가 된 慧聰이 法興寺 조영의 가장 핵심적인 佛事인 불사리 안치식에 참석하지 않았을 리 없기 때문이다.

요컨대, 위덕왕은 慧聰을 588년 法興寺 착공식과 593년의 불사리 안치식에 파견하여 불교를 포교시켰으며, 법흥사 준공 1년 전에 다시 야마토왜로 파견하여 불교를 지도케 한 것이다.

야마토왜에서 慧聰과 慧慈의 활약상을 표로 제시한 것이 <표 5>이다.

〈표 5〉 威德王대 백제승 혜총과 고구려승 혜자의 야마토왜에서 활동

연 대	慧 聰(백제승)	慧 慈(고구려승)
588(威德 35)	法興寺 조영 착수시 참여	
593(威德 40)	法興寺의 佛舍利 안치식 주도	
595(威德 42)	야마토왜에 파견되어 불교를 포교하다	고구려에서 야마토왜로 오다.(『日本書紀』는 '歸化'로 표현)
596(威德 43)	法興寺 준공으로 입주·야마토왜 불교의 기둥으로 임명	法興寺 입주·야마토왜 불교의 기둥으로 임명
615(武王 16)	(귀국년 불명)	고구려로 귀국

끝으로 위덕왕의 지시로 조영된 法興寺의 조영 과정을 『日本書紀』 기록에서 제시하면 다음과 같다.

J-1. 588년(威德 35; 崇峻 元) 3월. (前略) 飛鳥 衣縫造의 先祖 樹葉의 집을 부수고 처음으로 法興寺를 세웠다. 이 땅을 아스카(飛鳥)의 도마다(苫田)로 부른다.

J-2. 590년(威德 37; 崇峻 3) 冬 10월. 산에 들어가서 절의 用材를 베었다.

J-3. 592년(威德 39, 崇峻 5) 冬 10월. 이달 法興寺의 佛堂과 步廊이 세워졌다.

J-4. 593년(威德 40; 推古 元) 春正月 16일. 佛舍利를 法興寺의 佛塔의 心礎 속에 안치하였다.

J-5. 596년(威德 43; 推古 4) 冬 11월. 法興寺가 낙성되었다. 蘇我馬子 大臣의 長子 善德臣을 寺司로 임명하였다. 이날 慧慈·慧聰 2인의 승이 처음으로 法興寺에 입주하였다.

위의 사료에서 위덕왕은 법흥사 조영의 재료를 백제에서 운반해 간 것이 아니라 현지에서 조달하였음을 알 수 있다. 593년 즉 위덕왕 40년(推古 원년)에 佛舍利를 법흥사 불탑의 心礎 속에 넣을 때 蘇我氏 등의 참석자 전원이 百濟服을[18] 입은 것은 당시의 아스카(飛鳥) 즉 야마토왜의 개척자가 어느 나라 사람인가를 말해 주는 것이기도 하지만 동시

---

18) 최재석, 1998, 『古代韓日佛敎關係史』, 一志社, 54쪽.

에 위덕왕이 야마토왜에서 편 정책의 일면을 나타내는 현상이기도 한 것이다.

倭王의 거처까지도 맨땅을 파서 나무기둥을 박고 집을 지어 나무껍질이나 잔디를 얹는 식의 집인[19] 아스카 지역에 위덕왕이 백제 관리로 하여금 사찰 조영 전문 기술인을 거느리고 가게 하여 세운 아스카데라(飛鳥寺)는 우선 그 규모의 웅장함이 그들을 놀라게 했을 것이다. 百濟尺(高句麗尺)으로 동서 400尺, 남북 300尺의 기와지붕 回廊 속에 역시 礎石立柱의 기와집인 세 개의 큼직한 金堂과 하늘을 찌를 듯한 탑(五層塔)을 세운 웅대한 사찰은 그들 倭人들에게는 이 세상의 것으로는 믿어지지 않았을 것이며, 열린 입을 다물 수 없는 一大驚異가 아닐 수 없었을 것이다. 오막살이 같은 倭王의 집 구조와 백제가 세운 웅대한 飛鳥寺의 규모 차이에 의해서도 백제와 야마토왜의 관계를 알 수 있을 것이다. 정치와 불교가 분리되지 않은 시대적 상황에서 백제의 위덕왕이 야마토왜의 중심지인 飛鳥 지방에 이와 같은 거대한 사찰을 짓게 한 것은 백제가 6세기 중엽 야마토왜에 불교를 포교한 이후 야마토왜 경영 정책을 더욱 강화한 데 기인할 것이다.

위덕왕의 祖父인 무령왕은 五經博士 등을 파견하여 일본(야마토왜)을 경영한 데 대해 부왕인 성왕은 관리·오경박사·승려 등을 파견하여 불교 포교에 힘을 기울였다. 여기에 대해 위덕왕은 무령왕과 성왕의 對日 정책의 기반 위에 서서 造寺工(寺工), 瓦박사, 불탑 노반 주조 기술자, 造佛工, 畫工 등 주로 사찰과 불상 제작 전문기술자를 파견하여 거기서 사찰과 불상 등을 제작하도록 하였다. 즉, 무령왕과 성왕은 각각 유교와 불교로 일본을 통치한 데 대해 위덕왕은 그러한 기반을 바탕으로 한걸음 더 나아가 일본에서 사원과 불상 등 조형적인 불교미술 작품을 제작하고 일본을 통치한 것이다. 따라서 일본에서 6세기에 제작된 불상 등 불교미술품이

---

19) 田村圓澄, 1975, 『飛鳥·白鳳佛敎論』, 19·22쪽.

존재한다면 그것은 무령왕이나 성왕 시대의 것이 아니라 위덕왕 때의 것
일 수밖에 없을 것이다. 그리고 관위도 제정되지 않은 6세기 일본에 여러
백제왕이 오경박사·백제 관리 등을 파견하여 통치하거나 造寺工과 造佛
工 등을 파견하여 사찰을 짓고 불상을 만들었다면 바로 그곳이 백제가
경영한 강역이었음을 뜻하는 것이다.

　알려져 있는 바와 같이 일본 나라(奈良) 法隆寺 夢殿에는 구세관음불
상이 소장되어 있다. 그런데 일본에서는 法隆寺 夢殿의 觀音像은 한국에
서 만든 불상이 아니라고 강력히 주장해 오고 있다. 한 예로 마쓰바라 사
부로(松原三郞)는 한편에서는 중국이나 반도에서 그 祖型을 구할 수 없
어서 그 계보를 정확하게 알 수 없다고 하면서, 다른 한편에서는 그 原流
는 北魏에 있으며 백제가 아닌 고구려 계보에 이어짐과 동시에 중국과
한국의 여러 양식을 정리하여 만든 일본화된 불상이라고 주장하였다.[20]
그러나 근래에 金相鉉 교수는 『세이요쇼(聖譽鈔)』에 근거하여 夢殿觀音
은 위덕왕이 부왕을 연모갈앙하여 만든 聖王遺像이라는 기록에 주목할
필요가 있다고 환기시킨 바 있다.[21]

　夢殿觀音을 백제 위덕왕이 조성하였다고 한다면 백제와 야마토왜 가
운데 어느 곳에서 만들었는가 하는 문제가 제기될 수 있다. 그 觀音은 백
제에서 만들어서 야마토왜로 운반했을 가능성과 백제가 전문 인력을 야
마토왜에 파견하여 그곳에서 만들었을 두 가지 가능성이 있지만, 위덕왕
이 造寺工과 造佛工을 파견하였다는 사료 I-1, I-4를 주목하게 되면 위덕
왕이 전문인을 야마토왜에 파견하여 그곳에서 만들었을 가능성이 높아진
다고 하겠다.

---

20) 최재석, 1998, 앞의 책, 459쪽.
21) 金相鉉, 1999, 앞의 글 참조.

〈표 6〉 威德王이 야마토왜에 파견한 백제 전문관리인단의 구성

	577년 (威德 24)	588년 (威德 35)
백제 관리		○
律 師	○	○
禪 師	○	○
比丘尼	○	
呪禁師	○	
造佛工	○	
造寺工	○	○
鑪盤박사		○
瓦박사		○
畫 工		○
거주지	難波	飛鳥

　〈표 6〉에 나타나 있는 바와 같이 위덕왕 24년(577)에는 백제에서 造佛工과 造寺工이 파견되었으나 위덕왕 35년(588)에는 造寺工만 파견된 것으로 되어 있다. 588년에 파견된 전문 기술인단에 造寺工만 있고 造佛工이 보이지 않는 것은 위덕왕 24년에 파견된 전문기술인단의 통솔자인 백제 관리가 누락되어 있는 것처럼 누락으로 보아야 할 것이다. 577년에 파견된 백제사람들은 나라(奈良)가 아니라 나라에서 제법 떨어져 있는 나니와(難波·大阪)에 거처를 정하고 사찰과 불상을 만들었으며, 588년에 간 백제사람들은 나라(奈良·飛鳥)에 거처하며 사찰과 불상을 만들었을 것이다. 等身보다 큰 불상은 그 무게 때문에 나니와에서 제작한 것은 나니와에 안치하고 나라에서 제작한 것은 나라에 안치하였을 것이다.

　이렇게 볼 때, 奈良 法隆寺 夢殿의 救世觀音은 577년에 나니와에서 제작한 것이 아니라 588년 나라에서 제작한 것으로 보아야 할 것이다. 그리고 위덕왕이 사람을 보내 나라(奈良) 지방에서 부왕인 성왕을 위해 관음상을 조성하였다고 한다면, 위에 적은 武寧王·聖王·威德王 3代의 對日 정책을 고려에 넣을 때, 이는 나라 지방이 바로 위덕왕이 통치한 지역이었음을 보여 주는 물적 증거가 된다고 할 수 있다.

〈그림 3〉法隆寺　　　　　　　　〈그림 4〉救世觀音像(부분)
夢殿의 救世觀音像
(『法隆寺とシルクロ-ド仏教
文化』, 1989, 法隆寺)

6. 맺는말

　　서기 501년부터 523년까지 재위한 백제 무령왕은 아직 관위가 제정·
실시되지 않은 야마토왜에 왕자나 오경박사를 파견하여 통치하였으며,
통치의 결과 얻어진 야마토왜의 특산물인 말 40匹을 백제로 가져오기도
하였다. 무령왕이 일본을 통치하였다는 것은 1971년 공주에서 발굴된 무

령왕릉과 그 墓誌銘, 그리고 무령왕의 棺材가 일본에서 생산되는 목재로 이루어졌다는 물적 증거에 의해서도 뒷받침된다고 하겠다.

父王의 뜻을 계승한 성왕은 무령왕보다 대규모의 각종 전문인으로 구성된 경영 팀을 일본에 파견하였으며, 일본에 최초로 백제불교를 포교하기도 하였다. 성왕은 무령왕보다 더 많은 물자를 일본에서 백제로 가져왔는데, 『日本書紀』에 나타난 것만도 보리 종자 1,000석, 良馬 70匹, 선박 10척 등 막대한 것이었다.

父王인 성왕의 대일 불교 정책을 더욱 계승 발전시킨 위덕왕은 백제 관리, 승려, 造寺工, 造佛工 등을 파견하여 여러 곳에 사찰과 불상을 조성하고 이를 경영하였다. 그 가운데서 588년부터 596년까지 8년간에 걸쳐서 조영한 法興寺(飛鳥寺)가 가장 대표적인 사찰이라 할 수 있을 것이다. 위덕왕은 야마토왜의 善信尼를 불러 교육시킨 후 돌려보냈다. 백제승을 파견하여 法興寺에 입주시킴과 동시에 부왕인 성왕을 위해 夢殿觀音을 조성하였다는 『聖譽鈔』의 내용은 위와 같은 사실들을 반영한 것이라고 볼 수 있겠다.

위덕왕의 조부인 무령왕이 오경박사 등을 파견하여 일본을 경영하고 부왕인 성왕이 일본에 승려들을 파견하여 백제불교의 포교에 힘을 기울인 데 대해, 위덕왕은 造寺工, 瓦박사, 불탑 노반 주조 기술자, 造佛工, 畫工 등 사찰과 불상 제작 전문기술자를 파견하여 그곳에서 사찰과 불상을 제작하였으므로 설사 法隆寺 夢殿의 救世觀音像을 위덕왕이 제작했다는 기록이 없다 하더라도 그 불상은 무령왕이나 성왕 시대에 제작한 것이 아니라 위덕왕 때의 제작일 수밖에 없다는 것을 알게 된다.

그리고 663년 白江口 전투에 참전하여 나당연합군과 항쟁을 한 日本軍이 백제왕 豊의 군대였다는 사실은 잠시 접어두고라도, 역대 백제왕이 야마토왜 경영 팀을 파견하여 그곳을 통치하고, 또 寺工과 불상 조상 전문인단을 파견하여 백제왕을 위해 사찰과 불상을 조성하고 또한 조성된 불

상을 그곳에 安置하였다면 그곳도 백제 본토처럼 백제의 강역임이 자명
해지는 것이다.

제7장 21세기 한국고대사 연구의 기본문제

1. 머리말

1985년에 「『三國史記』 초기기록은 과연 조작된 것인가 – 소위 '文獻考證學'에 의한 『三國史記』 비판의 정체」라는 논문을 『韓國學報』 38호에 발표한 바 있다. 논문에서 일본인 古代史學者는 그때까지 모두 한국고대사를 연구(?)하거나 언급하였으며 그들은 한 사람의 예외도 없이 『三國史記』 초기기록은 조작되었다고 주장하였고, 한국인 고대사학자는 일본인 연구자의 그러한 연구를 '문헌고증학' 또는 '실증사학'이라고 높게 평가함과 동시에 그들의 주장을 받아들여 모두 『三國史記』 초기기록은 조작이라고 주장하였음을[1] 지적하였다. 나중에 언급되겠지만, 그들은 어떤 합리적인 근거에 의거하여 그러한 주장을 한 것은 아니었다. 그러나 최근에 이르러 한국 고대사학자 가운데 본인의 주장에 동조하는 사람이[2] 나타나는 것을 보고, 가부간의 반응을 기대도 하지 않았던 터이므로 한편 놀라기도 했다.

한국고대사 연구의 과제는 여러 가지가 있겠지만 시급히 반성되어야

---

1) 『三國史記』 초기기록은 조작이라고 주장하는 일본인 연구자 21인과 한국인 연구자 18인의 명단은 崔在錫, 1987, 『韓國古代社會史方法論』, 一志社, 525~526쪽에 게재해 두었다.

2) 李鍾旭, 1999, 「한국고대사연구 100년: 과거 – 문제 (비극과 희극의 세기를 넘어서며)」『韓國史研究』 104.

할 당면과제는 한국고대사 연구자의 자격은 무엇인가, 일본인의 한국고
대사연구는 실증사학인가, 고대한일관계사는 한국고대사에서 제외되어야
하는가, 백제는 의자왕 20년인 660년에 멸망하였는가, 그리고 伽耶와 任
那는 동일국인가 하는 등 모두 다섯 가지로 집약된다고 하겠다. 차례로
이 문제를 검토하기로 한다.

2. 한국고대사 연구자의 자격은 무엇인가?

　필자는 1985년에 日本人 사학자 津田左右吉·前間恭作·太田 亮·今西
龍·三品彰英·池內 宏·末松保和·井上秀雄 등과 한국인 사학자 이병도·
이홍직·이기백·김철준·이기동·문경현 등이 『삼국사기』 초기기록이 조
작되었다고 주장하였음을 지적한 바 있다.[3] 그러나 단지 이들뿐만 아니
라 한국고대사에 대해 언급한 사람은 일본인이건 한국인이건 거의 모두
『삼국사기』 초기기록을 조작으로 몰고 있음을 확인하였다.[4]
　일본인 연구자들은 <표 1>과 같이 대개 근거 제시 없이 처음부터 『삼
국사기』 초기기록을 조작으로 몰고 있었으며, 한국인 연구자는 일본인
연구자의 그러한 주장을 실증적 연구라고 높게 평가하고 그 주장을 그대
로 받아들이는 태도를 취했다. 지금 일본인들의 주장 일부를 제시하면 다
음과 같다.

---

3) 崔在錫, 1987, 앞의 책 참조.
4) 그 주장자의 구체적인 예를 들면 다음과 같다. 위에 언급한 사람 이외에, 일본
　인으로서는 ①那珂通世 ②白鳥庫吉 ③今村 鞆 ④武田幸男 ⑤淺見倫太郎
　⑥小田省吾 ⑦鮎貝房之進 ⑧三池賢一 ⑨木下禮仁 ⑩濱田耕策 ⑪吉岡完
　祐 ⑫田村専之助 ⑬矢澤利彦 등이며, 한국인으로서는 ①신석호 ②이덕성
　③변태섭 ④김광수 ⑤이용범 ⑥신형식 ⑦이종항 ⑧정중환 ⑨김용선 ⑩정
　조묘 ⑪김재봉 등이다(최재석, 1987, 위의 책, 525~526쪽 참조).

〈표 1〉 일본인 연구자가 『삼국사기』 초기기록을 조작으로 본 이유

① 처음부터 근거의 제시 없이 『三國史記』는 조작이라고 단정한 것
② 자신들이 허구의 증거를 조작해 놓고 『三國史記』는 조작되었다고 한 것
③ 근거의 제시 없이 수백년 동안 전설시대라고만 한 것
④ 자신들이 『三國史記』와 相異한 말을 하여 놓고 『삼국사기』가 조작되었다고 한 것
⑤ 자신들이 설정한 기준을 자신들이 뒤엎고 『三國史記』가 조작되었다고 한 것
⑥ 중국 기록에 없으면 조작되었다고 한 것
⑦ 중국 기록과 같으면 조작이라고 한 것
⑧ 중국 기록과 차이가 있으면 조작이라 한 것
⑨ 『日本書紀』에 없으면 조작이라 한 것
⑩ 『日本書紀』와 차이가 나면 조작이라 한 것
⑪ 자신들이 이해하지 못한 기사들이 있으면 조작이라고 한 것
⑫ 기록이 불명확한 기사가 있으면 조작이라고 한 것
⑬ 기록이 상세하여도 조작이라 한 것

상식적으로 생각하면 비판을 받은 당사자나 역사학계는 의당 1985년 본인 논고에 대해 반론을 제기했어야 할 것이다. 그러나 반론 제기는 전혀 없었으며, 대신 필자에 대하여 적절치 않은 평이 이어져 왔다. 그러나 여기서는 그 가운데 한 가지 사례에 대해서만 언급하고자 한다.

필자가 1985년 『삼국사기』 초기기록 불신론을 비판한 논고를 발표한 지 14년만인 1999년 역사학자 李鐘旭은 필자의 주장에 동조하였다. 그러나 그는 한편으로는 필자의 견해에 동조하면서도 다른 한편으로는 그 논고에 대해 적절치 못한 평을 가함과 동시에 일본인 연구자의 『삼국사기』 초기기록 불신론을 처음으로 비판하고 바로잡은 사람은 다름아닌 자신이었다는 논지의 논문을 발표하였다.[5]

그는 최재석이 "일본고대사 체계의 틀 속에서 만들어진 한국고대사 체계에 물들지 않았기 때문에" 일본 및 한국학계의 『삼국사기』 초기기록의 불신론을 비판하고 그 신빙성을 주장할 수 있었다고[6] 주장하였다. 그가 최

---

5) 李鐘旭, 1999, 앞의 논문 참조.
6) 위의 논문, 21쪽.

재석이 과거의 고대사연구에 물들지 않았기 때문에 『삼국사기』 초기기록
불신론을 비판할 수 있었다고 지적한 것은 한국의 고대사연구가 일본고대
사연구의 영향권 안에서 출발했다는 점에 대한 반성적 인식에서 나온 것이
기에 그 나름의 의의를 지닌다. 그러나 그는 최재석이 『삼국사기』 초기기
록을 믿을 수 있는 근거를 제시하지 않았다고 사실과 다른 평을 하였다.[7]

　필자는 이미 1985년의 논고에서 『삼국사기』 불신론자들이 그 불신의
근거를 제시하였는가에 대해 살펴보았다. 그 결과 그들은 근거를 제시하
지 않았거나 또는 제시한다 하더라도 매우 자의적인 것이었음을 <표 1>에
제시하였다. 『삼국사기』 초기기록 불신론자들의 주장의 비논리성 내지 허
구성(<표 1> 참조)을 지적하는 것 자체가 『삼국사기』 초기기록의 신빙성
을 주장하는 하나의 근거가 된다는 사실을 그는 이해해야 할 것이다.

　그는 이 밖에 필자의 주전공인 가족제도사 연구 전반에 대해서도
1987년부터 다음과 같은 평을 가하고 있으나, 여기서는 그것에 대해 반론
을 하지 않기로 한다.

① 최재석은 『삼국사기』 유리왕 9년의 17등의 設官 기록을 전적으로 믿
　고 있으나 이 기록은 사실이 아니다.
② 최재석이 신라의 왕위계승은 왕의 子·女·婿·친손·외손 5종의 친족에
　게 이루어졌다고 하나, 이것은 일반적인 왕위계승 원리와는 동떨어진
　표면적인 현상에 불과하다.
③ 신라시대의 왕위계승을 보면 왕의 子·女·婿·친손·외손이 계승하는 수
　가 있기도 하나, 그것은 정상적인 상태에서 왕위계승이 이루어진 것이
　아니다.
④ 최재석이 신라시대에는 부계혈연집단(氏族·宗族·lineage)이 존재하지
　않았고 직계·방계 사상도 없었다고 하나, (中略) 이것은 성립할 수 없
　는 그만의 추측이다. 신라는 父系制의 氏族·家系組織을 갖고 있었다.
⑤ 최재석의 신라사 논리의 이해는 매우 단순하여 역사 발전 과정이나 정
　치적 과정이나 정치적 상황에 대한 이해 없이 (中略) 왕위계승·친족집

――――――――――

7) 이종욱, 1987, 「회고와 전망: 한국사학계 1984~1986: 고대」 『歷史學報』 116.

단·신분제도 등에 대한 견해를 발표한 것을 알 수 있다.

⑥ 그는 기존 연구성과의 긍정적인 면을 밝히기보다는 그 부정에 더 많은 관심을 기울였다.

⑦ 그는 기존 견해를 잘못 이해한 사실이 적지 않은 것도 알게 되었다.

⑧ 그는 『삼국사기』 초기기록에 대한 비판 없이 그대로 인정하고 논리를 편 것도 보았다. 따라서 최재석의 견해가 한국고대사 연구에 어떻게 작용을 할 것인지는 쉽게 짐작할 수 있게 되었다.[8]

1986년까지 발표된 骨品 관계 논문 57편을 정리할 때 다른 사람의 논문 한 편을 李鐘旭의 논문으로 착각하였다. 필자의 과실임을 인정한다. 그러나 이러한 과오를 지나치게 과장한다면 이것은 온당치 않은 일로 생각된다. 그리고 착오와 자기가 한 말을 하지 않았다고 뒤집는 것과는 고의성의 유무라는 점에서 근본적으로 차이가 난다.

그는 그가 하지 않은 말을 최재석이 지어내어 하고 있다고 주장하고 있다. 그러나 그의 발언은 전혀 사실과 다르다. 즉, 그는 분명히 1974년 『歷史學報』 64호, 69쪽에서 6두품·5두품은 하나의 신분이라고 말하여 놓고 1987년 『歷史學報』 116호, 220쪽에서는 그러한 말을 한 적이 없으며 마치 본인이 조작이나 한 것처럼 언급하였다. 증거를 제시하기 위하여 『歷史學報』 64호와 116호에 발표한 그의 글을 제시한다.

> 『歷史學報』 64(1974)의 이종욱의 글
> 骨品에 따른 日常生活에 대한 규정을 보면 크게 眞骨과 六頭品·五頭品 그리고 四頭品·平民의 셋으로 구분되었던 것을 알 수 있었다. 이러한 사실은 地方民의 身分制에 있어서도 村主와 次村主·平民의 둘로 나뉘는 것을 말해 주는 것이라 하겠다(69쪽).

> 『歷史學報』 116(1987)의 이종욱의 글
> 한편 崔在錫은 邊太燮·李鐘旭이 6두품·5두품을 하나의 신분으로 보고 4두품·3두품·2두품·1두품을 다른 신분으로 보고 있다고 하였으나, 邊太

---

8) 이종욱, 1987, 위의 논문.

變·李鐘旭은 그런 주장을 한 적이 없다(220쪽).

이와 같이 骨品의 구분에 관해 자기자신이 한 말을 하지 않았다고 부인한 이종욱은 마치 자기가 최초로 시도하는 것처럼 津田左右吉·前間恭作·末松保和 등의 논저에 대해 평을 하였다.[9] 그가 평을 한 논저는 다음 7개의 논저이다.

> 1. 津田左右吉, 1921, 「百濟に關する日本書紀の記載」『滿鮮地理歷史研究報告』8.
> 2. _____, 1922, 「三國史記高句麗紀の批判」『滿鮮地理歷史研究報告』9.
> 3. _____, 1924(1919), 「三國史記新羅本紀について」『古事記及び日本書紀の研究』.
> 4. 前間恭作, 1925(1938), 「新羅王の世次と其名について」『東洋學報』15-2.
> 5. 末松保和, 1954, 「新羅上代世系考」『新羅史の諸問題』.
> 6. 이병도, 1959, 『韓國史』古代篇.
> 7. 이기동, 1980, 『신라 골품제사회와 화랑도』.

필자를 부당하게 비판한 다음 그가 비판한 津田左右吉·前間恭作·末松保和·이병도·이기동 등 위의 5인이 저술한 도합 7개의 논저는 이미 1985년 필자가 비판을 가한 津田左右吉·前間恭作 등 14인의 도합 29개의 논저 속에 포함되어 있는 것들이다(<표 2> 참조). 다시 말하면, 그가 비판한 7개의 논저는 필자가 14년 전에 비판을 한 논저의 일부분이다. 상식적으로 생각하면 당연히 선행연구에 대해 각주 하나라도 붙였어야 한다. 그러나 그는 그렇게 하지 않고 필자가 발표한 것을 전적으로 무시하였는데, 이것은 그 자신이 『삼국사기』 초기기록 불신자를 비판한 최초의 발표자라는 것을 나타내기 위해서였음이 틀림없을 것이다. 지금 필자가

---

9) 이종욱, 1999, 앞의 논문.

비판한 것과 그가 비판한 것을 대비시키면 <표 2>와 같다.

〈표 2〉 1985년 최재석이 비판한 논저와 1999년 이종욱이
비판한 논저의 비교

이 름	비판 대상 논저	1985년 최재석이 비판한 논저	1999년 이종욱이 비판한 논저
①津田左右吉	1921,「百濟に關する日本書紀の記載」『滿鮮地理歷史研究報告』8.	○	○
	1922,「三國史記高句麗紀の批判」,『滿鮮地理歷史研究報告』9.	○	○
	1924,「三國史記の新羅本紀について」『古事記及び日本書紀の研究』.	○	○
②前間恭作	1925(1938),「新羅王の世次と其名について」『東洋學報』15-2.	○	○
③太田 亮	1928,『日本古代史の研究』.	○	×
④今西 龍	1937a,「高句麗五族五部考」『朝鮮古代の研究』.	○	×
	1937b,「新羅史通說」,上同.	○	×
	1934,「百濟略史」『百濟史研究』.	○	×
	1934,「百濟史講說」,上同.	○	×
⑤三品彰英	1933,「新羅の姓氏に就いて」『史林』15-4.	○	×
	1963,「骨品制社會」『古代史講座』7.	○	×
	1979,『三國遺事考證』中.	○	×
⑥池內 宏	1941,「新羅の骨品制と王統」『東洋學報』.	○	×
	1940,「高句麗王家の上世の世系について」『東亞學』38.	○	×
⑦末松保和	1954,『新羅史の諸問題』.	○	○
	1938,「朝鮮史(4·5)」『朝鮮行政』2-1, 2-2.	○	×
⑧井上秀雄	1972,『古代朝鮮』.	○	×
⑨이병도	1936,「삼한문제의 신고찰(5)」『진단학보』6.	○	×
	1959,『한국사』(고대편).	○	○
	1976,『한국고대사연구』.	○	×

⑩이홍직	1971, 『한국고대의 연구』.	○	×
⑪이기백	1954, 「백제왕위계승고」, 『역사학보』 11.	○	×
	1973, 『한국고대사론』.	○	×
⑫김철준	1975, 『한국고대국가발달사』.	○	×
⑬이기동	1980, 『신라골품제사회와 화랑도』.	○	○
	1981, 「백제왕실교대론에 대해」, 『백제연구』 12.	○	×
	이기백·이기동, 1982, 『한국사강좌』(고대편).	○	×
	1984, 「고대(회고와 전망)」, 『역사학보』 104.	○	×
⑭문경현	1983, 「신라국가형성의 과정 연구」, 『대구사학』 6.	○	×

비고: ① ○ 표는 비판한 것, × 표는 비판하지 않은 것을 뜻함.
    ② 이종욱은 이기동에 대해서는 언급은 했으나 비판하지 않음.

14년 전에 발표한 필자의 논고를 도외시하고 마치 자신의 논고가 이 방면의 최초의 논문인 양 발표하는 위의 사례 이외에, 이유 없이 여러 차례 논문 게재를 거부한 일, 印象에 의하거나 논고를 읽지도 않은 채 논문을 평하는 일, 자신의 견해와 다르다고 하여 고정관념과 선입견을 버리라고 하는 일, 또 상식을 벗어난 평을 하는 일들은 사학을 전공한 사람들 사이에서는 이제까지 일어나지 않았다. 이러한 사실을 종합해 볼 때 한국학계는 논문 게재나 그 평가의 기준을 논문 자체가 아니라 그 저자의 출신성분에 둔 것이라는 결론에 도달하게 된다.

필자에 가해진 부당한 평가[10]에는 그 根底에 대학의 사학과에서 공부한 사학과 출신만이 역사를 연구할 수 있고, 또 한 가지 분야만 연구할 수 있을 뿐 두 가지 분야의 연구는 할 수 없다는 편견이 내재해 있음을 짐작하게 된다. 학부와 대학원의 스승이며 지도교수였던 李相佰 선생을 본받아 필자도 사회학과 역사의 두 가지 분야에 관심을 갖고 공부해 오고 있다. 그런데 한 가지 분야만 연구해야 하는 제한이

---

10) 이러한 상황에 대해서는 최재석, 1987, 앞의 책, 509~511쪽 참조.

있다손 치더라도 지난 100여 년 동안 일본의 사학계가 거국적으로 고대한일관계사를 왜곡하고 있는 것을 보면서도 한마디의 비판이나 반론도 제기하지 못하고 오히려 그들의 역사학(?)이 실증사학이라고 평을 가하고 있는 현장을 눈으로 본다면 어느 누가 침묵만 지키고 있겠는가? 설사 그가 서양사를 연구하든 사회학을 연구하든 간에 역사 바로잡기에 뛰어들 수 있을 것이다. 필자에 대한 거부적 태도에는 사학자들이 어떠한 역사 왜곡을 해도 가만히 침묵만 지키라는 논리가 숨겨져 있다고 하겠다. 설사 필자에게 사회학만을 연구해야 한다는 의무가 주어져 있다 하더라도 필자는 주저 없이 역사 분야인 고대한일관계사의 연구, 즉 일본인들의 한국 고대사 왜곡을 '실증사학'이라고 평가하고 있는 한국사학의 역사현장에 뛰어들었을 것이다.

학문 발전은 논저 평가의 기준을 저자의 출신 성분이나 지역 등이 아니라 논저 자체에 둘 때 이루어지며, 객관적인 기준에서 논저 평가가 활발하게 전개될 때 학문의 성숙이 이루어진다는 것은 초보적인 상식에 속한다. 그리고 상황에 따라 두 가지 또는 세 가지 분야에 걸쳐 연구할 때에도 연구 성과에 걸맞은 평가를 해야 마땅할 것이다. 중요한 것은 대학의 사학과에 적을 두고 공부하였느냐가 아니라 연구 결과 자체가 어떠냐 하는 것이다.

3. 일본인 연구자의 한국고대사 연구가 實證史學인가?

필자는 이미 1980년대 중엽에 여러 번에 걸쳐 今西 龍·末松保和 등의 일본인 연구자의 한국고대사 연구는 '近代的·학문적 비판'도 아니며 '근대적 역사방법에 의한 삼국시대 연구의 개척'도 아니라고 말함과 동시에 그들의 한국사 연구를 "考證學이라고 한 것은 잘못되어도 보통 잘못된 것이 아니다"라고 지적한 바 있다.[11] 또, "그(末松保和)의 사료 처리의 기준과 방법은 (일정하지 못하고) 수시로 달라짐과 동시에 자의적인 것이었으니, 이러한 방법이 (중략) 어떻게 '근대적·과학적'이고 '문헌고증학'이 되는 것인지 알 수 없는 일이다"라고 비판한 바도 있다.[12] 다시 필자는 한국사의 기년·世系·국토 말살 책략이 '문헌고증학'이나 '고증사학'이 될 수 없는 것은 말할 나위도 없는 것이라고 비판하였다. 그리하여 필자는 日本人들의 新羅史(上古史)의 왜곡 말살 책략은 고증사학이라는 이름 아래 이루어진 비고증사학이라고 비판하였다.[13]

일본인 연구자들은 <표 1>에 제시한 바와 같이 근거를 제시하지 않은 채 『삼국사기』 초기기록이 조작되었다고 주장하거나 자신들이 허구의 증거를 만들어 놓고 『삼국사기』가 조작되었다고 주장한 것을 비롯하여, 『삼국사기』의 기사가 중국 기록에 없어도 조작, 중국 기록과 같아도 조작, 중국기록과 차이가 나도 조작되었다고 한결같이 이구동성으로 주장하고 있다. 일본인 연구자들의 이러한 근거 없는 주장에 조금이라도 주목했다면 한국인 연구자들이 일본인 연구자들의 역사 왜곡을 '실증사학', '근대사학'이라 평하지는 않았을 것이다. 필자는 아직도 한국인 연구자들이 왜 일본인 연구자들을 '근대적 실증사학자'라고 높게 평하였는지 완전히 이해하지 못하고 있다.

일본인의 한국고대사 연구에 대한 한국학자들의 평가에 대해서 필자가 여러 번 비판했음에도 한국학계는 이를 묵살하고 있다. 그래서 여기서 이 문제를 다시 제기하고자 한다. 일본 연구자들의 한국고대사 연구에 대한 한국학자들의 평을 요약하면 다음과 같다.

---

11) 최재석, 1987, 「今西 龍의 韓國古代史論 批判」 『韓國學報』 46.
12) 최재석, 1986, 「末松保和의 新羅上古史論 批判」 『韓國學報』 43.
13) 최재석, 위의 논문 참조.

金哲埈

① 末松保和의『新羅史의 제문제』(논문집)는 신라사 體系의 主要力作이다.
② 今西 龍은 三國시대·통일신라 연구의 선구적 개척자이다.
③ 三品彰英은 古代史 호흡을 보다 깊게 하였다.
④ 日人들의 史學 방법은 문헌고증학으로서 자료정리가 가능한 방법이다.[14]

金容燮

① 東京大學에서 나온『滿鮮地理歷史研究報告』등에 적용된 방법은 合理性을 추구하는 考證史學이다.
②『青丘學叢』의 연구방법은 文獻考證的인 實證史學인 것이다.[15]

金貞培

① 해방 후 古代史學界를 대표했던 李丙燾 역시 (일제 때의 연구와) 똑같은 오류를 범했다.[16]

李基東

① 津田左右吉·今西 龍 등은 文獻考證學의 방법으로『三國史記』에 대해 史料 비판을 가하여 近肖古王 이전의 百濟本紀 기사가 신빙성을 잃어 그 사실성이 否認되고 말았다.
② 那珂通世 이래 (중략) 津田左右吉·今西 龍·池內 宏 등 근대적 역사연구방법을 체득한 일본역사가들은 이른바 高等批判이라는 것을 金科玉條로 내세우면서 (중략) 주로 文獻學的인 측면에서 三國시대연구를 개척하였다.[17]

李基白

① 津田左右吉 등은 고대에 대한 엄격한 비판으로부터 시작하였다.
② 津田左右吉·太田 亮·今西 龍·李丙燾 등의『三國史記』비판은 近代

14) 金哲埈, 1963,「한국고대사연구의 回顧와 전망」『東方學志』6 : 1981,「한국사학의 몇 가지 문제」, 한국사연구회 (편),『韓國史研究入門』, 64쪽.
15) 金容燮, 1966,「日本·한국에 있어서의 韓國史敍述」『歷史學報』31.
16) 金貞培, 1973,「한국고대사의 과거와 현재」『文學과 知性』4-2.
17) 李基東, 1981,「百濟王室 交代論에 대해」『百濟研究』12 : 1980,『新羅 骨品制社會와 花郞徒』, 韓國研究院.

的 學問的이자 엄격한 비판이며 철저한 비판이다.[18]

李萬烈
① 日人들의 한국사 연구는 서양의 소위 近代史學에 바탕을 둔 文獻考證
學的 방법을 원용하였다.[19]

申瀅植
① 末松保和를 포함한 津田左右吉·池內 宏·今西 龍·三品彰英 등 日人學
者들의 연구는 文獻 위주의 考證學的 방법, 近代史學의 연구방법 등
괄목할 만한 업적을 우리에게 넘겨 주었다.[20]

　　위에 나타나 있는 바와 같이 김정배 한 사람만이 일본사학자와 이병
도의 역사 방법에 오류가 있다고 지적할 뿐이고 나머지 연구자는 모두
일본인이 한국고대사연구에 사용한 연구 방법은 고증사학이라는 논평을
하였다. 日本人 연구자가『삼국사기』초기기록을 조작으로 모는 것은 그
기록이 고대 한국이 일본(야마토왜)의 식민지 내지 속국이었다고 주장하
는 데 방해가 되기 때문이다. 또한,『삼국사기』초기기록을 조작으로 몰
고 고대 한국이 일본의 식민지였다고 주장하는(일본 고대사학자는 거의
전부 고대한국은 일본의 식민지였다고 주장하고 있다) 것은 고대 일본이
한국인(백제인)이 경영하는 지역이었다는 것(하기 4절 참조)을 은폐함과
동시에 19세기 말부터의 한국침략을 합리화하기 위해, 다시 말하여 일본
이 한국을 침략한 것이 아니라 옛 땅을 수복한 것이라고 주장하기 위한
것이다. 그러나 한국학자들은 일본인의 저의를 간파하지 못하고『삼국사
기』초기기록이 조작되었다는 일본인 연구자들의 주장을 '고증사학', '실
증사학', '근대사학'이라는 평을 가하고 일본이 남한을 지배하였다는 주

---

18) 李基白, 1973,『韓國古代史論』, 探究堂, 2~3쪽·177쪽.
19) 李萬烈, 1977,「日帝 官學者들의 植民史觀」, 李佑成·姜萬吉 (편),『韓國의
　　歷史認識』(下), 창작과 비평사, 505쪽.
20) 申瀅植, 1984,『韓國古代史의 新硏究』, 一潮閣, 8쪽.

장에 대해서는 실증사학의 한계 내지 문제점에 기인한다고 주장하고 있다. 일본인 연구자가 주장하는 『삼국사기』 초기기록 조작설과 고대 한국이 일본(야마토왜)의 식민지였다는 주장은 불가분의 표리의 관계에 있다. 다시 말하면, 고대 한국이 일본의 식민지 내지 속국이었다는 주장은 『삼국사기』 초기기록의 부정 위에서만 성립되는 주장이다. 그럼에도 한국인 연구자들은 이러한 일본인의 중장 밑바닥에 깔려 있는 저의를 간파하지 못하고, 『삼국사기』 초기기록 조작설은 실증적 사학이고, 고대 한국이 일본의 식민지였다는 주장은 실증사학 자체가 지닌 한계성에 기인한다고 주장했던 것이다.

이리하여 김철준은 일본인의 신라사 왜곡은 문헌에 대한 지나친 집착과 문헌고증학이 가지고 있는 근대사학정신의 빈곤에 기인한다고 주장하고,[21] 김용섭은 지나친 합리성의 추구의 결과 자료적 가치가 부정되었다고 판단한다.[22] 이기백은 과거의 실증사학은 이론을 외면하였다고 말하고,[23] 김정배는 실증사학의 과오는 무거우며 실증사학의 고대사는 미개사로 전락되었다고 주장한다.[24] 한편, 이기동은 부정적 극단적인 문헌고증학의 사료비판이나 문헌고증학이 가지고 있는 그 자체의 결함과 한계성과 완고함 때문에 얻는 것보다도 잃는 것이 많다고 주장하였다.[25] 이종욱은 일본인 연구자가 倭의 남한 지배를 인정한 것은 실증사학적 방법에 의한 것이며, 실증사학은 일본의 皇國史觀을 뒷받침하는 도구가 되었다고 주장한다. 또 그는 실증사학은 한국고대사연구를 일본고대사 체계에 종속시키는 도구가 되었으며, 이리하여 실증사학은 한계와 문제점을 내

21) 최재석, 1987, 앞의 책, 187쪽.
22) 金容燮, 1972, 「우리나라 近代歷史學의 發達 : 1930·40년대의 實證主義歷史學」 『문학과 지성』 3-3.
23) 李基白, 1971, 「社會經濟史學과 實證史學의 문제」 『문학과 지성』 1971-봄호 (『民族과 歷史』에 수록).
24) 金貞培, 1973, 「한국고대사의 과거와 현재」 『문학과 지성』 4-2.
25) 김용섭, 1972, 앞의 논문.

포하고 있다고 주장하고 있다.[26] 申澄植은 그들의 방법은 考證史學·近代
史學으로 나무랄 데 없으나 植民史學이라는 先入觀 때문에 日本人들은
고대사(新羅史)의 정당한 평가에 인색하였다고 말하고 있다.[27]

요컨대, 한국인 고대사 연구자들은 일본인에 의한 한국고대사연구 가
운데『삼국사기』초기기록 불신론은 고증사학이라고 평을 하고, 그 밖의
고대사 왜곡 부분은 일본인이 왜곡한 것이 아니라 실증사학 자체의 성격
에 기인한다고 주장하고 있음을 알게 된다.

한마디로 말해, 日本人 연구자들의 한국고대사 연구는 역사의 왜곡이
고 한국고대사의 말살이며 고증사학의 근처에도 설 수 없는 비학문이었
다. 고증사학은 그 자체 결함이 없는 학문이다. '지나친 고증학', '부정적
극단적인 문헌고증학', '문제와 한계가 있는 실증사학'이라는 표현 자체
가 잘못되어 있다. '실증주의 역사학', '문헌고증학'은 아무리 강조해도
지나치지 않는다. 日人 연구자들 자신은 그들의 한국고대사연구를 문헌
고증학이라고 하지 않는데도 한국인 연구자들이 日人들의 연구를 문헌고
증학이라고 평하는 것은 그들의 연구를 면밀히 확인·검토하지 않고 무조
건 신뢰하는 데 기인하는 것이다.

日本人의 한국고대사 연구는 독일 랑케사학의 방법론 도입으로 이루
어졌다는 견해가 있다. 즉, 金容燮은 Ludwig Riess가 1886년 동경대학에
초빙되어 史學科에서 교편을 잡았고 그가 랑케의 제자였다는 점에 주목
하여, 한국사학은 日本의 東洋史學에서 그 방법론을 배웠고 日本의 東洋
史學은 랑케史學의 방법론을 도입한 데서 이루어졌으므로 韓國史學의
이론적 기반은 랑케史學과 그 基盤으로서의 歷史主義에 놓여 있다는 견
해를 제시한 바 있다.[28]

그러나 이 견해도 사실과 거리가 있다. 하타다 다카시(旗田 巍)에 의

26) 李鐘旭, 1999,「한국고대사연구 100년」『韓國史硏究』104, 28·36쪽.
27) 최재석, 1987, 앞의 책, 187쪽.
28) 金容燮, 1966,「日本·韓國에 있어서의 韓國史 서술」『歷史學報』31.

하면, 랑케의 제자인 Ludwig Riess가 19세기 말에 東京大學에 초빙된 것은 사실이다. 그러나 우리들이 생각하고 있는 것과는 달리 Riess는 오로지 서양사학만을 가르쳤다고 밝히고 있다.[29] 하타다는 또 일본은 明治末期에 이르러 한국사의 獨自性·自主性을 否認하고, 한국은 太古 때부터 만주와의 불가분의 관련 속에서 존재해 옴과 동시에 神代[귀신시대]부터 日本이 한국을 日本의 本土와 마찬가지로 지배했다는 주장을 하게 되었다고 밝히고 있다.[30] 따라서 明治시대 日本人의 한국사학이 랑케사학의 방법론에 의해 이루어졌다는 주장은 매우 회의적이다. 랑케의 제자인 Ludwig Riess의 東京大學에서의 강의는 西洋史에 한정되었으며, 또 近代的 考證學的인 방법에 의거한 강의였다 하더라도 日本人들의 한국고대사 왜곡은 랑케사학과는 아무런 관계가 없으며, 일본인들의 한국사 왜곡은 일본의 한국 침략과 밀접한 관계가 있는 것이다.

이미 1987년, 1990년, 1993년에 지적한 바와 같이 津田左右吉·前間恭作·太田 亮·今西 龍·三品彰英·池內 宏·末松保和·井上秀雄 등은 『삼국사기』 초기기록은 조작되어 믿을 수 없다고 하였으며,[31] 또 橫井忠直·菅 政友·那珂通世·黑板勝美·津田左右吉·今西 龍·鮎具房之進·末松保和·三品彰英·池內 宏·井上秀雄[32] 등과 藤間生大·直木孝次郎·水野 祐·上田正昭·坂本太郎·井上光貞·石母田正·山尾幸久·鈴木靖民[33]과 鈴木英夫 등은[34] 근거의 제시 없이 고대한국이 야마토왜의 식민지였다고 주장하고 있다. 그러나 야마토왜의 造船·航海 수준[35]과 같은 지역 호족의

---

29) 旗田 巍, 1987, 「日本에 있어서의 한국사연구의 전통」 『韓國史市民講座』 창간호, 77쪽.

30) 위의 책, 84·86쪽 참조.

31) 최재석, 1987, 앞의 책, 22~51; 76~114; 117~188; 189~263쪽 참조.

32) 최재석, 1993, 『統一新羅·渤海와 日本의 關係』, 一志社, 500~521쪽.

33) 최재석, 1990, 『日本古代史研究批判』, 一志社, 195~210쪽.

34) 鈴木英夫, 1996, 『古代의 倭國과 朝鮮諸國』: 최재석, 1999, 「鈴木英夫의 古代韓日關係史 연구비판」 『百濟研究』 29(『고대한일관계사 연구 비판』 수록).

권위보다도 못한 야마토왜 왕의 위상을 보더라도 야마토왜가 고대 한국의 식민지가 될 수 있을지언정 고대 한국이 야마토왜의 식민지는 될 수 없다.

한국의 연구자들이 실증사학자라고 주장하는 今西 龍, 末松保和, 三品彰英, 池內 宏, 津田左右吉 등의 주장을 다음에 알아보자. 이들 가운데는 동화 같은 비현실적인 이야기를 만들어 놓고 이것이 한국고대사라고 주장하는 사람도 있다.

今西 龍은 신라의 왕은 日本에 봉사하는 日本人이었다고 하고, 三品彰英은 한국문화는 없으며 한국의 神話도 花郎도 남방(대만의 高砂族)에서 전파되었는데, 나중에 淫俗花柳社會의 천한 풍습으로 변질되었다고 하였다. 末松保和는 신라건국의 결정적 사료는 일본과 중국의 사료라고 말하고, 津田左右吉은 백제왕의 系譜·즉위·사망에 관한 연대는 『일본서기』가 『삼국사기』보다 더 정확하다고 주장하고 있다. 지금 이들의 대표적인 주장을 제시하면 다음과 같다.

> 今西 龍의 주장
> ① 新羅의 上代(28대 眞德王 즉 서기 645년까지)의 紀年은 믿을 수 없다.
> ② 百濟의 契王(12대)까지의 『三國史記』 百濟本紀의 기사는 전혀 믿을 수 없다.
> ③ 百濟는 日本에 예속되었고 任那(伽耶)는 일본에 의해 경영되었다.
> ④ 新羅의 王은 日本人이었고 新羅는 日本에 奉仕하는 日本의 속국이었다.
> ⑤ 4세기초에 神功皇后가 신라를 정벌하였다.
> ⑥ 廣開土王이 新羅와 任那를 유린한 결과 日本軍이 黃海道에 상륙하여 高句麗를 정벌하였다.
> ⑦ 『日本書紀』에 의해 한국사를 연구해야 한다.[36]

---

35) 야마토왜(日本)의 조선·항해 수준에 대해는 최재석, 1998, 「'新羅送使'와 中國 파견 日本使人에 대하여」『民族文化』21 : 1996, 「7世紀 중국에 파견된 日本 사절·學問僧과 新羅」『韓國學報』84 참조. 야마토왜 왕의 王權에 대해서는 『일본서기』 雄略 7년; 同 14년; 安閑 元年조 참조.

36) 최재석, 1987, 앞의 책, 39~44쪽, 76~114쪽.

末松保和의 주장

① 新羅 上古(1~22대)의 왕위계승은 '三姓交立'이며 조작이다.

② 新羅 上古의 왕위계승은 '女系的繼承法'이며 조작이다.

③ 新羅의 제17대 奈勿王 이후 시대도 반전설적·반역사적 시대이다.

④ 新羅 建國연구의 결정적 史料는 『三國史記』가 아니라 中國의 사료와 日本의 사료이다.

⑤ 新羅 中代(29~36대)는 武烈王系의 시대이고 下代(37~56대)는 奈勿 王系 復活의 시대이며 元聖王系의 시대이다.

⑥ 자기가 주장하고자 하는 것과 위배되는 사료는 '例外'로 취급하는 것처 럼 자의적 기준에 의하여 사료를 처리하였다.

⑦ 日本이 군대를 파견하여 한국의 남부 전지역을 日本의 식민지로 삼았다.

⑧ 한국고대사는 中國(樂浪)이 지배하는 '樂浪期'와 日本이 지배하는 '任 那期'로 구성된다.[37]

三品彰英의 주장

① 韓國史는 자율적 發展性이 결여되어 있다.

② 『三國史記』의 신라본기 제22대 智證王 이전 시대와 백제본기 제8대 고이왕 이전시대는 전설의 시대이고 아직 역사시대가 아니다.

③ 신라 초기의 朴·昔·金 三姓의 왕위계승은 조작이다.

④ 『日本書紀』의 수많은 年代的 모순·수많은 異說도 조작으로 보아서는 아니 된다.

⑤ 한국의 神話도 花郞도 南方(臺灣 高砂族)에서 전파되었다.

⑥ 日本이 남한을 경영하였다.

⑦ 한국문화는 없으며 한국을 경유한 중국문화가 일본에 수입되었다.

⑧ 新羅花郞은 反國家的·反社會的 기능으로 바뀌어져 갔으며 淫俗的 遊 女花柳社會의 賤習으로 변하였다.[38]

池内 宏의 주장

① 신라의 '三姓交立'의 이야기는 후세의 조작이다.

② 『三國史記』 신라본기, 고구려본기, 백제본기의 초기기록은 조작 전설이다.

③ 『日本書紀』의 허구의 글 속에 사실의 글이 있다.

④ 廣開土王碑는 韓半島에 파견된 日本軍이 백제를 위협하여 백제 왕위

---

37) 위의 책, 49~50쪽, 117~188쪽.

38) 위의 책, 44~45쪽, 189~263쪽.

의 폐지에까지 간섭할 수 있었다는 것을 나타낸다.

⑤ 任那의 일본 장군이 일본 천황 행세를 하여 한반도 남부 전체를 그 지배하에 두었다.

⑥ 應神紀 25년(甲寅)의 기사는 大倭 木滿致라는 日本人이 백제의 국정을 좌우하였음을 나타낸다.

⑦ 『日本書紀』에는 空想의 이야기 속에 어느 정도 진실을 전하는 기사가 있다.[39]

津田左右吉의 주장

① 『三國史記』의 신라·고구려·백제의 건국 연대는 조작되었다.

② 백제의 王名·系譜·即位·死亡 등의 年紀는 『日本書紀』가 『三國史記』보다 더욱 정확하다.

③ 고구려王의 칭호 世系는 윤색 조작되었다.

④ 신라 上代의 紀年·世系와 신라 영토의 범위와 확장과 관련이 있는 기사는 모두 허위이다.

⑤ 한국에는 王道政治를 베푼 王이 한 사람도 없다.

⑥ 『日本書紀』의 마지막 두 王인 덴무(天武)와 지토(持統) 天皇의 기사는 대체로 역사적 기록으로 인정된다.

⑦ 『三國史記』의 기록은 거의 조작·변개되었다.

⑧ 야마토왜는 1~2세기경에 존재하였다.

⑨ 야마토왜는 4~5세기에 통일국가가 되었다.

⑩ 진고고고(神功皇后)의 신라 정벌은 上代에 있어서의 자명한 사실이다.

⑪ 日本은 백제의 武力 후원자이며 백제를 보호하였다.

⑫ 고구려는 日本에 복종하였다.

⑬ 伽耶(任那)와 백제는 일본의 보호국이며 속국이었다.[40]

또, 이들은 근거의 제시 없이 『삼국사기』는 조작되었고 고대 한국은 야마토왜의 식민지였다고 주장하다 보니 빈번히 전후 모순된 주장을 하게 되었다. 그 대표적인 것의 예를 제시하면 다음과 같다.[41]

---

39) 위의 책, 45~47쪽.

40) 위의 책, 22~33쪽.

41) 최재석, 1993, 『統一新羅·渤海와 日本의 關係』, 一志社, 609~612쪽.

① 日本天皇의 系譜와 紀年은 崇神(10대) 때부터 사실이다. … 推古(33
   대) 때도 부정확하다.

② 『일본서기』에 인용된 「百濟紀」는 조작이다. … 史實이다.

③ 大和 천도는 조작이다. … 역사적 사실이다.

④ 神代史는 조작된 說話이다. … 후세의 반영이다.

⑤ 神功의 '신라 정벌'은 가공의 설화이다. … 역사적 사실이다.

⑥ 任那官家(日本府)는 역사적 사실이다. … 虛構이다.

⑦ 卑彌呼는 조작이다. … 실제적 大和女王이다. … 조작된 大和女王이
   다. … 筑紫의 여왕이다.

⑧ 4세기 중기 일본열도의 혼란이 조선반도에 미쳐 신라·백제가 독립을
   하였다. … 고구려의 强大化와 남하정책이 신라·백제의 독립을 가져
   왔다.

⑨ 大化改新의 詔는 『일본서기』 편자의 수식을 받고 있다. … 大化改新
   은 중국 체제를 모범으로 한 정치개혁이었다.

⑩ 일본은 남부조선에 출병하여 직할령인 任那를 만들었다. … 倭王이 伽
   耶諸國을 지배했다는 이른바 任那지배는 사실이 아니다.

⑪ 발해와 일본은 맹우관계에서의 통교였다. … 발해는 조공적 태도를 명
   백히 하고 있다.

⑫ 백제·신라와 왜 사이는 '조공 관계'·'獻'·'下賜' 관계는 성립되지 않는
   다. … 백제와 신라는 왜에 대해 조공 관계를 취하였다.

⑬ 5세기 후반 이전은 남부조선으로의 일본의 출병은 있을 수 없다. …
   왜는 391년(4세기 후반)에 출병하여 백제와 신라를 '臣民'으로 삼았다.

한국의 연구자들이 실증사학자라고 주장한 今西 龍·末松保和·三品彰
英·池內 宏·津田左右吉 등 일본의 연구자들은 증거의 제시도 없이 『삼
국사기』는 조작되어 믿을 수 없으며 고대 한국은 야마토왜의 식민지였다
고 주장하고, 또 허구의 주장을 하다 보니 시종 모순된 주장을 하였으
니,[42] 이들이 행한 한국고대사·일본고대사·고대한일관계사는 실증사학
은 고사하고 역사 왜곡의 극치라고 말할 수밖에 없는 것이다.

오늘날까지 100여 년 동안 일본인 연구자들은 한결같이 지속적으로

---

42) 앞의 주 참조.

한국고대사·고대한일관계사·일본고대사를 왜곡해 왔다. 따라서 적어도
고대사에 관한 한 일본인 연구자들의 논저에 대해서는 앞으로는 반드시
왜곡·은폐·조작 여부를 확인한 다음 자기 논리를 전개하여야 할 것이다.

4. 고대한일관계사는 한국고대사에서
제외되어야 하는가?

文字도 없고 衣服다운 衣服도 없이 貫頭衣·橫幅衣만을 착용하고 文
身을 하고 맨발로 다니는 日本 原住民만이 거주하는[43] 지역에 A.D. 400
년 전후에 백제로부터 대규모 집단이주민이 정착하여[44] 그곳(大和·河內)
의 河川이나 마을 이름에 '百濟'라는 명칭을 붙인 때부터[45] 야마토왜(日
本)는 시작된 것으로 보아야 할 것이다. 『日本書紀』는 6세기 초부터 백
제가 야마토왜 경영 팀을 파견하여 일정 기간 그 임무를 수행하고 새로
백제에서 파견된 야마토왜 경영 팀에 그 임무를 인계하고 귀국한 사실을
분명히 적고 있다. 이러한 야마토왜 경영에 힘을 쏟은 백제왕은 武寧王·
聖王·威德王이었다. 1971년 武寧王陵에서 出土된 誌石에 武寧王의 죽음
을 後世의 기록인 『三國史記』의 薨과는 달리 崩이라고 한 것에 주목하게
된다. 崩은 王이나 王子가 아니라 天子의 죽음을 뜻한다. 즉, 武寧王은
天子로서 백제 본토뿐만 아니라 야마토왜도 지배했음을 나타내는 것이
다. 만일 聖王이나 威德王의 誌石이 발견되었더라면 거기에도 薨이 아니
라 崩이라고 쓰여 있을 것이다. 武寧王·聖王·威德王 시대의 야마토왜 경
영에 관해서는 이미 상세하게 언급한 바 있으므로[46] 여기서는 편의상 그

---

43) 『後漢書』 倭傳; 『三國志』 倭人傳; 『北史』 倭國傳.
44) 『日本書紀』 應神 14년조; 應神 20년 9월조.
45) 지명이나 河川名 등이 百濟로 되어 있는 점에 대해는 최재석, 1990, 『百濟의
    大和倭와 日本化過程』, 一志社, 239쪽 <표 1> 참조.

경영 팀의 구성과 출발 일자에 대해서만 언급하고자 한다.

> 513년(武寧王 13; 繼體 7) 6월의 야마토왜 경영 팀 출발 기사
> 　백제는 五經博士 段楊爾를 (야마토왜에) 파견하였다.
> 516년(武寧王 16; 繼體 10) 9월의 야마토왜 경영 팀 출발 기사
> 　백제는 五經博士 漢高安茂를 파견하여 段楊爾 博士와 교체시켰다.
> 547년(聖王 25; 欽明 8) 4월의 야마토왜 경영 팀 출발 기사
> 　백제는 東城子言을 야마토왜에 파견하여 그때까지 야마토왜를 경영
> 한 백제관리 德率 汶休麻那와 교체시켰다.(東城子言이 547년부터 欽
> 明 15년(554)까지 7년간 야마토왜 파견 근무를 한 것으로 보아 德率
> 汶休麻那도 540년부터 547년까지 7년간 야마토왜 경영에 종사한 것
> 으로 보인다.)
> 554년(威德王 元; 欽明 15) 2월의 야마토왜 경영 팀 출발 기사
> 　백제는 그때까지 파견되어 야마토왜를 경영하던 관리 奈率 東城子
> 言(聖王 25년 즉 547년에 파견됨), 五經博士 馬丁安, 僧 道深 등 7
> 인을 물러나게 함과 동시에 새로이 관리 德率 東城子莫古, 오경박
> 사 王柳貴, 僧 曇慧 등 9인과 易博士 施德 王道良, 曆博士 固德 王
> 保孫, 醫박사 奈率 王有棱陀, 採藥師 施德 潘量豊, 固德 丁有陀, 樂
> 人 施德 三斤, 季德 己麻次, 季德 進奴, 對德 進陀 등으로 이루어지
> 는 야마토왜 경영팀을 파견하였다.

　『日本書紀』는 603년(推古 15)에 처음으로 야마토왜에 官位가 제정되었다고 기록하고 있다. 이 기사를 사실로 받아들이더라도 603년 이전의 야마토왜는 官位제도가 없는 지역 즉 國家 형성 이전의 지역임을 알 수 있다. 국가형태가 출현하기 이전의 야마토왜 지역에 백제가 여러 번 백제관리들을 파견하여 그곳을 경영하였다는 『日本書紀』의 기사는 더욱 분명히 사실로 받아들여진다.

　백제의 聖王과 威德王은 야마토왜에 佛敎布敎를 지시하고 寺刹을 짓게 하여 야마토왜의 불교도 경영하였다.

<hr/>

46) 최재석, 1999, 「『日本書紀』에 나타난 百濟에 의한 大和倭 경영 기사와 그 은
　　폐 기사」『韓國學報』96.

백제가 使人을 야마토왜에 파견하여 백제의 불교를 포교한 기사도 『日本書紀』에 적지 않게 나타나 있다. 여기에도 윤색·은폐·조작 기사가 게재되어 있지만 다른 정치기사에 비하면 그 정도가 덜한 것 같다.

아래의 A-1의 기사는 552년(聖王 30; 欽明 13) 백제 聖王이 백제 고위관리로 하여금 佛像·佛經을 가져가서 야마토왜에 불교를 포교케 한 기사이다. 이 기사도 적지 않게 윤색·은폐되어 있지만, 야마토왜 왕이 야마토왜 불교 포교 문제는 단독으로는 결정하지 못하겠다고 백제에서 파견된 백제관리에게 이야기한 대목에서 당시 倭王은 존재하지 않거나 또는 존재한다고 하더라도 王權이 거의 없는 존재임을 알 수 있다. 이보다 18년 전인 534년(安閑 元)에 河內의 豪族(王)이 비옥한 良田을 달라는 야마토왜 왕의 청을 거절하였다는 사실이 이를 뒷받침한다고 하겠다.

제1대부터 제15대까지 야마토왜 왕의 수명이 거의 전부 100세 이상인 반면, 그 후대인 제16대 왕부터 제40대 왕까지 왕의 수명은 거의 기록되어 있지 않은 사실, 또 거기에다 많은 경우 왕과 왕 사이에 대체로 11개월~3년 9개월까지 왕이 존재하지 않는 空位 기간이 존재한다는 사실은[47] 야마토왜 왕의 實在說을 의심케 한다. 또, 다음과 같은 『일본서기』의 기사에 나타나 있는 바와 같이 야마토왜 왕의 권위나 권력은 같은 지역이나 인접 지역에 거주하는 주민보다도 약했으니 야마토왜 왕의 실재설에 대해서는 더욱 의심을 자아내게 한다.

① 雄略 14년(470). 야마토왜의 한 호족이 야마토왜 왕실의 보물을 착복하고도 공적 회합에 나타났다.
② 雄略 14년(470). 야마토왜의 한 호족의 집이 천황의 집보다 견고하였다.
③ 安閑 원년(534). 河內의 지배자가 야마토왜 왕이 비옥한 良田을 달라고 하자 토지가 좋지 않다고 거짓말을 해 이를 거절하였다. (이상 『日本書紀』)

---

47) 최재석, 1998, 『일본고대사의 진실』, 一志社, 269~273쪽.

A-2, A-4는 백제가 관리, 승려 및 사찰 건립 전문기술인단을 파견하여 사찰을 조영한 기사인데, 전자(A-2)의 사찰 이름은 분명치 않으나 후자의 사찰은 法興寺이다. 백제에서 파견된 고승인 慧聰(惠總)이 야마토왜에서 불교를 포교한 공적은 두드러진다. 그는 588년(威德王 35) 法興寺 조영 때도 참가했으며, 法興寺가 조영되자 그곳에 入住하여 야마토왜에서의 백제불교 포교의 핵심적 역할을 하였다. 백제에 의한 야마토왜의 불교포교 지시와 포교 사항을 『日本書紀』에서 제시하면 다음과 같다. 윤색·은폐·왜곡된 기사를 그대로 제시한다.

A-1. 552년(聖王 30; 欽明 13) 10월. 백제의 聖明王(다른 이름은 聖王)은 西部姬氏 達率 怒唎斯致契 등을 보내 釋迦佛의 金銅像 1구, 번개(幡蓋) 약간, 경론 약간 권을 헌상하였다. (중략) "百濟王 臣 明은 삼가 陪臣 怒唎斯致契를 보내 조정에 전해 드려 畿內(야마토왜)에 유통시키고자 합니다. 佛이, 내 법은 동쪽에 전해질 것이다라고 말씀하신 것을 실현시키는 것입니다"라고 하였다. 이날, 天皇은 다 듣고 나서, 환희용약하시어, 백제 사인에게 詔하여, "朕이 옛부터 이제까지, 아직 이렇게 미묘한 법을 들은 일이 없다. 그러나 朕이 혼자서는 결정하지 아니할 것이다"라고 말하였다. 그래서 군신에게 하나하나 물었다. (하략)

A-2. 578년(威德王 25; 敏達 6) 11월 1일. 백제 국왕은 還使 大別王들에 딸려서 經論 약간 권, 아울러 律師, 禪師, 比丘尼, 呪噤師, 造佛工, 造寺工 6人을 헌상하였다. 이들은 難波의 大別王의 절에 안치시켰다.

A-3. 587년(威德王 34; 崇峻 즉위 前紀) 이달. 백제의 조공사가 내조하였다. 大臣이 사신에게 일러 "이 여승들을 데리고 그대의 나라에 가서 계법을 배우게 합시다. 다 배웠을 때에 출발시키십시오"라고 말하였다. 사신이 대답하여, "신 등이 귀국하여 먼저 국왕에게 말씀드리겠습니다. 그후에 출발하여도 늦지 않을 것입니다"라고 말하였다.

A-4. 588년(威德王 35; 崇峻 元). 이해에 百濟國이 사인과 더불어 僧 惠總, 令斤, 惠寔 등을 보내어 佛舍利를 헌상하였다. 백제국이 恩率 首信, 德率 蓋文, 那率 福富味身 등을 보내어 조를 올림과 동시에 불사리, 승 聆照律師·令威·惠衆·惠宿·道嚴·令開 등과 寺院 建築工 太良未太·文賈古子, 鑢盤博士 將德 白昧淳과 瓦博士 麻奈文奴·陽貴文·㥄貴文·昔麻帝彌와 畫工 白加를 바쳤다. 蘇我馬子宿禰는 백

제의 승들에게 청하여 契를 받는 법을 물었다. 善信尼들을 백제국의
사신 恩率 首信들에 딸려서 학문을 하러 출발시켰다. 飛鳥 衣縫造
의 선조 樹葉의 집을 헐고, 처음으로 法興寺를 지었다. 이땅을 飛鳥
의 眞神原이라 한다. 또는 飛鳥의 苫田이라 한다. 이해는 太歲戊申
(588)이다.

　　威德王이 사찰 건립 전문기술인단을 파견하여 法興寺를 건립한 지
5년 후인 威德王 40년(593)에 그 法興寺에서 거행한 불사리 안치식 참
가자 100여 명 전원이 百濟服을 착용하였다는[48] 사실에 의해서도 백
제와 야마토왜의 관계를 알 수 있다.

　　앞에서 6세기의 백제와 야마토왜의 관계를 살펴보았는데, 蘇我入鹿
父子 誅殺 사건에 의해서 7세기 중엽의 백제와 야마토왜 관계를 알아보
고자 한다. 『日本書紀』 스슌(崇峻) 전기(587, 威德王 34) 6월 21일자 기
사와 스슌 元年(588, 威德王 35) 기사, 즉 A-3과 A-4에 의해 蘇我馬子는
백제왕이 파견한 백제사인의 지시에 따라 1년 후인 588년에 善信尼들
을 백제에 파견하였음을 알게 된다. 바로 앞에서 지적한 593년의 法興
寺 불사리 안치식에 蘇我馬子가 百濟服을 입고 참석한 점과 함께 고려
해 볼때 蘇我馬子는 분명히 백제사인의 지시에 따라 백제의 야마토왜
경영에 참여하고 있음을 알게 된다. 백제왕의 지시에 의해 행동하던 蘇
我氏가 642년(皇極 元; 義慈王 4)경부터 백제왕을 반역하고 스스로 왕
이라 처신하였으므로[49] 644년(皇極 3; 義慈王 4) 백제는 사인을 야마토
왜에 파견하여 蘇我入鹿을 주살하게 된다.[50] 그러나 『일본서기』는 蘇
我入鹿 父子 주살의 행동대원은 백제인(韓國人)이라고 표현하고 있을
뿐, 행동대원을 지휘한 가마다리(鎌足)의 국적에 대해서는 언급을 회피

---

48) 최재석, 1998, 『古代韓日佛敎關係史』, 一志社, 54쪽 ; 『扶桑略記』 593년조.
49) 『日本書紀』 皇極元年 정월 15일조; 同 元年조; 同 3년 11월조 참조.
50) 최재석, 1999, 「백제 義慈王에 의한 蘇我入鹿 父子 誅殺과 '大化改新'에 관한
　　 『일본서기』 기사에 대하여」 『民族文化論叢』 20.

하고 있다. 그러나 鎌足을 '가마다리'로 읽는 것에 의해서 그가 백제인임을 알 수 있다. 어하튼 蘇我氏 주살 사건은 야마토왜 현지의 실력자라 하더라도 백제왕의 지시에 반역하면 주저 없이 주살된다는 사실을 보여주는 것이다.

7세기 말의 백제와 야마토왜(日本)의 관계를 살펴보자. 『三國史記』 義慈王 20년조와 『舊唐書』 백제조에는 모두 백제의 福信을 백제 武王의 조카(從子)로 기록하고 있다. 그런데 『일본서기』는 義慈王이 나당 연합군에 항복한 지 5개월 후인 660년 12월에 야마토왜의 사이메이(齊明) 天皇이 福信의 지시에 따라 九州의 筑紫(福岡)로 달려가서 백제구원군과 병기를 준비하였으며, 661년 7월에 사이메이가 筑紫에서 급사하자 다음해인 662년(天智 원년) 정월에 덴지(天智)가 사이메이가 준비한 무기인 矢 10만隻·絲 500근·면 1,000근·布 1,000단·가죽 1,000장·볍씨 3,000석을 福信에 전달하였다고 기록하고 있다.

B-1. 齊明 6년(660) 12월 4일. (齊明)天皇은 福信의 뜻(지시)에 따라(天皇方隨福信所乞之意)[51] 筑紫로 행차하여 구원군을 보내려고 생각하여 우선 이곳으로 행차하여 여러 병기를 준비하였다.

B-2. 齊明 7년(661) 7월 24일. 齊明天皇이 세상을 떴다.

B-3. 天智 元年(662) 正月 27일. 백제의 佐平 鬼室福信에 矢 10만隻·絲 500斤·綿 1,000斤·布 1,000端·가죽 1,000張·볍씨 3,000석을 주었다.

B-4. 天智 元年(662) 3月 4일. 백제왕(余豊璋)에 布 300단을 진상하였다.

백제 왕자 豊이 야마토왜에서 귀국하여 백제왕이 되었다는 것은 『三國

---

51) 1984년 岩波書店 간행 坂本太郎 外 3인이 校註한 『日本書紀』(下)는 "天皇方隨福信所乞之意"를 "天皇まさに(方)福信がまうす(乞)こころ(意)に したがひて"(天皇이 바로 福信이 청하는 뜻에 따라)라고 해석하고 있다. 한편, 諸橋轍次의 1968년판 『大漢和辭典』은 乞의 뜻을 청하다, 求하다, 願하다, 구걸하다의 4 종류로 분류하고 있다. 앞의 해석의 경우 '구걸하다'로 해석해서는 전후의 뜻이 통하지 않게 된다.

史記』와 『舊唐書』 『唐書』 등 중국 사서 모두에 기록되어 있으므로 사실의
기록이 틀림없을 것이다.[52] 지금 이에 관한 기사를 제시하면 다음과 같다.

〈백제 왕자 豊이 倭에서 돌아와서 왕이 되었음을 나타내는 사료〉

C-1. 文武 3년 5월. 百濟故將福信及浮圖道琛 迎故王子扶餘豊立之 圍留鎭
郎將劉仁願於熊津城(下略) (『三國史記』 文武 3년 5월)

C-2. 武王從子福信嘗將兵 乃與浮屠道琛 據周留城叛迎 古王子 扶餘豊 嘗
質於倭國者 立之爲王 西北部皆應 引兵圍 仁願於都城 (『三國史記』
義慈王 20년)

C-3. 百濟僧道琛 舊將福信 率衆據周留城 以叛 遣使倭國迎故王子 扶餘豊
立爲王 其西部·北部並翻城應之時郎將劉仁願 留鎭於百濟府城 道琛
等引兵圍之 (『舊唐書』 백제)

C-4. 璋從子福信嘗將兵. 乃與浮屠道琛 據周留城反 迎故王子 扶餘豊於
倭 立爲王 西部皆應 引兵圍仁願 福信俄殺道悰 幷其兵 豊不能制
(『唐書』 백제)

C-5. 百濟僧道琛·舊將福信率衆復叛, 立故王子扶餘豊爲王 引兵圍仁願於
府城 (『舊唐書』 劉仁願)

위의 사료를 우리말로 풀이하면 다음과 같이 될 것이다.

C-1. 백제의 옛 장군 福信과 僧 道琛이 옛 왕자 扶餘豊을 맞아 왕으로 세
우고 熊津城의 唐의 留鎭郎將 劉仁願을 포위 공격하였다 (下略) (『삼
국사기』 문무왕 3년 5월).

C-2. 武王의 조카인 福信이 전에 장수였는데, 僧 道琛과 함께 周留城에 웅
거하여 배반하고 일찍이 倭國에 質로 가 있던 王子 扶餘豊을 맞아
王을 삼았다. 백제 西北部 사람들이 모두 이에 응하니 군사를 이끌고
都城 안에 있는 劉仁願을 포위하였다(『삼국사기』 義慈王 20년).

C-3. 백제승 道琛과 옛 장군 福信이 무리(군대)를 거느리고 周留城에 웅거
하여 배반하여 사인을 倭國에 보내 옛 王子 扶餘豊을 영립하여 왕으
로 삼으니 백제의 西部와 北部와 城 등이 여기에 호응하였다. 그때

<hr>

52) 『日本書紀』도 같은 사실을 인정하면서도 야마토왜가 豊을 백제왕으로 임명했
다고 왜곡하고 있다. 齊明 7년 4월조; 天智 前紀 9월조; 天智元年 5월조 참조.

    劉仁願은 百濟府城에 留鎭하였는데, 道琛 등이 군대를 이끌고 이를 포위하였다(『구당서』 백제).

C-4. 璋(武王)의 조카 福信은 전에 장수였는데 승려 道琛과 함께 周留城에 웅거하여 배반을 하고 옛 王子 扶餘豊을 倭國에서 맞이하여 王으로 삼으니 西部 백제인이 모두 호응하였다. 군대를 거느리고 劉仁願을 포위하였는데 福信이 갑자기 道琛과 그의 兵을 살해하니 豊은 단속할 수가 없었다(『당서』 백제).

C-5. 백제승 道琛과 옛 백제 장군 福信은 군대를 거느리고 다시 배반하여 옛 王子 扶餘豊을 백제왕으로 삼고 군대를 거느리고 熊津府城의 劉仁願을 포위하였다(『구당서』 劉仁願).

    『日本書紀』 조메이(舒明) 3년(631; 武王 32)조 기사와 앞의 C-2의 『삼국사기』 기사는 야마토왜에 파견된 豊을 다 같이 質로 표현하고 있다. 質을 '人質'로 해석하여 백제 왕자 豊이 '人質'로 갔었다면 豊이 그곳에서 개척 사업을 펼 수 없었을 것이며 귀국하여 백제왕이 될 수 없었을 것이다. 또한, 豊이 인질로 잡혀 갔었다면 인질로 간 지역인 倭의 군대가 豊의 군대가 될 수 없었을 것이다. 백제왕이 '質'로 보낸 풍이 귀국하여 백제왕이 되고 또 質로 보내진 지역인 倭의 군대가 豊의 군대가 되었다면 이 質은 人質로 해석해서는 의미가 통하지 않게 된다. 豊이 진정 人質이었다면 야마토왜의 지도층이 야마토왜 사람들은 아무도 알지 못하는 白雉 출현의 의미를 豊에게 문의할 리 없을 것이며(白雉 元年조) 또한 야마토왜에 가 있던 豊이 170척의 배에 분승한 5,000여의 야마토왜 군대를 거느리고 백제로 귀국할 수 없을 것이다(齊明 7년, 天智 元年조). 또, 백제 왕자 豊이 야마토왜의 인질이었다면 야마토왜의 왕인 사이메이가 백제 왕족(武王의 조카)인 福信의 지시에 따라 백제를 도우려고 北九州로 달려가지 않았을 것이다. 따라서 조메이 3년조의 豊章(豊)을 質로 삼았다의 質은 弱者가 强者에 보내는 '質'이 아님이 분명하다. 백제 왕자 豊이 야마토왜 개척 사업의 하나로 꿀벌을 가져가서 기른 사실이나 豊이 귀국하여 백제왕이 되기까지의 백제 부흥 세력의 首長인 佐平 福信의 지시에 따라

사이메이 天皇이 바로 筑紫로 달려가서 백제 구원병과 여러 武器를 준비한 사실 등에 의해서도 豊章(豊)이 人質이 아님이 드러나게 된다. 이곳에서의 質은 총독 내지 감독자의 뜻으로 사용해야 의미가 통할 것이다. 만일 '人質'의 의미로 사용되었다면 『日本書紀』가 다른 곳에서 왜곡한 것처럼[53] 여기서도 왜곡했음이 틀림없을 것이다. 백제 왕자 豊이 백제왕이 되기 전에 장기간 야마토왜에 체류한 것은 총독의 역할을 하기 위한 것임을 알 수 있다.

앞에서 지적한 바와 같이 백제 武王의 조카인 福信의 지시로 사이메이천황이 준비한 백제 구원병과 武器를 福信에 보낸 것만으로도(사이메이가 급사하여 덴지가 福信에 전하였다) 사이메이 女王이 준비한 군대가 백제와 관련이 있는 것을 알 수 있다. 그런데 그 군대 즉 白江口에서 항쟁한 倭軍이 다름아닌 백제왕 豊의 군대였다는 기록이 중국측 기록과 한국측 기록 양측에 기재되어 있다. 그 사료를 제시한다.[54]

　　　白江口에서 항쟁한 倭軍이 백제왕 豊의 군대라는 것을 나타내는 사료
　　D-1. 王領金庾信等二十八將軍 與之合攻豆陵尹城·周留城等諸城皆下之 扶餘豊脫身走 王子忠勝·忠志等率其衆降 (『三國史記』 文武 3년 5월)
　　D-2. 劉仁軌(中略)遇倭人白江口 四戰皆克 焚其舟四百艘 煙炎灼天 海水爲丹 王扶餘豊脫身而走 不知所在 或云奔高句麗 獲其寶劍 王子扶餘忠勝·忠志等帥其衆 與倭人並降 (『三國史記』 義慈王 20년)
　　D-3. (劉)仁軌遇扶餘豊之衆於白江之口 四戰皆捷 焚其舟四百隻 賊衆大潰 扶餘豊脫身而走 僞王子扶餘忠勝·忠志等率士女及倭衆降 百濟諸城皆復歸順 (『舊唐書』 백제)
　　D-4. (劉)仁軌遇倭兵於白江之口 四戰捷 焚其舟四百艘 煙焰漲天 海水皆赤 賊衆大潰 餘豊脫身而走 獲其寶劍 僞王子扶餘忠勝·忠志等 率士女及

---

53) 羅幸柱는 舒明 3년조의 質을 다루었지만 본인과 같은 시각에서 보지 않았다. 羅幸柱, 1996, 「古代朝·日關係における'質'の意味」 『史觀』 134 참조.
54) 『日本書紀』는 倭軍이 豊의 군대라는 것에 대해서는 언급을 하지 않은 채 다만 天智 2년(663) 8월 백제왕 豊璋(豊)이 白村江전쟁에 패하여 고구려로 도망갔다고 기록하고 있다.

倭衆幷耽羅國使 一時並降 百濟諸城 皆復歸順 (『舊唐書』 劉仁軌)

D-5. 豊衆屯白江口 四遇皆克 火四百艘 豊走 不知所在 僞王子扶餘忠勝·忠志 率衆及倭人請命諸城皆復 (『唐書』 백제)

위의 사료는 매우 민감하고 중요한 것이므로 우리말로 옮기기 전에 먼저 제시해 둔 것이다.

D-1. 王(文武王)은 金庾信 등 28 장군을 거느리고 唐軍과 연합하여 豆陵尹城·周留城 등 여러 성을 공격하여 모두 항복을 받았다. (백제왕) 扶餘豊은 도주하고 왕자 忠勝·忠志 등이 군대를 이끌고 와서 항복하였다(『삼국사기』 文武王 3년 5월).

D-2. 劉仁軌(中略)가 白江口에서 倭人을 만나 네 번 싸워 모두 이기고 배 400척을 불태우니 연기와 화염이 하늘을 덮고 海水도 빨갛게 물들었다. 王 扶餘豊이 도주하여 그 행방을 알지 못하는데 혹은 고구려로 갔다고도 한다. 그의 寶劍을 노획하였다. 王子 扶餘忠勝·忠志 등이 그의 군대와 왜인을 거느리고 함께 항복하였다(『삼국사기』 의자왕 20년).

D-3. 劉仁軌는 白江口에서 扶餘豊군대를 만나 네 번 싸워 모두 승리하고 豊의 선박 400척을 불태우니 적군이 크게 패하여 扶餘豊은 도주하고 거짓(옛) 王子 扶餘忠勝·忠志 등은 士女와 倭軍을 거느리고 항복을 하니 백제의 여러 城 등 모두 항복 귀순하였다(『구당서』 백제).

D-4. 劉仁軌는 白江口에서 倭兵을 만나 네 번 싸워 모두 승리하고 그 선박 400척을 불태우니 연기와 화염이 하늘을 메우고 바다물은 모두 붉게 물들었다. 적군은 크게 무너지고 扶餘豊은 도주하여 그의 寶劍을 노획하였다. 거짓 왕자 扶餘忠勝과 忠志 등은 士女와 倭軍과 탐라 군사를 거느리고 한꺼번에 항복하니 백제의 여러 城이 모두 귀순하였다(『구당서』 劉仁軌).

D-5. 豊의 군대는 白江口에서 진을 치고 있었으나 네 번 싸워 모두 이기고 선박에 불을 놓아 400척을 불태우니 豊이 도주하였다. 그가 어디로 갔는지 소재를 알지 못한다. 거짓(옛) 왕자 扶餘忠勝·忠志가 백제 본토 군대와 倭軍을 거느리고 항복하니 모든 城이 모두 항복하였다(『唐書』 백제).

白江口전투에 출전한 倭人 내지 倭兵은(D-2·D-4) 백제왕 豊의 군대(扶餘豊之衆·豊衆) 라는 것이 D-3·D-5에 나타나 있다. 그뿐 아니라 白江口전투에 패해 백제왕 豊이 도주하자 王子인 忠勝·忠志가 倭軍을 거느리고 항복하였다고 하였으니(D-2·D-3·D-4·D-5) 倭軍이 백제왕의 군대임이 더욱 분명해진다.

倭軍이 백제왕의 군대라면 倭에 거주하는 人民도 백제왕의 人民이다. 倭軍만이 백제왕의 것이라는 논리는 성립될 수 없기 때문이다. 따라서 義慈王이 나당연합군에 항복한 후 백제 武王의 조카인 福信의 지시를 받고 筑紫로 달려가서 백제 구원병과 무기를 준비한 사이메이 천황도 백제왕의 지시로 왜를 관리하기 위해 倭에 파견된 백제인일 가능성이 높다고 하겠다. 왜의 군대와 왜의 인민이 백제왕의 것이라면 사이메이 女王도 백제인일 수밖에 없을 것이다.

그런데 "한국고대사의 입장에서 볼 때 고대한일관계는 중요하지 않다", "한국의 학자들이 고대한일관계를 잘 알지 못하는 것이 당연한 일이고 결코 부끄러운 일이 아니다"라고 함과 동시에 고대한일관계 이해의 열쇠는 그 대세 파악에 있으며 대세를 무시하고 구체적인 기록을 중시하는 것은 잘못이라고 주장하는 견해가 존재한다.[55] 만일 구체적인 기록이라는 것이 『日本書紀』를 지칭한다면 사실을 올바르게 파악한 것으로 볼 수 없다. 『日本書紀』는 조작·허구·은폐·왜곡 기사가 많지만, 역사적 사실을 기록한 기사도 적지 않다.[56] 또, 大勢論의 입장에 서게 되면 심도 있게 파고들 수 없다. 따라서 한정되고 추상적인 차원에서 고대 한국문화가 일본에 전파되었다는 이해 정도만이 가능하고, 본인이 앞에서 제시한 바와 같이 구체적인 사실에 의거하여 백제와 백제사람이 야마토왜(日本)를 경영한 것과 같은

---

55) 李基白, 1973, 「古代韓日關係史의 硏究의 方向」 『新東亞』 1973년 1월호 (1995, 『韓國古代史論』 增補版 수록).

56) 최재석, 2001, 『古代韓日關係와 日本書紀』, 一志社 참조.

역사 파악은 할 수 없게 된다. 만의 하나 『일본서기』를 멀리하고 大勢論에 매달리게 되면 『일본서기』에 있는 귀중한 자료를 놓치게 되고 따라서 백제가 야마토왜를 경영한 구체적인 한일관계사는 영원히 파악할 수 없게 될 것이다.

5. 백제는 의자왕 20년인 660년에 멸망하였는가?

지금까지 출간된 거의 모든 한국사는 백제가 660년에 멸망했다고 기록하고 있는 것으로 알고 있다. 또, 과문한 탓인지는 모르겠으나 여기에 대해 의문을 제기하거나 재검토를 요청한 사학자는 아무도 없는 것으로 알고 있다. 즉, 한국사 연구자들은 백제의 의자왕이 나당연합군에 항복한 해인 660년을 백제가 멸망한 해로 간주하고 있다. 그러나 의자왕이 항복했다 하더라도 백제 영토의 태반이 적의 수중에 들어가지 않음과 동시에 새로운 또 한 사람의 백제왕(豊)이 백제 백성으로부터 옹립되어 나당연합군과 치열한 항쟁을 계속하였다면 660년을 백제 멸망의 해로 단정할 수 없을 것이다.

앞의 사료 C-1~C-5에 제시한 바와 같이 三國의 史書인 한국 사서(『三國史記』), 중국 사서(『舊唐書』·『唐書』), 일본 사서(『日本書紀』)가 공히 야마토왜로 파견되어 있던 백제 왕자 豊이 귀국하여 백제왕으로 即位한 것을 인정하고 있고, 또한 한·중·일 三國의 史書 모두가 백제왕 豊이 663년 白江口에서 나당연합군에 항쟁하였으나 그 전쟁에 패해 도주하였음을 인정하고 있다. 또, 한국 사서와 중국 사서는 의자왕이 660년 나당연합군에 항복한 후 야마토왜에 파견되어 있었던 백제 왕자 豊이 귀국하여 백제왕이 되자 백제의 국민이 모두 이에 호응하여 군대를 거느리고 熊津城 안에 있는 당나라 장수 劉仁軌를 포위하였다고 기록하고 있으니 663년까지는 백제가 건재한 것으로 보아야 할 것이다. 백제왕 豊은 663년 자신의 군대인 倭軍을 거느리고 白江口에서 나당연합군에 대항하였으나 결국 패해 도주하였고, 豊이 차고 있던 寶劍(百濟王權의 상징물)은 적에게 빼앗기고, 王子 忠勝·忠志가 父王의 군대인 백제 군대와 倭軍을 거느리고 항복하였으므로 백제는 명실 공히 이때에 멸망한 것으로 간주하여야 할 것이다. 따라서 백제는 종전의 통설처럼 660년 義慈王 때에 멸망한 것이 아니라 663년 白江口전투 후의 豊의 시대에 멸망한 것으로 보아야 할 것이다. 660년 義慈王이 항복할 때 熊津城을 제외한 많은 백제 본토는 적의 수중에 들어가지 않았다. 660년 백제의 왕도가 함락된 초기 단계에도 백제는 그렇게 쉽사리 무너지지 않았다고 『日本書紀』사이메이 6년 9월조는 다음과 같이 전하고 있다. 즉, "福信은 660년 7월 王都가 함락될 때부터 怒하고 발분하여 達率 餘自進과 함께 각각 任射岐山·久麻怒利城(웅진성)에 웅거하여 그곳을 경영하고 흩어진 병졸을 모아 싸웠으며 신라 군사가 패해 그 무기를 탈취하였다. 이리하여 백제 군대가 오히려 정예가 되었다. 唐도 감히 쳐들어올 수 없었다. 國人이 모두 존경하여 佐平 福信·佐平 自進이라 외쳤으며, 오로지 복신만이 신과 같은 무용과 권모를 발휘해 망한 나라를 일으켰다"고 하였다.

660년 의자왕이 나당연합군에 항복할 때까지도 꼼짝도 하지 않던 佐平 餘自信(餘自進) 등 백제의 지배층이 사료 E-1에 나타나 있는 바와 같이 663년 주류성의 패전 이후에야 위기의식을 느껴 야마토왜로 대거 피난·이주한 사실도 백제가 명실 공히 663년까지는 존립했음을 보여 주는 현상의 하나라고 할 수 있을 것이다.

660년 이후의 백제의 왕자를 '古王子', '故王子'라 하는 일은 『삼국사기』에는 보이나, '거짓', '가짜', '허위'의 뜻이 담긴 '僞' 자를 붙여 '僞王子'라 칭하는 일은 중국 사서인 『구당서』와 『당서』에만 보인다.

이렇게 볼 때 백제가 패망한 것이 663년이 아니라 660년이라고 보는 것은 신라의 시각이기보다 중국의 시각인 듯하다.

日本도 백제가 660년에 멸망한 것으로 주장하고 있다. 백제 멸망의 시기를 660년으로 잡으면 660년부터 663년 사이에 일어났던 일, 예를 들면 의자왕이 660년 나당연합군에 항복한 직후 백제 武王의 조카인 福信의 지시를 받은 사이메이 天皇이 백제를 부흥시키려고 北九州로 달려가서 군대와 무기를 준비하다가 그곳에서 急死한 일, 야마토왜에 파견되어 그곳에서 중요한 임무를 수행하다가 귀국한 백제왕 豊이 倭軍을 거느리고 나당연합군과 전쟁을 한 일 등을 원천적으로 은폐·봉쇄시킬 수 있다고 생각하여, 일본인들은 660년을 백제가 멸망한 시기로 단정하고 있는 것이다.

여기서 우리는 백제의 강역에 대해 생각하여 보자. 백제가 백제인을 보내 그곳을 경영한 강역은 대체로 야마토왜와 河內와 그 인근지를 포함하는 지역이다. 그런데 지금까지 고대사학자는 고구려의 강역에 지금의 滿洲 지방까지를 포함시키면서 백제의 강역에는 야마토왜와 河內 등의 畿內지역을 배제시키고 한반도의 백제 본토만을 포함시키고 있다. 이것도 일종의 역사 왜곡이다.

660년 義慈王이 나당연합군에 항복할 때까지도 백제 지배층은 거의 동요하지 않았다. 663년 周留城과 白江口에서의 마지막 항쟁마저 실패로 돌아가자 그제서야 倭軍은 백제왕의 군대가 있던 倭로 대거 탈출하게 되고 거기서 다시 있을지도 모를 나당연합군의 침공에 대비하여 백제 산성을 구축하게 된다.

이렇게 볼 때 백제로서는 백제 본토가 제1 전선이고 야마토왜가 제2 전선인 셈이다. 이러한 상황은 야마토왜가 백제의 일부가 아니고서는 도저히 일어날 수 없는 상황일 것이다. 지금 이러한 내용을 담은 『일본서기』의 기사를 제시하면 다음과 같다.

E-1. 天智 2년(663) 9월 7일. 백제의 州柔城(周留城)이 처음으로 당나라에 항복하였다. 이때 국인들은 말하기를, "주유성이 함락되었다. 이것을 어쩌면 좋단 말인가? 백제의 이름이 오늘로 끝났다. 조상의 묘소에는 언제 다시 갈 수 있겠는가?(중략)"라고 하였다. 드디어 枕服岐城에 있는 妻子 등에 전하여 백제국을 떠날 것을 알렸다.

11일. 牟弖을 출발; 13일 弖禮에 도착하였다.

24일. 日本의 水軍 및 佐平 余自信·達率 木素貴子·谷那晋首·憶禮福留와 일반 인민이 弖禮城에 도착하였다. 다음날 배를 타고 처음으로 日本으로 향하였다.

E-2. 天智 4년(665) 8월. 達率 答鉢春初를 파견하여 長門國에 城을 쌓았으며, 達率 憶禮福留·達率 四比福夫를 시켜 筑紫에 파견하여 大野 및 椽(大宰府의 西南)의 城 두 개를 구축하였다.

E-3. 天智 6년(667) 11월 이달. 倭國의 高安城 , 讚吉國 山田郡의 屋嶋城, 對馬國의 金田城을 구축하였다.

이 가운데 E-3은 후퇴한 백제 장군이 구축한 城이라는 것이 기록되어 있지 않으나, E-2와 거의 같은 시기에 구축한 백제 산성이라는 점과 이러한 산성이 다같이 韓半島에서 筑紫와 瀨戶內海를 거쳐 야마토왜에 이르는 길목에 있다는 점에서 E-3의 산성도 E-2의 長門國·筑紫의 산성처럼 백제 장군이 구축하였다고 할 수 있다.

나당연합군의 침공에 대비하여 후퇴한 백제 장군들이 구축한 백제 산성의 위치를 지도로 나타내면 <그림 1>과 같다.[57)]

백제의 장군들이 야마토왜로 후퇴하여 그곳에서 방어 성벽을 쌓은 것과 더불어 백제의 지배층도 야마토왜에 건너가서 야마토왜로 피난·이주해 온 백제 이주민을 관할하고 경영했다. 야마토왜로 이주한 백제의 귀족인 佐平 余自信과 佐平 鬼室集斯 등이 669년에 야마토왜로 건너온 백제인 남녀 700여 명을 近江國 蒲生郡(滋賀縣 東南部)으로 집단 이주시킨 것은 바로 위의 사실을 입증하는 하나의 예이다.

---

57) 福岡縣 敎育委員會 (편), 1988, 『大宰府と新羅·百濟の文化』, 東京: 學生社, 167쪽.

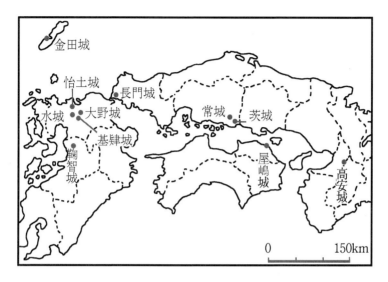

〈그림 1〉 백제 본토에서 야마토왜로 후퇴한
百濟將軍들이 구축한 백제 산성

663년 백강구에서 항쟁한 왜군이 백제왕 豊의 군대였으니 그 전쟁에
패해 일본열도로 후퇴하여 그곳에서 방위용 백제 산성을 구축하거나 그
일본열도에 물밀듯이 밀어닥친 백제의 피난·이주민을 수용하고 배치하
는 등의 대책을 수립하는 사람이나 집단도 백제의 지배층임이 틀림없을
것이다. 이리하여 663년 백제 왕자 부여충승·충지가 나당연합군에 항복
할 때까지는 백제 본토는 백제왕의 지배하에 있었지만 일본열도의 야마
토왜는 672년 壬申의 전쟁이 일어날 때까지는 백제인이 지배한 지역으로
보아야 할 것이다.[58]

우리는 주로 『日本書紀』의 기록에 의해 武寧王·聖王·威德王 시대(6
세기)에 백제가 야마토왜 경영 팀을 파견하여 그 지역을 경영한 일, 야

---

58) 최재석, 1998, 「663년 白江口 전투에 참전한 倭軍의 성격과 新羅와 唐의 戰後
    對外政策」『韓國學報』90 ; 1998, 「672년 日本에서 일어난 壬申의 전쟁과
    統一新羅」『韓國學報』93.

마토왜의 실력자라는 蘇我氏가 백제복을 착용하고 백제왕이 파견한 백제 사인의 지시를 따랐으나 나중에 백제왕을 반역하여 야마토왜 왕으로 행세하다가 백제왕이 파견한 백제인에 의해 주살된 일, 야마토왜의 사이메이천황이 백제 武王의 조카인 福信의 지시에 따라 백제 구원군과 무기를 준비한 일, 663년 白江口에서 항쟁한 왜군이 백제왕 豊의 군대라는 점, 663년 백강구전투에 패한 백제 지배층이 야마토왜로 탈출하여 나당연합군의 침공에 대비하여 예상 침공 루트상의 여러 곳에 백제 산성을 구축한 일, 그리고 실제로 백제는 660년이 아니라 663년에 멸망한 사실 등을 확인할 수 있다. 다시 말하면 『日本書紀』는 『三國史記』가 전해 주지 않는 적지 않은 한국고대사의 진실을 우리에게 전해 준다.

요컨대, 백제왕 豊이 白江口에서 나당연합군에 항쟁했으나 패하고, 그 왕자 忠勝·忠志가 백제 부흥군과 왜군을 거느리고 항복한 663년을 백제 멸망의 해로 보아야 할 것이다.

6. 伽耶와 任那는 동일국인가?

任那와 伽耶가 별개의 나라라는 증거는 적지 않게 존재하는 데 반해 동일국이라는 증거는 아무데도 존재하지 않는다. 그런데 한국의 연구자는 日本人 연구자의 주장을[59] 확인도 하지 않은 채 그대로 받아들여 伽耶와 任那는 동일국이라고 주장하고 있다. 지금 伽耶와 任那가 동일국이라고 주장한 대표적인 연구자와 그들의 의견을 제시하면 다음과 같다.[60]

---

59) 최재석, 1992, 「任那 歪曲史 비판: 지난 150년간의 대표적 일본사학자들의 地名 歪曲비정을 중심으로」 『겨레문화』 6(『統一新羅·渤海와 日本의 關係』 수록).
60) 최재석, 1993, 「伽耶史 연구에서 伽耶와 任那의 混同」 『한국민족학연구』 1.

李丙燾

① 任那 즉 大伽耶는 지금의 高靈지방이다.
② 日本에서는 伽耶까지도 任那라 하였다.
③ 五伽耶 六伽耶의 명칭과 같이 伽耶의 확대된 이름이 任那에 덮여 있는 것으로 보아야 할 것이다.

金廷鶴

① 『日本書紀』에 있어서는 伽耶諸國 전체를 任那라고 통칭한다.
② 伽耶는 加羅, 駕洛이라고도 하고 또는 任那라고 불리운 것은 아는 바와 같다.
③ 우리나라에서 任那라고 한 것은 金海를 중심한 金官伽耶의 별칭이었던 것으로 생각된다.

文璟鉉

① 任那란 國名에는 伽耶諸國 중 특정한 一國을 지칭하는 협의의 任那國과 伽耶聯盟 전체를 총칭하는 광의의 개념이 있다.
② 원초에 任那라는 나라가 있어 이것이 그 후에 점차 伽耶 전체를 지칭하게 되었다.

李基東

① 任那의 호칭은 바로 大伽耶(高靈)를 지칭하는 것이다.

金鉉球

① 任那는 伽耶諸國의 명칭이 아니라 l 지명 또는 l 지방명이다.
② 任那는 伽耶諸國을 뜻한다.

金泰植

① 任那의 위치에 대해서는 그것이 넓은 의미에서 보아 慶尙右道 전반을 가리킨다는 견해가 일반적으로 수용되고 있으며 좁은 의미에서는 金海說, 高靈說, 吉備總社說이 있는에, 史料上으로 보아 金海說이 가장 타당한 듯하나 확정적이지는 못하다.
② 任那의 위치에 대해서는 대개 넓은 의미의 것과 좁은 의미의 것으로 나누어 보고 있는데, 넓은 의미에서는 대체로 慶尙右道 일대로 보는 점에서 諸家의 견해가 거의 일치하고 있다.

金基雄

① 일본의 사서에 보이는 任那에는 광협의 두 가지 뜻이 있는데, 광의로는 伽耶聯盟諸國을 총칭하고, 협의로서는 金官國(慶尙右道의 金海 지방)을 가리킨 호칭이다.

尹錫曉

① 任那라는 國名은 伽耶諸國 중 특정한 1 國을 지칭하는 협의의 任那國과 伽耶諸國 전체를 지칭하는 광의의 개념이 있다.

延敏洙

① 『日本書紀』의 任那라는 지명은 광의로는 伽耶諸國 전체를 가리키고, 협의로는 金官伽耶 一國만을 가리키고 있다.

金恩淑

① 『日本書紀』에 나타난 任那는 협의의 大伽耶를 가리키는 경우가 약간 있으나 대부분 광의의 伽耶諸國을 총칭한다.

金廷鶴·延敏洙 등은 앞에서 『日本書紀』에 伽耶와 任那가 同一國임을 나타내는 기사가 있는 것처럼 주장하고 있으나 그 史書의 어느 곳에도 그러한 주장을 뒷받침하는 기사는 없다. 이리하여 任那와 伽耶는 동일국이라고 단정한 이병도 등은 伽耶가 일본에 무력 원조를 요청하거나 혹은 伽耶에 '任那日本府'가 존재하였다고 주장하고 있다.[61]

任那라는 용어의 어원의 시작이나 任那와 加羅 용어의 사용 예의 분석이나 任那와 인접국의 강역의 규모와 정치적 군사적 성격의 관점에서도 任那와 伽耶는 동일국이 될 수 없다. 이러한 시각에서의 분석은 잠시 접어두고[62] 여기서는 세 가지 측면 즉 任那와 伽耶의 멸망 시기, 任那가 멸망과 존립을 되풀이했다는 『日本書紀』의 기록, 『日本書紀』 스진(崇神) 65년조 기사의 세 가지 측면에서만 任那와 伽耶의 동일국 여부를 다루고

---

61) 위의 논문 참조.
62) 여기에 대해서는 최재석, 2001, 『古代韓日關係와 日本書紀』第十一章 참조.

자 한다. 다음 기사는 任那와 伽耶의 존재 시기를 나타낸 『三國史記』와 『日本書紀』의 기사 내용이다. 史料 A, H는 伽耶의 멸망 시기를 나타낸 『三國史記』의 기사이고 그 밖의 것은 모두 任那에 관한 『日本書紀』의 기사 내용이다.

- A. 法興 19년(532). 금관국주 김구해가 妃 및 3子(이름 略)와 더불어 國帑寶物을 가지고 신라에 來降하매 王은 이들을 禮로 대접하고 上等의 관위를 주고 本國으로 食邑을 삼게 하였다.
- B. 欽明 원년(540) 8월. 任那가 사인을 (야마토왜에) 파견하였다.
- C. 欽明 5년(544) 정월. 백제국이 사인을 파견하여 任那의 執事와 日本府의 執事를 불렀다.
- D. 欽明 5년(544) 2월. 백제가 施德 馬武, 施德 高分屋, 施德 斯那奴次酒 등을 任那에 파견하였다(下略).
- E. 欽明 5년(544) 11월. 백제가 日本府의 臣, 任那의 執事를 불렀다.
- F. 欽明 6년(545) 9월. 백제가 中部의 護德(固德?) 菩提 등을 任那에 파견하였다.
- G. 欽明 21년(560). 任那가 멸망하였다(欽明 23년 分註).
- H. 眞興 23년(562) 9월. 伽耶가 모반하므로 王은 異斯夫에게 명해 討平하게 하고 斯多含을 그 副將으로 하였다. (中略) 異斯夫가 군사를 이끌고 이에 다달아 공격하니 모두 항복하였다. 伽耶 반란을 평정하고 (後略).
- I. 欽明 23년(562) 정월. 新羅가 任那의 官家를 쳐 없앴다[一書에 말하기를 21년에 任那가 망했다고 한다].
- J. 推古 8년(600) 2월. 新羅와 任那가 서로 공격하였다.
- K. 推古 8년(600) 이해. 任那가 倭에 사인을 파견하였다.
- L. 推古 8년(600) 이해. 新羅가 또 任那를 침공하였다.
- M.推古 18년(610) 7월. 任那의 사인 喙部의 大舍 首智買가 筑紫에 도착하였다.
- N. 推古 18년(610) 10월 8일. 倭가 膳臣大伴을 任那의 客을 영접하는 莊飾馬 부대의 長으로 임명하였다.
- O. 推古 19년(611) 8월. 任那가 習部의 大舍 親智周智를 倭에 파견하였다.
- P. 推古 31년(623) 7월. 任那가 達率 奈末智를 倭에 파견하였다.
- Q. 推古 31년(623) 이해. 倭가 吉士倉下를 任那에 파견하였다(下略).
- R. 推古 31년(623) 이해. 新羅가 任那를 공격하였다.

S. 舒明 10년(638) 이해. 新羅·百濟·任那가 사인을 倭에 파견하였다.

T. 皇極 元年(642) 2월 22일. 大臣에 지시하여 (中略) "坂本吉士 長兄을 任那에 파견하는 것이 좋다"고 하였다.

U. 大化 원년(645) 7월 10일, 고구려·백제·신라가 사인을 倭에 파견하였다. 백제의 사인이 任那 사인을 겸하였다.

V. 大化 2년(646) 2월 15일. 고구려·백제·임나·신라가 함께 사인을 파견하였다.

이해의 편의를 위해 위 기사를 표로 제시하면 <표 3>과 같다.

<표 3> 伽耶의 멸망년과 任那의 존재 시기

	年 代		伽耶 記事 (『三國史記』)	任那의 존재 시기 (『日本書紀』)
A	法興 19년	532	伽耶 亡	
B	欽明 1년	540		任那가 사신을 야마토왜에 파견
C	欽明 5년 (1월)	544		百濟가 任那 집사·日本府 집사 부름
D	欽明 5년 (2월)	544		백제가 任那에 사신 파견
E	欽明 5년 (11월)	544		백제가 任那 집사·日本府臣 호출
F	欽明 6년	545		백제가 任那에 사신 파견
G	欽明 21년	560		任那 멸망(欽明 23년 分註)
H	眞興 23년	562	大伽耶 討平	
I	欽明 23년	562		新羅가 任那官家 격멸
J	推古 8년	600		新羅와 任那가 서로 공격
K	推古 8년	600		任那가 倭에 사신을 파견
L	推古 8년	600		신라가 또 任那를 공격
M	推古 18년	610		任那 사신이 筑紫 도착
N	推古 18년	610		倭가 裝飾馬部隊를 편성하여 任那 사신 영접
O	推古 19년	611		任那가 사신을 倭에 파견
P	推古 31년	623		任那가 사신을 倭에 파견
Q	推古 31년	623		倭가 任那에 사신 파견
R	推古 31년	623		신라가 任那를 공격
S	舒明 10년	638		任那·백제·신라가 사신을 倭에 파견
T	皇極 1년	642		倭王이 사신을 任那에 파견
U	大化 원년	645		고구려·백제(任那 사인 겸임)·신라가 사신을 倭에 파견
V	大化 2년	646		고구려·백제·임나·신라가 사인 파견

『三國史記』는 法興王 19년(532)에 伽耶의 金官國王 金仇亥가 신라에 항복했다고 기록하고 있으므로 伽耶國은 이때 멸망한 것으로 생각해야 할 것이며, 眞興 23년(562)조의 기사(H)는 가야국의 멸망이 아니라 가야 지방에 반란이 일어나 신라가 이를 討平한 것으로 보아야 할 것이다. 562년은 대가야의 반란을 진압한 해인 동시에 신라가 임나의 日本官家를 쳐 없앤 해이기도 하다(I). 그러나 지금까지 日本 사학자는 표의 A의 기사는 金官伽耶의 멸망, 眞興 23년의 H의 기사는 大伽耶(高靈)의 멸망으로 왜곡해 왔으며 한국인 사학자도 따져 보지도 않고 이것을 그대로 받아들여 왔다. 또, 日人 사학자나 한국인 사학자는 모두 560년에 任那가 멸망했다는 欽明 23년 分註의 기사(G)와, 600년부터 645년까지 사이의 任那와 신라 사이의 전쟁 기사, 任那와 倭 사이의 사신 교환 기사는 무시한 채 신라가 任那 자체가 아닌 任那官家를 쳐 없앴다는 I의 기사를 任那의 멸망 기사로 억지해석을 하였다. 다시 말하면, 伽耶와 任那가 同一國이라는 것을 나타내기 위해 562년의 大伽耶 진압 기사와 同年의 日本官家 打滅 기사를 伽耶와 任那의 멸망 기사라고 주장함과 동시에 任那 관련의 많은 地名이 韓半島의 伽耶 지역에 존재한다고 주장한 것이다.

다시 말하면, 이들은 金海伽耶는 532년에 멸망하고 高靈伽耶는 562년에 멸망했다고 주장하고 있으나 그러한 주장을 뒷받침할 근거는 아무데도 없다. 『三國史記』532년(法興 19)의 伽耶 항복(伽耶王이 신라에 와서 항복) 기사는 가야의 멸망 기사로 보아야 한다. 『三國史記』562년(眞興 23)의 大伽耶 討平 기사는 高靈 지방 伽耶의 반란을 진압한 기사이며 高靈伽耶의 멸망 기사는 아니다. 『花郞世紀』도 高靈伽耶의 멸망이 아니라 高靈 지방 伽耶의 반란(伽耶反)의 진압 기사로 기술하고 있다. 地政學的 관점에 선다고 하더라도 高靈伽耶가 오히려 金海伽耶보다 먼저 신라에 멸망당했을지언정 高靈伽耶가 金海보다 후에 멸망·병합당했을 수 없다. 또, 金海로부터 근거리에 있는 高靈을 정복하는 데 신라가 金海를 병합한 뒤 30년이라는 긴 기간을 소비했다는 것도 이치에 맞지 않는다. 이렇게 볼 때, 위의 H의 기사는 伽耶의 멸망 사건이 아니라 반란 진압 사건의 기사임을 알 수 있다. 그러나 伽耶와 任那가 同一國家라는 것을 나타내기 위해 日本 史學者들은 伽耶와 任那가 같은 해에 멸망했다고 주장한다. 즉, 任那가 구체적인 여러 역사적 사실을 통해 645년까지도 존재했다는 『日本書紀』의 기사는 전혀 도외시한 채 562년 신라가 任那 자체가 아니라 任那의 日本官家를 쳐 없앴다는 기사도 高靈伽耶 멸망 기사로 억지 주장함과 동시에 562년에 高靈 지방 반란 진압의 『三國史記』의 기사도 高靈伽耶의 멸망 기사로 우겨댔던 것이다.

그러나 본인은 562년에 伽耶(高靈)가 망했다는 그들의 주장을 일단 받아들이고 논리를 전개하여 그 결과를 살펴보겠다. 이미 언급한 바와 같이 『日本書紀』 긴메이(欽明) 23년 分註에 560년(欽明 21)에 任那가 망했다고 짤막하게 기록되어 있지만 여러 구체적 사건을 통해 646년까지 任那가 존재한 것으로 『日本書紀』는 기록하고 있다. 단 한번의 짤막한 分註의 기록보다 646년까지 任那가 존재했다는 여러 차례의 본문의 기록이 더 신빙성이 있을 것이다. <표 3>에 나타나 있는 바와 같이 562년부터 646년까지에 크게 세 가지 범주의 기사가 존재한다. 하나는 任那가 倭에 使臣을 보낸 기사(K, M, O, P, S, U, V)이고, 둘째는 신라와 任那가 싸움을 한 기사(J, L, R)이며, 셋째는 倭가 任那에 使臣을 파견한 기사이다(Q, T). 600년부터 645년까지 일곱 번이나 任那가 倭에 使臣을 보내고, 600년부터 623년 사이에 신라와 任那가 세 번씩이나 싸움을 하였으니 이것만으로도 562년(가정)에 신라에 멸망당한 伽耶가 이 任那와는 별개의 나라라는 것을 알 수 있다. 그리고 623년과 642년에 2회에 걸쳐 倭가 任那에 사신을 파견했으니 任那가 642년까지 존재한 것은 엄연한 역사적 사실이다. 562년에 伽耶가 멸망한 것으로 가정하더라도 任那는 646년까지 존재했으니 伽耶 멸망 후 任那는 84 년 이상 존재한 셈이 된다. 562년에 가야가 멸망했다고 가정하더라도 가야는 646년까지 구체적인 수많은 역사적 사건을 통해 그 존재가 증명된 任那와는 별개의 국가임이 확인되는 것이다.

古代韓日關係史를 가장 왜곡한 사람 가운데 한 사람인 스에마쓰 야스카즈(末松保和)는 <표 3>의 기사 가운데, 특히 신라와 任那가 서로 싸운 기사와 倭가 任那에 사신을 파견한 기사는 제외한 채 신라가 倭에 사신을 보낸 기사만 제시함과 동시에 '任那의 本源地인 任那加羅(南加羅)'라는 기묘한 표현을 사용하여 562년 任那 멸망 후의 任那의 '調貢'은 任那의 本源地인 任那加羅(南加羅)의 4 邑(多多羅·須奈羅·費智·和多)의 조공이며 任那를 멸망시킨 신라에 대해 4 邑의 조공을 승인한 것이라고 주장하여 역사를 완전히 왜곡 해석했던 것이다.

<표 3>의 기사 가운데 M과 N의 기사는 서기 610년에 倭를 방문한 任那의 사신에 대한 倭의 극진한 대접, 즉 唐의 使人이나 신라의 使人에 대한 대접과 거의 꼭같은 대접을 한 것을 나타내는 기사이다. 532년에 伽耶가 망했다면 그로부터 68년 후, 그리고 562년에 망했다고 가정한다면, 그로부터 38년 후에 任那는 사신을 倭에 파견하고 倭는 이 임나의 사신에게 强大國의 사신에 대한 대접을 했던 것이다.

伽耶와 任那가 동일국이 아니라는 것은 任那가 존립과 멸망을 반복했다는 점, 任那의 지배자의 명칭이 任那王·任那國司·任那執事·任那旱岐·任那大夫 등 다양하다는 점, 그리고 이른바 任那日本府의 우두머리의 명칭 역시 日本府行軍元帥, 日本卿, 日本府執事, 日本府卿, 日本府臣, 日本臣 등 다양하다는 점에도 나타나 있다고 하겠다. 먼저 존립과 멸망을 반복한 사정부터 알아보자.

『日本書紀』는 다음의 <표 4>에 나타나 있는 바와 같이 임나가 멸망과 존립을 십여 차례 되풀이한 것으로 기록하고 있다.[63)]

---

63) 최재석, 1999, 「『三國史記』의 伽耶 기사와 『日本書紀』의 任那·加羅 기사에 대하여」『民族文化』22.

〈표 4〉 任那의 존립과 멸망의 반복 기사(『日本書紀』)

年 代	任那 멸망	任那 존립	年 代	任那 멸망	任那 존립
529년(繼體 23)		○	583년(敏達 12)	○	
537년(宣化 2)		○	585년(敏達 14)	○	
541년(欽明 2)	○		591년(崇峻 4)	○(8月)	○(11月)
543년(欽明 4)	(10○ 전부터 任那 멸망)		600년(推古 8)		○
			601년(推古 9)		○
544년(欽明 5)			610년(推古 18)		○
545년(欽明 6)		○	611년(推古 19)		○
548년(欽明 9)		○	623년(推古 31)		○
552년(欽明 13)		○	638년(舒明 10)		○
562년(欽明 23)	○		642년(皇極 元)		○
571년(欽明 32)	○		645년(大化 元)		○
575년(敏達 4)	○(2月)	○(4月)			

위의 표를 정리하면 다음과 같다.

529년(繼體 23)~537년(宣化 2) ············· 9년간 任那 존립

541년(欽明 2)~544년(欽明 5) ············· 4년간 任那 멸망

545년(欽明 6)~552년(欽明 13) ············· 8년간 任那 존립

562년(欽明 23)~575년(敏達 4) ············· 약 13년간 任那 멸망

575년(敏達 4) 4월~583년(敏達 12) ······· 약 8년간 존립

583년(敏達 12)~691년(崇峻 4) 8월 ········ 약 8년간 멸망

591년(崇峻 4) 11월~645년(大化元) ········· 약 54년간 존립

529년부터 645년까지 116년 동안에 任那가 멸망과 再生을 일곱 번이나 반복하고 있음을 위의 <표 4>를 통해 알게 된다. 위의 기사가 사실이건 조작이건 어느 경우에 있어서나 伽耶國에 관한 기사가 아닌 것은 분명하다고 하겠다.

<표 5>는 『일본서기』에서 任那 지배자의 명칭을 뽑아내어 정리한 것이다. 任那의 지배자의 명칭인 '任那王'이 처음으로 나타난 것은 스이닌

(垂仁) 2년 즉 B.C. 28년이니 우선 의심이 간다. 任那 지배자의 명칭이 6세기 초반에 집중되어 있는 데 대해 스이닌 2년부터 유랴쿠(雄略) 7년(463)까지 약 500년 동안은 그 명칭이 보이지 않는 것도 의심스럽다. 더구나 그 명칭이 任那王에서 任那國司로 바뀌어졌다가 1년 후인 464년에 다시 任那王이라는 명칭으로 바뀐 것은 더욱 의심스러운 일이다. 설사 이러한 명칭 변화를 사실의 것으로 인정한다고 하더라도 任那와 伽耶國이 별개의 나라라는 증거는 될 수 있을망정 두 나라가 동일국이라는 증거는 될 수 없다. 또 긴메이 4년 12월과 同 5년 정월조에는 任那의 지배자와 任那日本府의 우두머리가 모두 다 같이 '執事'로 기록되어 있는데(다음 <표 5>와 <표 6> 참조) 이 또한 의심스럽다.

〈표 5〉 任那 지배자의 명칭의 변화(『日本書紀』)

	任那王	任那國司	任那國執事	任那旱岐	任那大夫
垂仁 2년(B.C. 28→92)	○				
雄略 7년(463)		○			
雄略 8년(464)	○				
繼體 23년(529) 4월 7일	○				
欽明 2년(541) 4월				○	
欽明 2년(541) 7월			○		
欽明 4년(543) 12월			○		
欽明 5년(544) 정월			○		
欽明 5년(544) 2월				○	
欽明 5년(544) 3월			○		
欽明 5년(544) 11월			○	○	
欽明 6년(545) 9월				○	
欽明 14년(553) 8월 7일					○
欽明 15년(554) 12월				○	

<표 6>은 『일본서기』에서 이른바 任那日本府의 우두머리 명칭을 정리한 것이다. 541년(欽明 2)부터 545년(欽明 6)까지 불과 5년 사이에 任那日本府 우두머리의 명칭이 日本府行軍元帥, 日本卿, 日本府執事, 日本府卿, 日本府臣, 日本臣 등 6종의 명칭으로 바뀐 것으로 되어 있다. 日本卿

이 日本府卿, 日本臣이 日本府臣을 뜻한다고 한다면 任那日本府의 우두
머리 명칭도 정확히 쓰지 못한 서투른 조작이라고 볼 수밖에 없을 것이
다. 이러한 명칭들이 사실을 반영한다고 하더라도 이 역시 任那와 伽耶가
별개의 나라라는 증거는 될 수 있을지언정 동일국의 증거는 될 수 없는
것이다.

〈표 6〉 이른바 任那日本府의 우두머리의 명칭의 변화(『日本書紀』)

	日本府 行軍元帥	日本卿	日本府執事	日本府卿	日本府臣	日本臣
雄略 8년(464) 2월	○					
欽明 2년(541) 7월		○				
欽明 4년(543) 12월			○			
欽明 5년(544) 정월			○			
欽明 5년(544) 2월				○		
欽明 5년(544) 11월					○	○
欽明 6년(545) 9월					○	

그리고 야마토왜(日本)의 조선·항해 수준의[64] 시각에서도 任那를 해
상로로 멀리 떨어져 있는 한반도에 비정할 수 없을 것이다. 그러므로 任
那가 韓半島에 있는 伽耶로 비정될 수 없음을 알게 된다. 따라서 任那를
야마토왜에서 海路로 멀리 떨어져 있는 한반도의 伽耶로 단정하고 야마
토왜가 선박을 이용하여 伽耶에 관리와 군대를 파견하여 그곳을 지배하
였다는 주장은 근거 없는 허구임이 자명해진다.

任那의 위치에 관한 정확한 정보는 『日本書紀』스진 65년조가 전해
준다. 그런데도 역사 왜곡자들은 모두 이 기사를 전적으로 무시한 채 허
구의 주장만 되풀이하고 있다. 그 기사 내용은 다음과 같다.

---

64) 日本의 조선·항해 수준에 대해서는 다음 참조.
　 최재석, 1993, 『統一新羅·渤海와 日本의 關係』, 421~422쪽 : 1996, 『正倉院
　 소장품과 統一新羅』, 一志社, 147~148쪽.

崇神 65년의 기사

"任那者 去筑紫國二千餘里 北阻海以在鷄林之西南"

위의 기사를 우리말로 풀이하면 다음과 같이 될 것이다. 즉, "'任那'는 北九州에서 二千餘里 떨어져 있으며, 북쪽은 바다로 막혀 있고, 鷄林(新羅)의 서남쪽에 있다"고 해석될 것이다. 그런데 이 기사는 다음 세 부분으로 나누어진다.

① 任那는 北九州에서 2천여 리 떨어져 있다.
② 북쪽은 바다로 막혀 있다.
③ 任那는 新羅의 서남쪽에 있다.

『三國志』倭人傳에 狗邪에서 對馬島까지 1천여 리, 그곳에서 一支國(壹岐島)까지 1천여 리, 다시 末盧國(北九州)까지 1천여 리라 하였으니, 결국 北九州에서 2천여 리 떨어져 있는 任那는 對馬島임을 알 수 있다. 이렇게 볼 때 위의 첫 부분은 대마도임을 나타낸다. 위의 둘째 부분인 '북쪽은 바다로 막혀 있다'는 내용은 任那가 한반도에 위치할 수 없음을 나타낸다.

다음 셋째 부분인 '任那는 신라의 서남쪽에 있다'는 내용은 좀 모호한 것으로도 볼 수 있으나 그 당시의 방향감각이나 지리적 지식으로 보아 대마도가 신라의 남쪽이 아니라 서남쪽에 있다고 해도 첫째 내용이나 둘째 내용을 결정적으로 바꿀 조건은 되지 못한다고 생각한다. 이렇게 볼 때, 위의 스진 65년 기사는 任那가 대마도임을 가리킨다고 보아야 할 것이다.

7. 맺는말

앞에서 현재 한국 학계에서 행해지고 있는 논저 평가의 기준에 대해 살펴본 다음 현재 한국고대사에서 시급히 시정되어야 할 기본 문제에 대해 알아보았는데, 그것들을 정리하면 대체로 다음과 같이 될 것이다.

(1) 지난 100여 년 동안 일본인 연구자들은 이구동성으로 근거의 제시 없이 『삼국사기』의 초기기록은 조작되었으며, 고대한국은 야마토왜(일본)의 식민지였다고 주장해 왔다. 그런데 한국의 연구자들은 그들의 연구 결과를 확인해 보지도 않은 채 '實證史學', '考證史學'이라는 훈장을 수여했다. 일본인들의 한국고대사 왜곡은 일차적으로 허구의 일본고대사를 조작하기 위한 저의에서 비롯된 것이었다. 따라서 한국고대사·고대한일관계사에 관한 연구를 할 때는 반드시 그 방면의 일본인 연구자의 논저의 왜곡·은폐·조작 사실 여부를 확인한 다음 자신의 연구 논리를 전개해야 할 것이다.

(2) 일본고대사 내지 고대한일관계사는 한국고대사의 일부분이라는 증거가 중국 사서, 한국 사서, 일본 사서 등 3국의 사서에 공통으로 기록되어 있는 만큼 한국고대사에 삽입되어야 하며 적어도 그러한 검토는 행해져야 할 것이다.

(3) 또, 한·중·일 3국의 사서가 모두 백제 왕자 豊이 귀국하여 백제왕으로 옹립되어 663년 白江口전투에서 백제 부흥군과 왜군을 거느리고 항쟁한 사실을 인정하고 있으므로 적어도 백제 본토는 660년 義慈王 때에 멸망한 것이 아니라 663년 豊 때에 멸망한 것으로 재검토되어야 할 것이다.

(4) 伽耶와 任那가 전혀 별개의 나라라는 증거는 수없이 있을지언정 동일국이라는 증거는 아무데도 존재하지 않는데도 일본인의 역사 왜곡을

무조건 받아들여 서로 다른 두 나라를 동일국으로 취급해 오고 있다. 앞으로 의당 별개의 나라로 취급해야 할 것이다.

한국고대사의 기본 문제에 대한 접근은 새로운 젊은 세대에 의해서만 가능할 것이다. 그러나 단순히 새로운 젊은 세대가 아니라 논저 평가의 기준을 그 저자의 출신 성분에 두지 않고 그 논저 자체의 가치에 두는 그러한 젊은 세대여야 할 것이다.

제8장 고대 일본의 정치 상황과 한일관계

1. 머리말

19세기 중엽부터 오늘에 이르기까지 백 수십년 동안 일본 학계는 아무런 근거 제시 없이 고대 한국은 야마토왜(일본)의 屬國 내지는 식민지였다고 주장해 오고 있다.[1] 최근 한국에서는 극히 일부이기는 하지만 역시 적절한 근거 제시 없이 고대 한국과 倭는 대등한 관계에 있었다고 주장하고 있다. 고대 일본이 바다를 건너와서 한국을 속국으로 삼았다는 주장을 하려면 일본의 조선·항해 기술이 발달하였고, 또한 당시의 일본은 강한 왕권을 가진 고대 국가였다는 것이 증명되지 않으면 안 될 것이다. 그러나 그들은 이러한 근거의 제시도 없이 고대 한국은 일본의 지배하에 있는 속국 내지 식민지였다고만 주장했던 것이다. 고대한일관계사의 진상을 실증적으로 파악하려면 적어도 고대 일본의 정치 상황, 즉 고대 日本天皇(倭王)의 왕권이나 고대 일본의 조선·항해 수준 등에 관해 우선 눈을 돌려야 할 것이다. 고대한일관계사의 규명은, 일본 천황의 왕권, 일본의 관위제, 일본의 조선·항해 수준, 일본의 강역 등 고대 일본의 정치 상황과 일본열도의 여러 地名의 분석, 6세기의 한일관계, 663년 白江口전투 전후의 한일관계의 분석에 의해서만 달성될 수 있는 것이다.

---

1) 최재석, 1990, 『日本古代史硏究批判』, 一志社 ; 1992, 「任那歪曲史 비판」『겨레문화』 6(『統一新羅·渤海와 日本의 關係』 수록).

2. 고대 일본의 정치 상황

1) 야마토왜 왕(일본 천황)의 거처와 王權

야마토왜의 왕권 파악에 앞서 일본 역대 천황의 수명에 대해 살펴보
는 것이 좋을 것 같다.

〈표 1〉 歷代 일본 천황의 수명(古田武彦)

天 皇	『日本書紀』	『古事記』	天 皇	『日本書紀』	『古事記』
1 진무	127세	137세	20 안코	?	56세
2 스이제이	84세	45세	21 유랴쿠	?	124세
3 안네이	57세	49세	22 세이네이	약간	?
4 이토쿠	<77세>	45세	23 겐조	?	38세
5 고쇼	<113세>	93세	24 닌켄	?	?
6 고안	<137세>	123세	25 부레쓰	?	?
7 고레이	<128세>	106세	26 게이타이	82세	43세
8 고겐	<116세>	57세	27 안칸	70세	?
9 가이카	<111세>	63세	28 센카	73세	?
	또는 115세		29 긴메이	약간	?
10 스진	120세	168세	30 비다쓰	?	?
11 스이닌	140세	153세	31 요메이	?	?
12 게이코	106세	137세	32 스슌	?	?
13 세이무	107세	95세	33 스이코	75세	?
14 주아이	52세	52세	34 조메이	?	
진구고고	100세	100세	35 고교쿠	讓位(重任)	
15 오진	110세	130세	36 고토쿠	?	
16 닌토쿠	?	83세	37 사이메이	?	
17 리추	70세(35세)	64세	38 덴지	<46세>	
18 한제이	?	60세	39 덴무	?	
19 인교	?	78세	40 지토	讓位	

비고: < >는 記事에 의한 산출

일본의 고대사학자 古田武彦은 야마토왜 역대왕의 수명을 조사하여 <표 1>과 같이 제시하였다.[2] 이 표에서 우리는 다음과 같은 상황을 알 수 있다.

첫째, 『日本書紀』와 『古事記』의 저술 연도는 불과 8년 밖에 차이가 나지 않는데도 양자의 역대 천황의 수명은 대단히 차이가 난다. 이것은 어느것이나 사실의 기록이 아니었을 가능성이 높다.

둘째, 제1대 왕 진무(神武)부터 15대 왕 오진(應神)까지의 수명은 정확하게 기록하여 대체로 100세 이상으로 기록하고 있는 데 반해 기록이 더욱 상세해야 할 後代인 16대 왕 닌토쿠(仁德)부터 40대 왕 지토(持統)까지의 왕의 수명은 오히려 기록하지 않고 있으니 천황의 수명은 조작이었을 가능성이 짙다.

야마토왜 왕의 수명이 현실로 받아들이기 힘들 정도로 장수인 점도 그러하지만 역대 왕 사이에 존재하는 空位期間의 시각에서도 야마토왜 왕의 존재를 의심하게 한다. 지금 역대 천황 사이에 존재하는 공위 기간을 제시하면 <표 2>와 같다.[3] 空位 기간에 관련된 왕이 여러 번 등장하고 또 그 空位期間이 3년 9개월부터 11개월에 이르기까지 長短의 차이가 나는 사례가 여러 번 존재하는 것도 사실로 받아들이기 어렵게 한다. 단적으로 말하면 이러한 현상들은 책상 위에서 조작한 것이 아니고서는 일어날 수 없는 일이다. 다시 말하면, 야마토왜의 역대 천황의 존재에 대해 긍정적으로 보려는 사람조차도 그러한 천황의 평균 수명이나 空位 기간을 알게 되면 천황의 존재에 대해 의심을 갖지 않을 수 없을 것이다.

---

2) 古田武彦, 1973, 『失われた九州王朝』, 東京: 朝日新聞社, 126쪽.
3) 水野 祐, 1954, 『(增訂) 日本古代王朝史論序說』, 東京: 小宮山慶一.

〈표 2〉 日本 歷代 天皇의 空位期間

歷代 天皇	空位期間		
	年	月	日
1대 神武~ 2대 綏靖	3	9	26
4대 懿德~ 5대 孝昭	1	4	-
6대 孝安~ 7대 孝靈	1	0	1
7대 孝靈~ 8대 孝元		11	5
11대 垂仁~12대 景行	1	0	26
13대 成務~14대 仲哀	1	6	28
15대 應神~16대 仁德	2	10	17
16대 仁德~17대 履中	1	1	14
18대 反正~19대 允恭	3	-	-
19대 允恭~20대 安康		11	28
22대 淸寧~23대 顯宗		11	14
26대 繼體~27대 安閑	2	10	-
29대 欽明~30대 敏達		11	16

이제 시각을 달리하여 일본 천황이 기거를 하고 생활하는 거처를 살펴보자. 먼저 '天皇'이라는 타이틀을 가진 야마토왜 왕의 거처에 대해 알아보고자 한다. 우선 야마토왜 왕의 거처를 나타내는 기사를 『日本書紀』에서 제시하면 다음과 같다.

A-1. 仁德 元年(431) 1월 3일. 大鷦鷯尊(仁德)이 즉위하였다. 皇后를 존중하여 皇太后라 하였다. 難波에 室을 만들어 高津宮이라 하였다. 궁전은 漆도 하지 않고 나무나 기둥에 장식도 하지 않았으며 지붕의 茅[띠]의 끝도 절단하여 간추리지 않았다.

A-2. 仁德 4년(434) 3월 21일. 이날부터 옷이나 신은 해어져 떨어지게 될 때까지 사용하고 음식물은 썩지 않으면 버리지 아니하여 (中略) 백성의 부담을 덜어 주었다. 궁전의 울타리는 망가져도 만들지 않고 지붕의 띠는 파손되어도 잇지 않았다(下略).

A-3. 皇極 2년(643) 4월 28일. 權宮(임시거처)에서 옮겨서 아스카(飛鳥)에 있는 檜나무 껍질로 이은 新宮으로 옮겼다.

A-4. 齊明 元年(655) 是冬. 飛鳥 소재의 나무껍질로 이은 宮이 화재를 입었다. 그래서 飛鳥의 川原宮으로 遷居하였다.

A-5. 齊明 元年(655) 10월 13일. 오하리다(小墾田: 奈良縣 高市郡 飛鳥)에 궁궐을 지어 瓦家로 하려고 하였다. 深山廣谷에 있는 궁전 건축용 재료는 썩은 것이 많아서 宮을 짓는 것을 중지하였다.

　우리는 위의 史料에 의해 다음과 같은 사실을 알 수 있다. 첫째, 야마토왜의 왕이 거처하는 집은 5세기까지는 띠[茅]로 지붕을 인 보잘것없는 집이었으며, 7세기 중엽에 이르러 전나무 껍질[檜皮]로 지붕을 만든 집으로 변하였다. 따라서 '王宮'이라는 표현보다는 '王의 거처'라는 표현이 더 적절할 것이다. 둘째, 7세기 중엽까지도 瓦家로 된 궁전은 없었으며 瓦家로 된 王宮이 출현했다면 그 이후에 출현하였다.

B-1. 雄略 14년(470). (前略) 小根使主가 누워서 사람에 말하기를, "天皇의 집(城)은 견고하지 않다. 우리 아버지 집이 견고하다"고 하였다. 천황이 사람을 통해 이 말을 듣고 사람을 파견하여 根使主의 집을 보게 하였다. 정말로 그러하였다(下略).

B-2. 雄略 14년(470). (前略) 천황은 그때 비밀히 舍人을 파견하여 복장을 살피게 하였다. 사인이 복명하기를, "根使主가 착용하고 있는 玉의 머리장식이 대단히 아름답고 모두 말하기를, '전에 使人을 영접할 때도 착용하고 있었다'고 합니다." 천황은 자신도 보려고 생각하여 臣連에 명해 잔치 때와 같은 복장을 한 根使主를 접견하였다. 왕후는 하늘을 보고 한탄하고 소리를 내어 울었다. 천황은 이상히 여겨 "왜 그렇게 우는가?" 하자, 왕후는 자리를 내려와서 대답하기를, "이 玉 머리장식은 옛날 제 오라비 大草香王子가 安康天皇의 勅을 받들어 저를 陛下께 보낼 때 준 물건입니다. 그래서 根使主에 의심을 품고 바보스럽게도 눈물이 나서 웁니다." 천황은 이 말을 듣고 놀라고 크게 노하였다(下略).

B-3. 安閑 元年(534) 7월. (前略) 천황은 勅使를 파견하여 良田을 구하게 하였다. 根使主는 命을 받들어 大河內直味張에 말하기를, "지금 그대는 비옥한 良田을 내어놓아라"라고 하였다. 味張은 갑자기 아까워져서 勅使를 속이고 말하기를, "이 논은 가뭄에 물대기 어렵고 溢水가 있으며 침수되기 쉽다. 고생하는 일이 대단히 많으며 수확은 대단히 적다"고 하였다. 칙사는 그 말을 그대로 복명하여 숨김이 없었다.

앞의 사료 B-1은 야마토왜의 한 호족의 집이 '天皇'이라는 사람의 집보다 견고하다는 것을 나타낸 기사이고, B-2는 야마토왜의 한 호족이 같은 지역에 거주하는 야마토왜 王室의 보물을 전하지 않고 착복하여 패용하고도 유유히 야마토왜 왕실의 회합에 나타났다는 기사이다. B-3은 야마토왜의 이웃인 河內의 왕이 비옥한 良田을 달라는 야마토왜 왕의 청을 거절했다는 기사이다.

이렇게 볼 때 야마토왜의 천황은 같은 지역인 야마토왜의 호족보다도 거처하는 가옥이나 그가 소유한 권력에 있어 뒤떨어짐이 분명하다고 하겠다. 천황보다 집이 견고하고 권력이 강한 야마토왜의 호족은 아무래도 백제에서 이주한 백제인이 아닐까 한다. 여하튼 최소한 王權조차도 소유하지 못한 야마토왜의 '天皇'의 존재에 대해 의심하지 않을 수 없다.

우리는 史料 A와 B에 의해 일본의 古代皇室은 실제 존재했다고 하더라도 그들이 가졌다는 권력이나 생활을 했다는 거처 등 어느 시각에서 보아도 일반 평민과 거의 다름없는 존재였음을 알 수 있다. 이러한 천황으로서는 他國에 대한 침략 정벌은 고사하고 자기 나라인 일본도 통치할 수 없었을 것이다.

2) 일본의 冠位制

『일본서기』는 603년(推古 11) 日本에 처음으로 冠位가 시행되었다고 기록하고 있다. 그러나 冠位의 내용, 官位에 대해 언급한 기사의 내용, 冠제작에 사용된 재료(金·豹皮 등)가 日本에서 생산되었는가의 여부, 官服제작에 사용된 직물(염직)이 일본에서 생산될 수 있는가의 여부 등의 시각에서 보아서 그 기사는 허구일 가능성이 매우 높다.[4] 그러나 이 기사를

---

4) 최재석, 1999, 「『日本書紀』에 나타난 大和倭 官位제정 기사에 대하여」『韓國學報』 97(『古代韓日關係와 日本書紀』 수록).

사실을 반영한 것이라고 가정한다 하더라도 603년 이전에 官位가 제정되지 않았다는 것은 일본에 국가체제가 성립되지 않았음을 뜻하는 것이다. 603년 이전인 6세기에 일본이 고대국가를 이루지 못하였다는 것은 일본이 이웃나라, 예를 들면 백제와 같은 나라의 지도는 받을 수 있을지언정 이미 고대국가를 형성하고 있는 한반도의 여러 나라에 정치적 영향을 줄 수는 없다는 의미이다.

3) 일본의 造船·항해 수준

일본 천황의 王權에 못지않게 일본의 造船·航海 수준도 일본고대사 내지 고대한일관계사 연구의 또 하나의 중요한 시각이 될 것이다.

결론부터 말하면, 당시 일본의 조선·항해 수준은 매우 유치하였다. 7세기 중엽(657)에 일본은 唐나라에 파견할 사신을 신라에 보내 중국에 갈 新羅使臣의 선박에 편승할 것을 청하였으나 신라가 이를 거절하여 당나라에 파견될 日本使臣이 신라에서 그대로 일본으로 돌아왔는데(史料 C-1) 이러한 사정은 8·9세기까지도 계속되었다. 8세기 중엽에 일본이 당나라에 朝貢使臣을 파견하려고 만든 선박은 大海에도 나가기 전에 內海(瀨戶內海)인 오카야마(岡山)에서 겨우 오사카(大阪)에 이르자 벌써 造船과 航海 미숙으로 파손되어 그 파견이 중지되었으며(C-4), 9세기 중엽에도 일본 선박은 신라 배와는 달리 對馬島에서 겨우 九州까지 가는 데도 종종 표류하였다(C-3). 838년 당나라에 파견된 마지막 일본 사신 일행이 탄 3척의 배도 新羅人의 기술 지도로 겨우 당나라까지 갈 수 있었으며, 귀국길에는 일본 선원이 일본 선박의 부실함을 싫어하여 신라 배 9척으로 일본으로 돌아왔다(C-5). 西曆 668년부터 900년 사이에 일본은 7회의 朝貢使를 唐에 파견하였으나 앞에서 지적한 바와 같이 838년의 마지막 朝貢使가 탄 배도 新羅人의 지도로 당나라에 갈 수 있었으니, 그 이전

6회의 遣唐 日本朝貢使가 탄 선박도 신라인의 지도에 의해 항해가 가능했다고 보아야 할 것이다. 당시의 일본의 造船·航海 수준을 나타내는 일본측 사료의 기록을 제시하면 다음과 같다. C-6은 동부아시아의 해상권을 장악한 신라가 당나라 유학 일본 학문승을 일본 王京까지 데려다 주었음을 나타낸다.

C-1. 齊明 3년(657) 是歲. 使를 新羅에 보내 沙門智達, 間人連御廐, 依網連稚子 등을 신라국의 使에 붙여 大唐에 보내고 싶다고 하였으나 신라가 말을 듣지 않아 沙門智達 등이 그대로 귀국하였다(『日本書紀』).

C-2. 承和 6년(839) 7월 17일. 大宰府에 명령하여 新羅 배를 만들게 하였다. 신라 배는 능히 風波를 이겨 낸다.

C-3. 承和 7년(840) 9월 15일. 大宰府 보고에 對馬島司가 말하기를, 멀리 바다의 풍파가 위험하여 年中 貢物이나 4번의 公文도 빈번히 漂沒하였다. 傳聞컨대 신라 배는 능히 파도를 헤치고 나간다. 신라 배 6척 중 1척을 分給할 것을 청하니 그렇게 하였다(이상 『續日本後紀』).

C-4. 天平寶字 6년(762) 4월 17일. 遣唐使가 배를 타고 安藝國(岡山)에서 難波江口(大阪)에 도착하였는데, 여울에서 배가 뜨지 않고 끌어도 여의치 않아 출발하지 못하였으며 파도에 동요하여 船尾가 파열되었다(『續日本紀』).

C-5. 承和 6년(839) 8월 20일. 唐에 도착한 3척의 배(日本船)의 선원이 일본 선박의 부실함을 싫어하여 楚州의 新羅租界의 신라 선원 60여 명과 신라 배 9척의 도움으로 귀국하였다(圓仁의 『入唐求法巡禮行記』).

C-6. 舒明 11년(639) 9월. 大唐의 학문승 惠隱·惠雲이 新羅送使를 따라 入京하였다(『日本書紀』).

이미 언급한 바와 같이 조선·항해술 모두 유치할 뿐만 아니라 라이샤워(Reischauer)의 지적처럼 당시 日本人은 潮流나 航海에 필요한 극동 지역의 기초적인 기상학적 지식도 가지지 못했다. 그러면서도 그들은 이러한 유치한 조선·항해술이나 潮流·기후에 대한 지식의 결여를 비과학적인 呪術的 행위로 보완하려고 했던 것이다. 遣唐 日本朝貢使船의 무사 출발과 귀항을 위해 일본 조정이 전개했던 여러 가지 주술적 행위들을

위의 史料에서 찾아보면 대체로 다음과 같다.[5]

① 여러 山陵(王墓)에 제물을 바친다.

② 天神·地神에 제사(이를 위해 모든 관리들은 휴무).

③ 伊勢神宮에 폐물 貢上.

④ 佛經을 읽는다.

⑤ 여러 사찰에 공양한다.

⑥ 전국과 15대 사찰에 海龍王經과 大般若經을 읽게 한다.

⑦ 日王이 3日 3夜 참회한다.

⑧ 占을 쳐서 造船의 순서를 바꾼다.

일본의 조선·항해 수준이 이상과 같았으니, 불가피하게 일본은 중국에 가려면 신라의 지도와 원조를 받지 않으면 안 되었다. 신라가 일본을 지도하고 도와준 사업의 유형을 제시하면 다음과 같다.[6]

① 遣唐 日本朝貢使의 入唐

② 遣唐 日本朝貢使의 귀국

③ 日本 留學僧의 入唐

④ 唐나라 파견 日本 留學僧의 귀국

⑤ 在唐 日本朝貢使의 편지를 일본에 전달

⑥ 新羅留學 日本僧의 귀국

⑦ 在唐 日本 留學僧에게 수여되는 일본 정부의 장학금 전달

유치한 조선·항해 수준으로 인해 단독으로는 해외에 나갈 수 없었던

---

5) 최재석, 1994,「造船·航海 수준에서 본 통일신라와 日本의 관계」『中大 民族
   發展硏究院 창립 학술대회 보고서』.

6) 최재석, 1996, 『正倉院 소장품과 統一新羅』, 一志社, 131~132쪽.

일본은 자연히 일본 내륙 깊숙이 찾아온 신라의 무역인으로부터 물품을 구매할 수밖에 없었다. 당시 일본은 일본열도에 남아서 신라 상인이 가져다주는 물품을 구입할 수밖에 없는 처지에 있었다고 한 다무라 센노스케(田村專之助)의 지적[7]은 정확한 것이라 하겠다. 이러한 사실을 외면한 채 그 반대되는 주장, 예를 들면 일본이 바다를 건너 한국을 식민지로 삼았다고 주장한다면 이는 벌써 학문을 떠난 주장이 되는 것이다.

4) 일본(야마토왜)의 강역

이미 살펴본 야마토왜 왕의 王權, 야마토왜의 조선·항해 수준과 3절에서 살펴볼 백제에 의한 야마토왜 경영 팀 파견 등의 시각에서 보아서도 日本(야마토왜)의 강역은 그다지 넓지 않음을 알 수 있을 것이다.

534년(安閑 元) 야마토왜의 비옥한 良田을 달라고 하자 河內倭의 왕이 토지가 좋지 않다는 거짓말로 야마토왜 왕의 청을 거부한 점[8]으로 미루어 보아 6세기 야마토왜의 강역은 河內에도 미치지 못하였음을 알 수 있다.

寺院은 大和·河內에 집중되어 있고 山城·攝津·近江에도 각각 6寺·5寺·3寺가 존재했음을 알 수 있다.[9] 즉, 가람이 집단적으로 소재하는 지역의 시각에서는 7세기 후기 야마토왜의 강역은 대체로 大和·河內·山城·攝津·近江(그 일부 지역)의 범위라는 것을 알게 된다.

이번에는 『日本書紀』의 기사를 분석하여 야마토왜의 강역을 살펴보자. 7세기 일본의 강역은 '畿內'를 분석하면 알 수 있을 것으로 생각한다.

畿內라는 용어가 『日本書紀』에 최초로 등장하는 시기는 646년(大化 2) 정월 1일조이며, 그 이전에는 등장하지 않는다. 692년(持統 6)에 이르

---

7) 田村專之助, 1939,「6世紀中葉以降に於ける日羅貿易の研究」『靑丘學叢』30.
8) 『日本書紀』安閑 元年 7월(상기 사료 B-3).
9) 田村圓澄, 1995, 『飛鳥·白鳳佛敎史 (上)』, 東京: 吉川弘文館, 132~133쪽.

러 畿內 이외에 '四畿內'라는 용어가 등장한다. '畿內'의 지역적 범위에
대해『日本書紀』(大化 2년 정월 1일)는 다음과 같이 규정하고 있다. 즉,
畿內는 동쪽은 名張(伊賀國 名張郡)의 橫河(名張川) 서쪽, 남쪽은 紀伊
(紀伊國·和歌山縣 伊都郡)의 兄山 북쪽, 서쪽은 明石(播磨國 明石郡)의
櫛淵 동쪽, 북쪽은 近江 狹狹波(지금의 大津市內)의 逢坂山(合坂山) 남쪽
을 그 범위로 정하고 있다. 이 범위는 大和·河內·攝津·山城과 近江의 일
부를 포함하는 지역에 해당한다.

〈도면 1〉 7세기말의 일본(야마토왜)의 강역

이제 '畿內' 내지 '四畿內'에 일어났던 여러 사건을 살펴보자.『日本
書紀』에서 이에 관한 기사를 뽑아서 제시하면 다음과 같다.

畿內에 관한 『日本書紀』의 기사

D-1. 646년(大化 2) 정월 1일. 처음으로 京師를 다스리고(修) 畿內國의 國司·郡司·關塞(중요한 곳의 守壘)斥候·防人·驛馬·傳馬를 두어 鈴契를 만들고 지방의 구획을 정하라고 하였다.

D-2. 646년(大化 2) 3월 22일. (前略) 畿內에서 諸國에 이르기까지 한 장소를 정하여 시체를 파묻고 여러 곳에 함부로 매장해서는 아니 된다(中略)고 하였다.

D-3. 669년(天智 8) 겨울. 高安城을 수리하고 畿內의 田稅를 그곳에 모았다.

D-4. 676년(天武 5) 5월. (前略) "畿內의 山野 가운데 본래부터 禁制한 곳은 함부로 베든가 태워서는 아니 된다"고 하였다.

D-5. 676년(天武 5) 9월 10일. 王卿을 京과 畿內에 파견하여 사람별로 병기를 조사하였다.

D-6. 677년(天武 6) 5월. 이달 한발이 있어 京과 畿內에서 기우제를 지냈다.

D-7. 681년 (天武 10) 정월 19일. 畿內 및 諸國에 지시하여 여러 神社의 社殿을 수리케 하였다.

D-8. 683년(天武 12) 12월 17일. 지시를 내려 "모든 문무관 및 畿內의 有位者들은 四季의 시작되는 날(1, 4, 7, 10월)에 반드시 參朝하라 (中略)"고 하였다.

D-9. 684년(天武 13) 2월 28일. 淨廣肆瀨王(중략) 判官·錄事·陰陽師·工匠 등을 畿內에 파견하여 도읍을 정하는 데 적합한 장소를 시찰하고 점치게 했다.

D-10. 685년(天武 14) 9월 11일. 宮處王·廣瀨王(중략)을 京 및 畿內에 파견하여 각각 人夫의 무기를 교열했다.

D-11. 685년(天武 14) 10월 12일. 淨大肆 伯瀨王(중략) 判官 이하 합계 20인에 畿內의 임무를 주었다.

D-12. 690년(持統 4) 정월 23일. 幣帛을 畿內의 神들(天神地祇)에 나누고 封戶神田을 늘렸다.

D-13. 690년(持統 4) 3월 20일. 京과 畿內의 사람으로 나이 80 이상 자에 嶋宮의 벼를 한 사람당 20束씩 주었다.

D-14. 690년(持統 4) 4월 7일. 京과 畿內의 耆老·耆女(66세 이상자?) 5,031인에 한 사람당 벼 20속을 주었다.

D-15. 690년(持統 4) 4월 14일. 지시를 내려 "冠位가 올라가는 年限을 百官과 畿內의 사람으로, 有位者는 6년 無位者는 7년으로 한다"고 하였다.

D-16. 691년(持統 5) 10월 13일. 畿內 및 諸國에 長生地(殺生 금단의 장소)
로 각 千步(1步는 고구려 자로 5尺 4方)를 설치하였다.

D-17. 692년(持統 6) 4. 5. 四畿內(大和·山城·攝津·河內)의 인민들로 荷丁
이 된 자의 그 해의 調役을 면제했다.

D-18. 692년(持統 6) 閏5월 3일. 지시를 내려 京師와 四畿內에서 金光明經
을 강설하게 했다.

D-19. 692년(持統 6) 6월 11일. 四畿內에 大夫·謁者(後漢書 順帝紀의 표
현)를 보내 기우제를 지냈다.

D-20. 692년(持統 6) 9월 9일. 班田의 大夫들을 四畿內에 파견했다.

D-21. 693년(持統 7) 정월 13일. 京師 및 畿內의 有位者로 80세 이상자에
衾 한 채, 絁 2필, 綿 2돈, 布 4단씩 수여하였다.

D-22. 695년(持統 9) 6월 3일. 大夫·謁者를 京師 및 四畿內의 諸社에 보내
기우제를 지냈다.

D-23. 697년(持統 11) 6월 6일. 지시를 내려 經을 京畿의 諸寺에서 읽게
했다(持統王의 병치유를 위해).

'畿內'에 관한 기사 가운데 우선 다음과 같은 현상이 주목된다. 669년
이후에 있어서는 자주 畿內가 등장할 뿐만 아니라 거기에 관한 기사도
구체적이다. 그러나 669년 이전에 있어서는 646년(大化 2)에만 언급되었
으며 그 기사 내용도 추상적이다. 또, 거의 매년같이 사건이 일어나는 669
년 이후에 비하여 646년부터 669년까지 23년간은 아무런 사건도 일어나
지 않은 것으로 되어 있다. 지금 畿內에 관한 기사 가운데 사실로 인정되
는 기사를 정리하면 다음과 같다.

669년 ·············· 田稅
676년 ·············· 山野 규제
676, 685년 ·········· 兵器 조사
677, 692, 695년 ···· 祈雨祭
681, 690년 ·········· 神社 수리, 封戶·神田 늘림
683년 ·············· 畿內 有位者의 天皇拜禮

684년 ··················	畿內에서 새 王都 물색
690, 693년 ·········	66세 이상, 80세 이상 고령자 우대 정책, 畿內 거주자의 관위제도 규정
691년 ··················	殺生 금단 장소 지정, 畿內 거주 승려에 독경 지시
692년 ··················	金光明經 강설, 班田收授者 畿內 파견

이렇게 볼 때 7세기말부터 畿內가 일본 강역으로서 기능하였음을 알게 된다. 669년 이후 기사 가운데 '諸國'과 '陸奧國'이 존재하는 것이 주목된다. 諸國과 陸奧國이 마치 일본의 강역인 것처럼 기술하고 있으나, 이 기사는 전후 관계로 보아 조작되었을 가능성이 짙다고 하겠다. 우리는 특히 '京과 畿內'라는 기사에 주목한다. 天皇의 지시가 대부분이 '京과 畿內' 범위내에서 행해졌다. 이것은 일본의 강역이 王京과 그 주변 국토인 畿內까지라는 것을 시사하는 것이라 하겠다. 『日本書紀』 덴무(天武) 5년(676) 4월 14일조는 畿內 밖의 사람들을 '外國'의 사람으로 표현하고 있다. 시사하는 바가 큰 기사의 하나라 할 수 있겠다. 여기서 한 가지 유의할 것은 『日本書紀』는 '야마토'를 시종 '倭'로 표현할 뿐 요사이 사용하는 '大和'로 표현하지 않고 있다는 점이다. 다시 말하면, 『日本書紀』가 쓰인 720년까지는 '야마토'와 '倭'는 同義語였던 것이다. 이것은 매우 암시적이라 할 수 있을 것이다.

요컨대, 日本의 강역인 畿內(大和·河內·攝津·山城·近江의 일부)는 그 면적이 협소하여 백제왕이 파견한 야마토왜 경영 팀과 같은 집단이 경영하는 데는 적합하지만 그 자체 하나의 독립국으로 기능하기에는 너무나 협소하다.

3. 고대 한일관계

1) 日本列島 各地의 地名과 고대 한국

영국인이 신천지 북미대륙이나 호주에 집단이주하여 그곳을 개척할 때 그들이 거주하게 되는 지역은 英國地名으로 명명하였는데, 한국의 고대국가(백제·신라·고구려·가야)의 국민이 신천지인 日本列島에 집단이 주하여 그곳을 개척했을 때는 그 지명을 어떻게 명명하였을까? 우리의 관심은 여기에도 쏠리게 된다. 결론부터 말하면, 그들은 모두 高句麗·新羅·百濟 등 韓國 古代國家의 이름을 그 개척지의 이름으로 삼았던 것이다. 이러한 지명은 개척 당시에 붙인 것도 있고, 그 유래는 開拓時에 소급되지만 命名 자체는 後世에 이루어진 것도 있을 것이다. 물론 韓國國名 (백제·신라·고구려·가야) 없이 韓民族이 집단적으로 거주한 지역도 많으며, 이미 그 지명이 자연적 또는 고의로 소멸된 것도 많을 것이다. 그리고 神社·佛寺名으로 되어 있거나 또는 佛寺·神社의 主神이 한국인으로 되어 있는 것도 적지 않다. 먼저 고구려인의 경우부터 살펴보자.

高麗人(高句麗人)은 武藏뿐만 아니라 일본 각지에 진출하여 집단적으로 신천지를 개척하고 있었는데, 지금 고구려명이 지명으로 된 것을 적기하면 다음과 같다.[10]

일본에서 高麗(高句麗)를 Korai 또는 Koma로 읽는데, Korai에는 ① 高麗 ② 高來의 한자를 借用하고, Koma에는 ① 巨麻 ② 狛 ③ 胡麻 ④ 巨摩 ⑤ 駒 ⑥ 小間의 한자를 차용하였다.

---

10)　朝鮮總督府 中樞院, 1940, 『朝鮮の國名に因める名詞考』.

〈표 3〉 高麗(高句麗)라는 이름을 가진 地名

村落·山川名	해당 지명이 있는 國名·縣名
1. 巨麻鄕	河內·大阪府
2. 高麗橋	攝津·大阪府
3. 巨麻鄕	河內·大阪府
4. 大狛鄕·高麗村·上狛村·狛寺	山城·京都府
5. 大狛鄕·狛田村·高麗	同 上
6. 狛野庄	同 上
7. 胡麻驛	京都府
8. 胡麻鄕村	丹波·京都府
9. 胡麻牧	丹波國
10. 狛山·狛野山·高麗山	山城·京都府
11. 狛渡	同 上
12. 狛山	同 上
13. 高麗寺山·高麗山	相模·神奈川縣
14. 高麗寺村	同 上
15. 巨摩郡·北巨摩郡·中巨摩郡·南巨摩郡· 駒井村·駒獄	甲斐·山梨縣
16. 高麗郡	武藏·埼玉縣
17. 高麗鄕	同 上
18. 高麗村	同 上
19. 高麗町	同 上
20. 高麗本鄕	同 上
21. 高麗川村	同 上
22. 南高麗村	同 上
23. 高麗峠	同 上
24. 高麗川(川名)	同 上
25. 高麗川(地名)	同 上
26. 高麗川縣	同 上
27. 高麗原	同 上
28. 狛江鄕·狛江村	武藏·東京府
29. 小間子原	武藏·千葉縣
30. 高麗山·高麗村	伯耆·鳥取縣
31. 高來寺村	筑前·福岡縣

　　新羅人이 집단적으로 거주하고 있던 地域名은 다음의 14종의 한자를 차용하고 있는 것 같다.

① 新羅(Siraki) ② 志木(Siraki) ③ 新坐(之良岐, Siraki) ④ 白木(Siraki) ⑤ 志樂(Siraku) ⑥ 設樂(Siraku) ⑦ 白子(Sirako) ⑧ 四樂(Sirako) ⑨ 白城(Siraki) ⑩ 白鬼(Siraki) ⑪ 白濱(Sirahama) ⑫ 眞良(Sinra) ⑬ 信羅(Sinra) ⑭ 新良(Sinra).

〈표 4〉 新羅라는 이름을 가진 地名

村落·山川名	해당 지명이 있는 國名·縣名
1. 新羅郡·新坐郡·志木·白子村	武藏·埼玉縣
2. 白國·新羅訓村	播磨·兵庫縣
3. 志樂鄕·設樂庄·志樂村	丹後·京都府
4. 志樂鄕·志木鄕	武藏·埼玉縣
5. 白子·四樂村	同 上
6. 新羅鄕	陸前·宮城縣
7. 白木浦	越前·福井縣
8. 白城驛	越中·富山縣
9. 白鬼女川·시라기도川	越前·福井縣
10. 白濱	能登·石川縣
11. 白木村	加賀·石川縣
12. 新羅浦·新羅邑	備前·岡山縣
13. 新羅鄕	陸前·宮城縣
14. 白木山驛	安藝·廣島縣
15. 眞良鄕·信羅鄕·新良鄕·眞良	同 上
16. 白木·新羅來	肥後·熊本縣
17. 白木平	同 上
18. 白木村	筑後·福岡縣
19. 白木村	河內·大阪府
20. 白木村	加賀·石川縣
21. 白木村	伊勢·三重縣

한편, '百濟'의 이름이 地域名으로 사용된 것에는 다음과 같은 것이 있다. 百濟는 Kudara라 칭하며 百濟·久太良·久多良 등의 한자를 차용하였다. 百濟라는 지명은 주로 奈良(大和) 지방과 大阪 지방에 집중되어 있음을 알게 된다.

〈표 5〉 百濟라는 이름을 가진 地名

村落·山川名	해당 지명이 있는 國名·縣名
1. 百濟郡	攝津·大阪府
2. 百濟	同 上
3. 百濟川	同 上
4. 百濟驛	同 上
5. 百濟野	同 上
6. 百濟町·久太良町	同 上
7. 百濟鄕	河內·大阪府
8. 百濟村	和泉·大阪府
9. 百濟	同 上
10. 百濟川	大和·奈良縣
11. 百濟·百濟池·百濟村	同 上
12. 百濟野·百濟原·百濟村	同 上
13. 百濟來·久多良來·久多良來村·百濟來村	肥後·熊本縣
14. 百濟庄	上野·群馬縣

이밖에 가라, 즉 ① 唐 ② 辛 ③ 可樂 ④ 韓 ⑤ 可良 ⑥ 空 ⑦ 韓良 등의 한자를 차용한 地名도 대단히 많다. 이 지명이 붙은 지역은 주로 伽耶人의 집단거주 지역일 것이지만, 그밖의 한국사람(백제·신라·고구려인)도 포함되어 있을 것이다. 지금 가라가 붙은 地名을 열거하면 다음과 같다.

〈표 6〉 가라(韓·辛)라는 이름을 가진 地名

村落·山川名	해당 지명이 있는 國名·縣名
1. 唐國·唐國村	和泉·大阪府
2. 三國池	攝津·大阪府
3. 韓人池·唐人池·唐古	大和·奈良縣
4. 唐橋·辛橋·唐橋里·唐橋町	山城·京都府
5. 唐物町	攝津·大阪府
6. 唐崎·辛前·韓埼·可樂埼	近江·滋賀縣
7. 辛之埼·又辛浦	石見·山口縣
8. 唐橋·辛橋·韓橋	近江·滋賀縣
9. 唐城鄕	遠江·靜岡縣
10. 辛科鄕·韓級	上野·群馬縣
11. 唐原	相模·新奈川縣

12. 辛犬鄕	信濃·長野縣
13. 唐子村·唐子橋·上唐子·下唐子	武藏·埼玉縣
14. 辛川鄕	下總·千葉縣
15. 韓濱	播磨·兵庫縣
16. 韓荷嶋·辛荷·辛昧島	播磨·兵庫縣
17. 韓泊	同 上
18. 辛室鄕·韓室里	同 上
19. 辛島鄕	豊前·大分縣
20. 韓良鄕·韓泊·唐泊·韓亭·可良浦	筑前·福岡縣
21. 辛家·唐坊	同 上
22. 加唐鄕	肥前·佐賀縣
23. 辛家鄕	肥後·熊本縣
24. 韓埼	對馬·長崎縣
25. 韓家鄕·唐坊	日向·宮崎縣
26. 唐港	薩摩·鹿兒島縣
27. 韓國嶽·空韓嶽	大隅·宮崎縣

<표 7>에 나타나 있는 바와 같이 日本列島는 한국 국명을 가져다 붙인 지명으로 뒤덮여 있다. 이러한 사실은 일본열도 전지역에 존재하는 韓國關係 神社의 분포[11]와도 상응하여(<표 8> 참조), 古代에 倭國에 100여 개의 小國이 있었다는 『晋書』의 기록과도 상응한다.[12] 또, 일본의 인류학자 하니하라 가즈로(埴原和郎)는 서기 700년 현재 古代 日本의 원주민과 일본으로의 이주자 비율은 1 대 9 내지 2 대 8로, 이중에서 후자, 즉 이주자는 '한반도를 경유해서 온 아시아 대륙인'이라 하였는데[13] 이 아시아 대륙인이 바로 古代 韓國人이었음을 알게 된다. 또, 百濟라는 지명이 畿內 지역에 집중되어 있음이 <표 7>에 잘 나타나 있다. 야마토왜의 정치 중심지인 畿內는 백제로부터 집단이주민이 정착하여 개척한 지역이었음을

---

11) 최재석, 1992, 「日本列島내의 여러 古代小王國 硏究序說」 『大丘史學』 43(『統一新羅·渤海와 日本의 關係』 수록).

12) 『晋書]』 倭人傳.

13) 埴原和郎(Kazuro Hanihara), 1987, "Estimation of the Number of Early Migrants to Japan: A Simulative Study", 『人類誌』 95-3.

알 수 있다. 이는 오진(應神) 天皇 때 한국에서 17縣의 人民이 이주하여
高市郡 檜前村에 정착하였는데, 高市郡에서 他姓者는 10 가운데 1, 2 정도
도 안 된다는 『續日本記』 寶龜 3년 4월조의 기사와 상응한다고 하겠다.

〈표 7〉 韓國國名을 본딴 地名이 있는 日本地域(國名)

國　名	百　濟	高句麗	新　羅	가라·伽耶
攝津(兵庫·大阪)	○	○		○
河內(大阪)	○	○	○	○
和泉(大阪)	○			○
大和(奈良)	○			○
近江(滋賀)	○			○
肥後(熊本)	○		○	○
上野(群馬)	○			○
武藏(東京·埼玉·神奈川)		○	○	○
播磨(近兵)			○	○
丹後(京都)			○	○
陸奧(靑森·岩手·宮城·福島)			○	○
越前(福井)			○	
越中(富山)			○	
能登(石川)			○	
加賀(石川)			○	
備前(岡山)			○	
陸前(宮城)			○	
安藝(廣島)			○	
筑後(福岡)			○	
伊勢(三重)			○	○
山城(京都)		○	○	○
丹波(京都·兵庫)		○		○
相模(神奈川)		○		○
甲斐(山梨)		○		
伯耆(鳥取)		○		○
筑前(福岡)		○		○
石見(島根)				○
遠江(靜岡)				○
信濃(長野)				○
下總(茨城·千葉)				○
豊前(福岡·大分)				○
肥前(佐賀)				○

對馬(長崎)				○
日向(宮崎)				○
薩摩(鹿兒島)				○
大隅(宮崎)				○
備後(廣島)				○
備中(岡山)				○
讃岐(香川)				○
但馬(兵庫)				○
美濃(岐阜)				○
尾張(愛知)				○
上總(千葉)				○
岩代(福島)				○
陸中(岩手)				○
下野(栃木)				○
若狹(福井)				○

〈표 8〉 韓國關係 神社의 所在地와 數

國 名	神社數	國 名	神社數
1. 出雲(島根)	13	20. 若狹(福井)	2
2. 近江(滋賀)	10	21. 因幡(鳥取)	2
3. 河內(大阪)	10	22. 隱岐(長崎)	2
4. 伊勢(三重)	10	23. 播磨(兵庫)	2
5. 越前(福井)	9	24. 豊前(福岡·大分)	1
6. 大和(奈良)	8	25. 大隅(鹿兒島)	1
7. 能登(石川)	8	26. 筑前(福岡)	1
8. 山城(京都)	6	27. 加賀(石川)	1
9. 武藏(東京·埼玉)	6	28. 肥後(熊本)	1
10. 攝津(兵庫·大阪)	5	29. 飛彈(岐阜)	1
11. 丹波(京都·兵庫)	5	30. 紀伊(和歌山)	1
12. 美濃(岐阜)	5	31. 丹後(京都)	1
13. 伊豆(靜岡)	4	32. 肥前(佐賀)	1
14. 對馬(長崎)	4	33. 伊賀(三重)	1
15. 遠江(靜岡)	4	34. 伊豫(愛媛)	1
16. 和泉(大阪)	4	35. 尾張(愛知)	1
17. 但馬(兵庫)	4	36. 信濃(長野)	1
18. 越後(新潟)	3	37. 常陸(茨城)	1
19. 阿波(德島)	3		

요컨대, 日本列島 전지역이 古代 韓國國名(新羅·百濟·高麗·伽耶 등)으로 뒤덮여 있다는 것은 바로 古代 韓國人이 집단적으로 日本列島로 건너가서 그곳을 개척하며 생활하였다는 것을 뜻한다.

2) 6세기의 한일관계

일본(야마토왜)은 앞에서 언급한 바와 같이, 7세기초 즉 603년에 이르러서야 비로소 처음으로 冠位를 시행하였다고 『日本書紀』는 기록하고 있다.[14] 이것은 바꾸어 말하면, 603년 이전 즉 6세기 일본은 아직도 국가체제를 갖추지 못하였다는 것을 의미한다. 그런데 6세기는 백제 武寧王(501~523년 在位)·聖王(523~554년 在位)·威德王(554~598년 在位) 3王의 在位 시대와 거의 일치한다. 바로 이 6세기에 백제 武寧王·聖王·威德王 세 왕이 백제 관리를 파견하여 일본을 경영하였다.

『日本書紀』는 백제왕이 使人[백제 관리]을 파견하여 야마토왜를 경영한 것을 더욱 분명히 밝힌 기사를 4곳(繼體 7년, 繼體 10년, 欽明 8년, 欽明 15년)이나 기록하고 있다. 그러나 『日本書紀』는 그러한 기사 전후에 그러한 내용을 은폐하는 기사[15]도 함께 게재하고 있다.

(1) 『日本書紀』는 513년(武寧王 13; 繼體 7) 백제 무령왕이 두 장군(姐彌文貴, 州利即爾)과 五經박사 段楊爾를 파견하여 야마토왜를 경영케 하고 繼體 10년(武寧王 16; 516) 9월에 새로 백제에서 파견된 五經박사 漢高安茂에 그 임무를 인계하고 귀국하였다고 기록하고 있다. 이에 관한 『日本書紀』의 기록을 제시하면 다음과 같다. 윤색된 것을 그대로 제시한다.

---

14) 推古 11년(603년) 十二月戊辰朔 壬申 始行冠位(『日本書紀』).
15) 『日本書紀』의 變改 기사 등에 관해서는 최재석, 1992, 「『日本書紀』의 變改 類型과 變改年代考」 『韓國學報』 67(『統一新羅·渤海와 日本의 關係』 수록).

E-1. 繼體 7년(513; 武寧王 13) 6월. 백제는 姐彌文貴 장군과 州利卽爾 장군을 보내 穗積臣押山[『百濟本記』에는 倭의 오시야마기미(意斯移麻岐彌)라 하였다]에 따라서 五經博士 段楊爾를 보냈다. 따로 주하여 "伴跛國이 臣의 나라인 己汶의 땅을 빼앗았습니다. 아무쪼록 천은을 내려 판단하여 본국으로 되돌려 주십시오"라고 말하였다.

지금 이해를 돕기 위해 513년의 백제에 의한 야마토왜 경영 기사를 표로 제시하면 <표 9>와 같다.

〈표 9〉 513년(武寧王 13)의 백제에 의한 야마토왜 경영 기사와
그 은폐 기사(『日本書紀』)

年月	사실을 전하는 기사	사실을 전하는 기사 전후에 배치하여 그것을 은폐하는 기사
513년 6월	백제, 장군 2人(이름 略)과 五經박사 段楊爾를 파견하여 야마토왜 경영(전반부)	백제, 伴跛國이 臣(백제)의 영토인 己汶을 박탈하였으니 돌려달라고 (天皇에) 청함(후반부)

(2) 『日本書紀』는 또 516년(武寧王 16; 繼體 10) 백제 武寧王이 州利卽次 장군과 五經박사 漢高安茂를 파견하여 513년부터 3년간 야마토왜를 경영한 五經박사 段楊爾와 교체시켰다고 기록하고 있다. 이에 관한 『日本書紀』의 기록을 제시하면 다음과 같다.

E-2. 繼體 10년(516; 武寧王 16) 9월. 百濟가 州利卽次 장군을 보냈는데, 物部連과 같이 와서 己汶의 땅을 下賜해 준 것을 감사하였다. 따로 五經박사 漢高安茂를 바치고, 博士 段楊爾를 대신하려고 청하였다. 청대로 바꾸었다.

지금 516년 백제에 의한 야마토왜 경영 기사를 표로 제시하면 다음 <표 10>과 같다.

〈표 10〉 516년(武寧王 16)의 백제에 의한 야마토왜 경영 기사와
그 은폐 기사(『日本書紀』)

年月	사실을 전하는 기사	사실을 전하는 기사 전후에 배치하여 그것을 은폐하는 기사
516년 9월	백제, 五經박사 漢高安茂를 파견하여 전임자인 段楊爾와 교대시킴(중반부)	백제, 장군(이름 略)을 파견하여 (天皇이) 己汶의 땅을 下賜한 것에 감사(전반부). 백제가 오경박사를 교대할 것을 (천황에) 청을 하여 받아들임(후반부).

(3) 『日本書紀』는 또 547년(聖王 25; 欽明 8) 백제 聖王이 백제관리
東城子言을 야마토왜에 파견하여 그때까지 야마토왜를 경영한 백제관리
德率 汶休麻那와 교체시켰다고 기록하고 있다. 이에 관한 『日本書紀』의
기사를 제시하면 다음과 같다.

E-3. 欽明 8년(547; 聖王 25) 4월. 백제가 前部 德率 眞慕宣文과 奈率 奇麻
등을 보내, 구원군을 청하였다. 그리고 下部 東城子言을 보내 德率
汶休麻那에 대신하였다.

백제관리 東城子言이 547년(聖王 25; 欽明 8)부터 554년(威德王 元;
欽明 15)까지 7년간 야마토왜 파견근무를 한 것으로 보아 德率 汶休麻那
도 540년부터 547년까지 7년간 야마토왜 경영에 종사한 것으로 보인다.
E-3은 547년 백제가 일본에 구원병을 요구하기 위해 백제 관리를 파견한
것으로 되어 있으나 541년(聖王 19)부터 547년(聖王 25)까지 백제는 평화
롭고 아무런 전쟁 기운이 없었으니, 백제가 구원군을 청하였다는 기사는
윤색된 것임을 알 수 있다. 『일본서기』는 한국은 臣下, 日本은 君主로 전
제하고 일본에서 한국에 주는 것은 '賜', 반대로 한국에서 일본으로 수어
하는 것은 '貢', '獻' 등으로 표현하고 있다는 점과, 663년 白江口전투에
참전한 日本軍이 백제왕의 군대였다는 사실(후술 3)항 참조)에 유의한다
면 백제가 일본에 구원군을 청해 백제로 오게 했다는 기사는 백제가 일본

에 군대를 징집했다는 것을 나타내는 것으로 보아야 할 것이다. 지금 547
년(聖王 25; 欽明 8)의 기사를 표로 제시하면 <표 11>과 같다.

〈표 11〉 547년(聖王 25)의 백제에 의한 야마토왜 경영 기사와
그 은폐 기사(『日本書紀』)

年月	사실을 전하는 기사	사실을 전하는 기사 전후에 배치하여 그것을 은폐하는 기사
547년 4월	백제가 東城子言을 보내 그때까지 야마토왜를 경영한 汶休麻那와 교대시킴(후반부).	백제가 眞慕宣文 등을 야마토왜에 보내 구원군을 청함(전반부).

(4) 『日本書紀』는 554년(威德王 元; 欽明 15) 2월(聖王은 554년 7월에
세상을 떠났으며, 554년 2월은 실제는 聖王 32년에 해당한다)에도 백제
왕이 德率 東城子莫古를 팀장으로 하는 야마토왜 경영 팀을 파견하였다
고 기록하고 있는데, 그 내용을 제시하면 다음과 같다.

E-4. 欽明 15년(554; 聖王 32) 2월. 백제가 下部 杆率將軍 三貴, 上部奈率
物部烏들을 보내 구원병을 청하였다. 德率 東城子莫古를 보내 전번
의 奈率 東城子言과 바꾸었다. 五經博士 王柳貴를 固德 馬丁安과 바
꾸었다. 僧 曇慧 등 9인을 僧 道深 등 7인과 바꾸었다. 따로 칙을 받
들어, 易博士 施德 王道良, 曆博士 固德 王保孫, 醫博士 奈率 王有㥄
陀, 採藥師 施德 潘量豊, 固德 丁有陀, 樂人 施德 三斤, 季德 己麻次,
季德 進奴, 對德 進陀 등을 보내왔다. 다 청에 의하여 교대한 것이다.

554년 2월에는 聖王이 과거 어느 때보다도 다양한 전문가로 구성된
대규모의 야마토왜 경영 팀을 파견하였음을 알 수 있다. 그러나 『日本書
紀』 편찬자는 이러한 사실 기사를 은폐하기 위해 사실을 나타내는 기사
앞과 뒤에 은폐기사를 싣고 있다. 이해의 편의를 얻기 위해 554년의 백제
에 의한 야마토왜 경영 기사와 그 기사의 전후에 배치한 은폐기사를 표로
제시하면 <표 12>와 같다.

〈표 12〉 554년(聖王 32)의 백제에 의한 야마토왜 경영 기사와
그 은폐 기사(『日本書紀』)

年月	사실을 전하는 기사	사실을 전하는 기사 전후에 배치하여 그것을 은폐하는 기사
554년 2월	백제, 官人·五經박사·僧·易박사·曆박사·醫박사(이름 略) 등을 보내 전번에 보낸 파견 팀(이름 略)과 교대시킴(중앙부).	·백제가 또 사인을 보내 구원병을 요청(서두부) ·백제가 교대를 청하여 (천황이) 받아들임(후반부)

    백제에 의한 야마토왜 경영 기사는 그 당시 야마토왜에 거주하는 지배층은 모두 백제 옷을 착용했다는 『扶桑略記』의 기록에 의해 뒷받침된다고 하겠다. 즉, 『扶桑略記』「第三 推古天皇上條」는 아스카(飛鳥) 지역에 法興寺를 짓고 舍利를 奉安하는 날에 소가 우마코(蘇我馬子)를 비롯하여 100여 인이 모두 백제복을 착용했다고 기록하고 있다. 6세기 야마토왜 지도자는 백제복을 착용하고, 덴무(天武) 시대 일본의 지도자는 新羅式 朝服을 착용했음을 알 수 있다. 후자의 경우는 이미 언급한 바 있으므로[16] 재론하지 않기로 한다.

    앞에서 언급한 바와 같이 일본에서 최초로 冠位를 시행하여 국가의 형태를 갖춘 603년(推古 11) 이전인 6세기 백제 武寧王·聖王은 여러 번 백제 관리를 파견하여 일본을 경영하였다. 501년부터 523년까지 在位한 武寧王은 일본에 백제 왕자나 오경박사를 파견하여 그곳을 통치하였으며, 父王인 무령왕의 뜻을 계승한 聖王은 무령왕보다 더 대규모의 각종 전문인으로 구성되는 경영 팀을 일본에 파견하였으며, 일본에 최초로 百濟佛敎를 포교하기도 하였다. 무령왕은 자신이 통치한 일본에서 말 40필을 백제로 가져왔지만, 성왕은 많은 군대와 人夫를 징집하였으며 무령왕보다 더 많은 물자, 즉 종자보리 1,000석, 良馬 170여 필, 선박 50여 척, 弓 50장, 箭 80具를 일본에서 징수하였다. 父王인 성왕의 對日 불교정책을 더욱 계

---

16) 최재석, 1993, 『統一新羅·渤海와 日本의 關係』 참조.

승 발전시킨 위덕왕은 백제의 관리, 승려, 造寺工, 造佛工 등을 파견하여
여러 곳에서 사찰과 불상을 조성하고 이를 경영하였다. 『日本書紀』 스순
(崇峻) 元년조에는 588년(威德王 35) 백제왕이 백제 관리, 僧, 造寺工, 造
佛工 등을 일본에 파견하여 法興寺를 조영하였다고 기록하고 있다. 위덕
왕은 일본 경영에 힘을 쏟은 父王인 聖王을 위해 日本 奈良에서 法隆寺
夢殿의 관음을 조성하였는데,[17] 이 사실은 백제가 그곳을 다스렸다는 것
을 보여 주는 또 하나의 귀중한 역사적 사실이라 할 수 있다.

그런데 『일본서기』는 E-3(547년)과 E-4(554년)에 나타나 있는 바와 같
이 백제가 사람을 일본에 보내 구원병을 구걸(乞)하였다고 기록하고 있으
나 이는 전적으로 역사적 사실을 왜곡한 것이다. 백제가 일본에 구원병을
구걸하였다는 표현에는 일본이 백제를 보호하는 종주국이라는 것이 전제
되어 있으나, 실제로는 백제가 일본의 종주국이다. 백제는 처음에는 3년 임
기제, 후에는 7년 임기제의 일본 경영 백제관리팀을 파견하였는데, 이는
<표 9>~<표 12>에도 나타나 있다. <표 13>에 나타나 있는 바와 같이 백제
는 수시로 말, 선박, 보리 종자, 활, 화살, 병기 등을 일본에서 징수하였으며,
심지어는 군대와 인부까지 징집하였다. 663년 백강구전투에 참전한 일본
군대가 백제왕의 군대였다는 사실도 백제와 일본의 관계를 여실히 나타내
는 역사적 사건의 하나라고 할 수 있다.

513년(武寧王 13) 백제의 땅(己汶)을 伴跛國이 약탈해 갔는데, 백제가
伴跛國에 대해서가 아니라 일본 천황에 대해서 己汶의 땅을 돌려 달라고
한 E-1의 기사도 비논리적이고, 516년(武寧王 16) 백제가 일본 천황으로
부터 그 己汶 땅을 돌려받은 것을 감사하여 일본에 계몽시킬 五經박사를
파견하였다는 E-2의 기사도 이치에 맞지 않는다. 伴跛國이 백제의 땅을

---

17) 최재석, 2002, 「6세기의 백제에 의한 大和倭 경영과 法隆寺 夢殿의 觀音像」
『韓國學報』 109 ; 김상현, 1999, 「백제 威德王의 父王을 위한 追福과 夢殿觀
音」 『韓國古代史硏究』 15.

약탈해 갈 정도의 강국이라고 주장하나 그러한 국가가 존재했다는 증거는 아무데도 없다. 그리고 또 伴跛國이 궁극적으로는 같은 지역에 거주하는 호족의 힘보다도 약한 일본 천황의 소유였다고 주장하나 이 주장도 무리이고 설득력이 없다. 513년의 기사와 516년의 기사 양자 모두 백제에 의한 일본 경영 사실을 은폐 내지 변질시키기 위한 기사이다.

武寧王·聖王·威德王은 백제관리를 파견하여 야마토왜(일본)를 경영했을 뿐만 아니라 경영의 결과로 얻어진 결실도 여러 번 일본에서 가져왔다. 3王 가운데 무령왕과 위덕왕은 각각 한 번 정도 일본에서 물품을 가져온 데 비해 聖王은 여섯 번씩이나 일본에서 군대·人夫를 비롯하여 馬·麥·木船·弓·箭 등을 가져왔다. 지금 『日本書紀』에서 그 내용을 제시하면 다음과 같다.

> F-1. 512년(武寧王 12; 繼體 6) 4월 6일. 倭人 穗積押山으로 하여금 馬 40필을 가져오게 하였다.
>
> F-2. 546년(聖王 24; 欽明 7) 정월 3일. 일본 경영에 참여한 백제 관리 奈率 己連 등이 良馬 70여 필, 배 10척을 가지고 귀국하였다.
>
> F-3. 548년(聖王 26; 欽明 9) 10월. 370인을 백제에 파견하여 得爾辛에 城 축조하는 것을 도왔다.
>
> F-4. 550년(聖王 28; 欽明 11) 2월. 백제에 使人을 보내 矢 30具(1具=50本)를 바쳤다.
>
> F-5. 551년(聖王 29; 欽明 12) 3월. 일본이 麥種 1,000石을 백제왕에게 바쳤다.
>
> F-6. 553년(聖王 31; 欽明 14) 6월. 일본이 內臣을 보내 良馬 2필, 木船 2척, 弓 50장, 箭 50具를 보냈다.
>
> F-7. 554년(聖王 32; 欽明 15) 정월 9일. 일본 內臣으로 하여금 援軍 1,000명, 馬 100필, 배 40척을 보냈다(성왕은 이러한 무기로 7월에 신라를 공격하였다).
>
> F-8. 556년(威德王 3; 欽明 17) 정월. 백제 왕자 惠가 일본에서 귀국할 때 兵仗 良馬를 많이 가져왔다.

『삼국사기』 성왕 32년(554) 7월조에 백제 성왕이 신라 관산성을 공격했다는 기사가 있다. 이보다 6개월 전인 정월 9일에 백제가 일본에서 군대를 징집하고 많은 군수물자를 징수하였으니 백제는 이러한 군대와 물자를 가지고 신라와 전쟁을 하였음을 알 수 있다.

위의 기사를 표로 제시하면 <표 13>과 같다.

〈표 13〉 백제가 日本(야마토왜)에서 징집한 군대·인부와 징수한 물품

연대	物品							
	馬	船	麥種	弓	箭	人夫	군대	兵器
512년(武寧王 12; 繼體 6)	40필							
546년(聖王 24; 欽明 7)	70여필	10척						
548년(聖王 26; 欽明 9)						370인		
550년(聖王 28; 欽明 11)					30구			
551년(聖王 29; 欽明 12)			1,000석					
553년(聖王 31; 欽明 14)	2필	2척		50장	50구			
554년(聖王 32; 欽明 15)	100필	40척					1,000명	
556년(威德王 3; 欽明 17)	많이							많이

앞에서 언급한 바와 같이 무령왕은 왕 12년(512)에 말 40필을 일본에서 가져왔으며, 손자인 위덕왕은 왕 3년(556)에 구체적인 수량을 밝히지는 않았으나 각각 많은 양의 말과 병기를 일본에서 가져왔다. 무령왕의 아들이자 위덕왕의 父인 聖王은 548년(聖王 26)에 370人의 人夫를 일본에서 데리고 와서 성을 수축케 하였으며, 聖王 29년(551)과 聖王 32년(554)에는 각각 1,000석에 이르는 막대한 양의 보리와 무려 1,000명에 달하는 군대를 징집하여 백제로 데리고 왔다. 이 밖에 聖王 24년(546)에는 70여 필의 말과 10척의 선박을 그리고 8년 후인 聖王 32년(554년)에는 100필의 말과 40척의 선박을 징집하여 백제로 가져왔다. 또 聖王 28년(550)에는 30具의 화살, 동 31년(553)에는 50장의 활과 50具(2,500본)의 화살을 일본에서 가져왔다. 이와 같이 6세기인 무령왕·성왕·위덕왕 시대에 백제가 통치한 일본에서 군대를 징집하고 말, 보리 종자 등 여러 물자를 가져왔는데, 이로부터 100여 년이 경과한 7세기 후반에도 다음 항에서

언급하는 바와 같이 倭兵(倭兵은 백제왕 豊의 군대였다)을 징집하고 많은 양의 활·綿·布·가죽·볍씨 등을 가져왔다. 이것들은 일본을 경영한 결과 얻어진 과실이라 할 수 있을 것이다. 6세기와 7세기를 통해 백제는 변함 없이 일본에서 군대를 징집하고 많은 종류의 각종 물자를 가져온 것이다.

3) 663년 白江口전투 전후의 한일관계

660년(義慈王 20) 7월 백제 의자왕이 羅唐연합군에 항복한 지 5개월 후인 同年 12월에 일본의 사이메이천황은 백제 武王의 從子(姪)[18]인 福信의 지시에 따라 筑紫(지금의 北九州의 福岡)에 달려가서 백제 구원군을 보내려고 여러 병기를 준비하였으나[19] 661년(文武王 元; 齊明 7) 7월 그곳에서 급사하였다.[20] 그러자 다음해인 662년(文武王 2; 天智 元) 정월에 사이메이의 뜻을 계승한 덴지천황이 福信에게 활 10만隻, 絲 500근, 綿 1,000근, 布 1,000端, 가죽 1,000張, 볍씨 3,000석을 주었다.[21] 663년(文武王 3) 白江口전투 때 백제 부흥군의 王인 豊은 이러한 무기를 가지고 전쟁을 한 것이다.

그런데 663년 백강구전투 때 백제 부흥군의 편에서 싸운 倭軍(日本軍)은 다름 아닌 백제 부흥군의 왕인 豊의 군대였다. 이러한 사실은 『三國史記』, 『舊唐書』, 『唐書』 등에 명기되어 있다. 『三國史記』 義慈王 20년조는 백강구전투 때 백제왕이 패배해 도주하자 왕자인 忠勝과 忠志가 백제군과 일본 군대인 倭人을 거느리고 항복했다고 기록하고 있고, 『舊唐書』 백제조는 일본군이 백제왕 豊의 군대(扶餘豊之衆)였으나 白江口전투에서 패해 백제왕 豊이 도주하자 왕자인 忠勝과 忠志가 백제군과 일본군을 거느리고 항복했다고 기록하고 있다. 『唐書』 백제조도 전쟁에 패하자 백제

---

18) 『三國史記』 義慈王 20년.
19) 『日本書紀』 齊明 6년 12월 24일.
20) 『日本書紀』 齊明 7년 7월 24일.
21) 『日本書紀』 天智 元年 정월 27일.

왕자인 忠勝·忠志가 백제군과 일본군을 거느리고 항복했다고 기록하고 있다. 이렇게 볼 때, 『日本書紀』에 기재되어 있는 사이메이와 덴지가 실제로 존재한 인물인지는 매우 회의적이다.

660년 백제 의자왕이 나당연합군에 항복할 때도 백제의 일반 백성과 지배층은 아무런 동요도 없었다. 그러나 왕자의 신분으로 일본으로 파견되어 있던 豊이 귀국하여 백제의 王이 되어 倭軍을 거느리고 663년 나당연합군과 싸웠으나 패하여 도주하고, 왕자인 忠勝과 忠志가 倭軍을 거느리고 항복하자 비로소 백제의 모든 城이 항복하고 백제 지배층과 일반 백성이 일본으로 향하였다.[22] 의자왕이 항복했다 하더라도 백제왕의 군대인 倭軍이 아직 건재하기 때문에 백제인들은 일본으로 이주할 생각은 하지 않았던 것이다.

665년에는 일본에서는 일본으로 이주하기 전에 백제에서 받았던 관위에 상응하는 새로운 관위를 주기 위해 백제국의 관위의 계급을 조사하였다.[23] 다시 말하여, 白江口(白村江)전투에서 패하자 백제의 지배층과 일반 백성이 대거 일본으로 이주하고, 또한 그들이 백제에서 받았던 官位에 상응하는 관위를 주었다는 사실은 백제와 야마토왜(日本)의 관계를 나타내는 하나의 단면이라 할 수 있겠다.

백제와 일본과의 관계를 시사하는 또 하나의 중요한 현상은 백제의 官位를 가진 장군들이 白江口전투에 패하자 일본으로 후퇴하여 있을지도 모를 나당연합군의 침공에 대비하여 그곳에 방위산성을 구축한 일일 것이다. 말하자면, 백제 장군들에 있어서 백제가 제1 전선이고, 일본이 제2 전선이었던 것이다. 그런데 종래 일본 학계는 이러한 백제 장군의 역할에 대해서는 외면한 채 백제가 멸망하자 많은 백제인이 일본에 망명했다고 왜곡된 주장을 하였던 것이다.

---

22) 『日本書紀』天智 2년 9월 ; 『舊唐書』백제 및 劉仁軌조 ; 『唐書』백제편.
23) 『日本書紀』天智 4년 2월.

지금 백제 지배층의 야마토왜로 후퇴와 일본 내 정착, 百濟將軍들의 일본 내 방위용 산성 구축과 관련 있는 기사를 『日本書紀』에서 제시하면 다음과 같다.

G-1. 天智 2년(663) 9월 7일. 백제의 州柔城이 처음으로 唐에 항복하였다. 9월 24일 일본의 水軍 및 佐平 余自信, 達率 木素貴子·谷那晋首·憶禮福留와 一般人民이 弖禮城에 도착하였으며 다음날 배를 내어 처음으로 일본으로 향하였다.

G-2. 天智 3년(664) 이해. 對馬島·壹岐島·筑紫國에 邊境防人(防衛兵)과 烽火臺를 설치하였다. 또, 筑紫에 防衛 시설로 큰 제방을 쌓아 물을 저축하였다. 水城이라 불렀다.

G-3. 天智 4년(665) 2월 이달. (백제의 멸망 이후 이주한 百濟人에 관위를 주기 위해) 百濟國의 관위 계급을 조사하였다. 또, 백제의 人民 남녀 400여 명을 近江國 神前郡에 살게 하였다. 3월, 神前郡의 백제인에 田을 주었다.

G-4. 天智 4년(665) 8월. 達率 答体春初를 파견하여 長門國에 城을 쌓고, 達率 憶禮福留, 達率 四比福夫를 筑紫에 파견하여 大野와 橡에 두 개의 城을 쌓았다.

G-5. 天智 5년(666) 겨울. 백제의 남녀 2,000여 명을 東國에 살게 하였다. 백제 사람들에게 663년부터 3년간 官의 음식을 주었다.

G-6. 天智 6년(667) 3월. 王都를 近江으로 옮기다.

G-7. 天智 6년(667) 11월 이달. 倭國 高安城, 讚吉國 山田郡의 屋嶋城(지금의 香川縣 高松市 屋島), 對馬島의 金田城(지금의 下縣郡 美津島町 竹敷 城山)을 쌓았다.

G-8. 天智 7년(668) 7월. 栗前王을 筑紫率(筑紫大宰師)에 임명하였다. 그때 近江國은 武術훈련을 하였다.

G-9. 天智 8년(669) 1월 9일. 蘇我赤兄臣을 筑紫率로 임명하였다. 이해 겨울, 高安城을 수리하여 畿內의 田稅를 그곳에 모았다. 이해, 佐平 余自信, 佐平 鬼室集斯 등 남녀 700명을 近江國 浦生野에 이주시켰다.

G-10. 天智 9년(670) 2월. 또, 高安城(奈良縣 生駒郡과 大阪府 八尾市의 경계)을 수리하여 곡식과 소금을 비축하였다. 또, 長門城 하나 筑紫城 두 개를 구축하였다.

위의 기사들은 다른 기사들에 비해 비교적 윤색·은폐된 부분이 적은 것으로 보인다. G-1은 663년 백제 저항군의 거점인 州柔城이 함락되자 백제 지배층이 대거 야마토왜로 떠났다는 기사이다. 이 기사에는 佐平 余自信, 達率 木素貴子, 達率 谷那晋首, 達率 憶禮福留 등 4명의 지배층 인사만 거명하고 있으나 이보다 훨씬 많은 지배층이 야마토왜로 간 것으로 생각된다. G-4는 665년 達率 答㶱春初는 長門國에서 山城을 쌓고 達率 憶禮福留, 達率 四比福夫는 筑紫로 가서 大野와 椽의 城을 쌓았다는 기사이다. 이들은 모두 達率의 관위를 가진 백제 장군들이다. 達率(백제 16品 官位 중 두 번째)이라는 백제 관위를 가진 백제의 고급관리가 일본에 가서 城을 쌓았다는 것을 보여 주는 기사이다. G-9는 660년 백제 의자왕이 나당연합군에 항복한 지 9년이 지난 669년에도 백제의 관위가 일본에서 통용되었다는 것을 나타내는 기사이다. 『日本書紀』는 達率 憶禮福留에 대해서만 그가 663년 州柔城이 함락하자 야마토왜로 간 것으로 기록하고 達率 答㶱春初과 達率 四比福夫 등에 대해서는 이들이 언제 야마토왜로 갔는지 기록하고 있지 않으나 이들도 達率 憶禮福留와 같은 시기에 같은 배로 야마토왜에 간 것으로 생각된다. 答㶱春初는 憶禮福留와 함께 덴지 10년(671) 정월에 야마토왜에서 제정(664년 제정)된 관위를 수여받았다. 『日本書紀』는 일본에서 603년(推古 11), 647년(大化 3), 649년(大化 5) 2월, 664년(天智 3) 5월에 관위가 제정·시행되었다고 기술하고 있지만, 지금 보아온 바와 같이 일본에서 관위가 제정된 이후인 665년과 669년에 백제 관위가 일본에서 통용되었던 것이다.

G-2는 664년에 對馬島·壹岐島·筑紫 등에 防人과 봉화대를 설치함과 동시에 筑紫에 방위 시설인 水城을 구축한 기사이고, G-7은 백제 장군 등이 倭國에 高安城, 讚吉國에 屋嶋城, 對馬島에 金田城을 구축한 기사이다. G-2와 G-7의 城은 후퇴한 백제 장군이 구축한 성이라는 것이 기록되어 있지 않으나, 이러한 성이 G-4와 거의 같은 시기에 구축한 百濟山城

이라는 점과 이러한 山城이 다같이 韓半島에서 筑紫를 거쳐 야마토왜에 이르는 길목에 있다는 점에서 G-2와 G-7의 山城도 G-4의 長門國·筑紫의 백제식 山城처럼 백제 장군이 구축하였음을 알 수 있다.

羅唐연합군의 침공에 대비하여 후퇴한 백제 장군들이 구축한 백제산성의 위치는 <도면 2>와 같다. 백제의 장군들이 야마토왜로 후퇴하여 그곳에서 방어 성벽을 쌓는 것과 더불어 백제의 지배층도 야마토왜로 건너가서 야마토왜로 피난·이주해 온 백제 이주민을 관할하고 경영해 왔다.

〈도면 2〉 백제 본토에서 야마토왜로 후퇴한
백제 장군들이 구축한 백제 산성

『日本書紀』는 야마토왜로 피난·이주한 백제인이 665년에는 400명 (G-3) 666년에는 2,000여 명(G-5) 669년에는 700여 명(G-9)이나 되었다고 기록하고 있는데, 이들은 대개 백제의 지배층인 것으로 생각된다.

사료 G-1~G-10에 의해 다음과 같은 사실을 알게 된다.

663년 9월 백제의 州柔城이 함락되자 백제의 지배층은 일본으로 후퇴하여 그곳에서 나당연합군의 침공에 대비해 방위용 성벽을 구축하였다. 백제의 제2의 관위인 達率이라는 관위를 가진 백제 관리(장군)가 일본에 건너가서 백제인과 일본인을 동원하여 군사행동을 했다는 것은 6세기의 백제와 일본과의 관계를 고려하면 일본이 백제의 영토였음을 보여 주는 것이라 하겠다. 백제의 장군들은 對馬島→壹岐→筑紫→長門→讚吉→河內→大和의 海上 루트상에 방위성을 구축하여 신라의 침공에 대비했던 것이다(<도면 2> 참조). 이 사정을 좀더 구체적으로 말하면 다음과 같다.

① 664년 對馬島에 방위병과 봉화대를 설치하여 놓고도 마음이 놓이지 않아 667년에 다시 대마도에 城을 구축하였다.

② 또한, 664년에 筑紫에도 방위병과 봉화대를 설치하고, 또한 水城을 축조하고도 마음이 놓이지 않아 665년에 大野와 椽의 두 곳에 城을 구축하였으며, 670년에 다시 筑紫城을 구축하였다.

③ 665년 8월에 長門에 城을 구축하였으나, 역시 마음이 놓이지 않아 670년 2월에 長門城을 하나 더 구축하였다.

④ 九州와 大和와의 海上 要地(지금의 香川縣)에도 성을 구축하여 결국 이중 삼중의 성을 구축하였다.

⑤ 위와 같은 방위산성을 구축하고도 안심이 되지 않아 軍事 요지인 筑紫의 책임자를 1년 사이에 두 번이나 갈아치웠으며, 그래도 또 신라의 침공이 염려되어 667년에 王都에(더욱 정확히 말하면 王都인 大和와 河內의 경계선에 위치함) 高安城을 구축하여 大和 방어의 최후의 방벽으로 삼았으며 3년 뒤인 670년에 이 성을 改修하였다.

⑥ 667년 3월 신라가 王都인 大和를 공격하지 않을까 몹시 불안에 싸였고 민심이 극도로 흉흉하였으므로, 王都 사람들의 반대가 있었음에도 內海에서의 공격을 예상할 경우 大和보다 훨씬 깊숙한 곳에 위치하여 훨씬 안전

한 곳으로 예상되는 湖水(琵琶湖) 가의 近江(大津)으로 왕도를 천도하였다.

⑦ 백제의 지배층은 이러한 방위상의 대비책 이외에 백제로부터 대량의 이주자에 대한 대책에 부심하였다.

위에서 우리는 백제 최고 지배층 집단이 야마토왜로 이주하기 시작한 덴지 2년(663) 9월 24일부터 덴지 9년(670)까지 야마토왜에 일어났던 중요한 정치적 사건은 ⓐ 城을 쌓거나 신라의 동정을 살피는 筑紫의 책임자를 임명하여 신라의 공략에 대비하는 것, ⓑ 갑자기 닥친 백제 이주민의 생활대책을 마련하는 것, ⓒ 비상식량을 비축하는 일, ⓓ 피난차 王都를 옮기는 일 등, 네 가지 유형으로 나눌 수 있음을 알게 된다. 지금 후퇴한 백제 장군들과 고위 관리들(귀족층)이 중심이 되어 대처한 위와 같은 여러 대책을 표로 제시하면 <표 14>와 같다.

〈표 14〉 663~670년까지 사이에 백제에서 일본으로 후퇴한
백제 장군과 백제 귀족이 취한 대책

연 도		방위 대책	백제 이주민 대책	식량 비축	遷都
663년	9월 7일	(백제 州柔城 함락)			
	9월 24일	(백제 지배층 倭로 떠남)			
664년		① 대마도·壹岐島·筑紫에 방위병과 봉화대 설치 ② 筑紫에 水城 구축			
665년	2월		移住 백제인 官位 조사. 400여 이주민 近江으로 이주		
	3월		近江 이주 백제인에 田畓 지급		
	8월	① 長門國에 城 구축 ② 筑紫에 大野·椽에 城 구축			
666년 冬			① 2,000여 백제인 東國으로 이주		

			② 663년부터 이들에게 식량 제공	
667년	3월			王都를 近江으로 천도
	11월	① 對馬島 金田城 구축 ② 讚吉의 屋嶋城 구축 ③ 河內와 大和의 경계에 高安城 구축		
668년 7월		① 筑紫率 임명 ② 近江에서 무술 수련		
669년	1월	筑紫率 임명		
	是歲 겨울	高安城 수리	백제 이주민 700여 명 近江國 浦生野로 이주	
670년 2월		① 高安城 수리 ② 長門城 筑紫城 구축		식량, 소금 비축

　백제의 지도를 받던 6세기와 倭軍이 百濟王의 군대였던 7세기를 지나 일본이 자주적 정부를 수립했다는 8세기(奈良 시대)조차 일본은 한국(신라)의 제도를 도입하여 국가를 세워 갔다. 즉, 일본의 기본법인 大寶令이나 養老令 제정도 藤原京·平城京·平安京 등의 王都나 法隆寺·東大寺 등의 국찰 조영도 신라의 지도로 행해졌다.

〈표 15〉 8세기 일본의 각종 제도와 신라

		日本 사절 中國 파견	日本 사절 신라 파견	신라 사절 日本 파견
基本法	大寶令 제정 (700~701)		693. 3.~ 695. 9.~ 700. 5.~700. 10.	697.10.~698. 2. 700.11.~701(?)
편찬	養老令 제정 (715~721)	717. 3.~718. 10.	712.10.~713. 8. 718. 5.~719. 2. 719. 8.~	714.11.~715. 3.
王京	藤原京 조영 (692~694)		693. 3.~	690. 9.~690. 12. 692.11.~693. 2. 693. 2.~

조성	平城京(奈良) 조영 (708〜710)	702. 6.〜704. 7.	700. 5.〜700. 10. 703.10〜704. 8.	705.10.〜706. 正 709. 3.〜709. 6.
	平安京(京都) 조영 (793〜794)	777. 6.〜778. 10.	779. 2.〜779. 8	779.10.〜780. 2.
사찰건립	再建法隆寺 조영 (7세기말)		675. 7.〜676. 2. 676.10.〜677. 6. 681. 7.〜681. 9. 684. 4.〜685. 5. 687. 正.〜689. 正. 693. 3.〜 695. 9.〜	679.10.〜680. 6. 680.11.〜681. 8. 681.10.〜682. 2. 683.11.〜684. 3. 684.12.〜685. 3. 685.11.〜686. 5. 687. 9.〜688. 2. 689. 4.〜689. 7. 690. 9.〜690. 12. 692.11.〜693. 7. 697.10.〜698. 2.
	東大寺 조영 (743〜752)	752. 윤3.〜753. 12. (제2선)	742.10.〜752. 正.	

비고: 각 사절 파견의 年月은 『續日本紀』에 의거함

　　이 가운데 大寶令 제정, 藤原京·平城京·平安京·東大寺 조영은 신라
에서 일본에 파견한 신라 사인의 日本 체류중에 진행되었다는 것이 <표
15>에 분명히 나타나 있다. 따라서 종래 일본 학자들이 한결같이 입을 모
아 日本 古代의 각종 제도는 중국 것을 도입하여 만들었다는 주장은 사
실과 거리가 먼 근거 없는 허구였음을 알게 된다.

4. 맺는말

　　앞에서 『일본서기』에 의거하여 고대 일본의 정치 상황 즉 일본 천황의
거처와 왕권 정도, 일본의 冠位 시행, 일본의 강역, 조선·항해 수준 등을
살펴보았다. 일본 천황은 맨땅에 나무기둥을 박고 띠·나무껍질로 지붕을

이은 집에서 살았으며, 같은 지역에 사는 한 호족보다도 힘이 약했고, 일본의 冠位는 7세기 초에 이르러서야 시행되었으며, 또 일본의 강역은 7세기에도 야마토(大和·奈良), 가와치(河內·大阪), 세쓰(攝津·兵庫), 야마세(山脊) 범위 정도였으나, 그 이전은 더욱 협소하여 야마토(奈良) 범위에 지나지 않았다. 7세기 강역도 하나의 독립국으로 유지할 정도의 넓은 강역은 되지 못하였으며, 조선·항해 수준이 유치하여 7세기에도 한국(신라)의 도움 없이는 해외로 나갈 수 없었다. 일본 천황의 거처·왕권과 일본의 조선·항해 수준 등을 파악하게 되면 왜 '百濟'·'新羅'·'高(句)麗' 등의 한국 고대 국명이 일본열도를 뒤덮고 있었으며, 백제가 어떻게 6세기와 7세기에 걸쳐 일본에서 많은 군대를 징집하고, 그밖에 여러 종류의 물품을 다량으로 백제로 가져올 수 있었는지, 또 왜 663년 白江口전투에 참전한 倭軍이 백제왕의 군대였는지 등의 의문이 스스로 풀리게 된다.

고대 일본의 정치 상황에 주목한다면 일본이 타국(이웃나라)의 지배를 받을 개연성은 있을지언정, 일본이 타국을 지배할 수 있는 상황은 아니었음을 알게 된다. 그런데 고대 일본열도 각지의 지명은 모두 高句麗·百濟·新羅 등 고대 한국국명으로 되어 있고, 고대 일본의 정치 상황을 기록한 『日本書紀』에 6세기는 백제의 3王(무령왕·성왕·위덕왕)이 모두 각각 일본에 경영 팀을 파견하여 그곳을 경영케 했다는 기록이 있다. 또한 중국 사서인 『唐書』와 『舊唐書』가 7세기 白江口전투에 참전한 日本軍은 백제왕의 군대였고 전쟁에 패하자 백제왕자(忠勝·忠志)가 일본군을 거느리고 나당연합군에 항복했다고 기록하고 있다. 이러한 기록을 보면 적어도 6세기와 7세기 일본은 백제가 통치한 지역이었음을 알 수 있다.

그런데 고대한일관계사를 연구하는 모든 일본인 연구자는 고대 한국이 선박을 타고 온 일본의 속국 내지 식민지였다고 주장하면서도, 위에 언급한 일본의 정치 상황에 대해서는 언급하지 않았다. 따라서 『일본서기』에 기록된 왕권도 갖지 않은 일본 천황, 독립국으로 존속하기에 협소한 일본의 강역, 한국의 협조 없이는 해외에 나갈 수도 없는 조선·항해 수준 등은 도외시하고 반대로 강력한 왕권을 가진 천황, 독립국으로 꾸려 나가기에 충분한 넓이의 일본 강역, 단독으로도 해외에 진출할 수 있는 일본의 발달된 해상력을 전제로 한 일본고대사나 고대한일관계사 서술은 그것이 일본인에 의해 이루어졌든, 한국인에 의해 이루어졌든 또는 그밖에 어떤 나라 사람에 의해 이루어졌든 간에 사실과는 거리가 먼 허구의 주장이 될 수밖에 없는 것이다.

『일본서기』에 명기되어 있는 고대 일본의 정치 상황을 외면한 고대한 일관계사의 서술은, 역사 왜곡의 저의를 숨기고 있다고 하여도 그다지 지 나친 말은 아닐 것이다.

참고문헌

『舊唐書』

『唐書』

『北史』

『三國史記』

『三國遺事』

『三國志』

『續日本紀』

『續日本後紀』

『日本書紀』

『晉書』

『册府元龜』

『後漢書』

경주박물관, 1989, 『국립경주박물관』.

金東旭, 1988, 「正倉院 寶物의 位相」『新羅文化祭學術發表會論文集』 9.

金東賢 외 (편), 1976, 『新羅의 기와』, 서울: 建設韓國社.

金相鉉, 1999, 「백제 威德王의 父王을 위한 追福과 夢殿觀音」『韓國古代史研究』 15.

金容燮, 1966, 「日本・韓國에 있어서의 韓國史敍述」『歷史學報』 31.

_____, 1972, 「우리나라 近代歷史學의 發達: 1930・40년대의 實證主義歷史學」『문학과 지성』 3-3.

金貞培, 1973, 「한국고대사의 과거와 현재」『文學과 知性』 4-2.

金哲埈, 1963, 「한국고대사연구의 回顧와 전망」『東方學志』 6.

_____, 1975, 『韓國古代國家發達史』, 서울: 한국일보사.

_____, 1981, 「한국사학의 몇 가지 문제」, 韓國史研究會 (편), 『韓國史研究入門』, 서울: 韓國史研究會.

金鉉球, 1985, 『大和政權의 對外關係研究』, 東京: 吉川弘文館.

_____, 1993, 『任那日本府研究』, 서울: 一潮閣.

김현구 外 3인, 2002, 『일본서기 한국관계기사 연구 (1)』, 서울: 일지사.

리은창(李殷昌), 1978, 『한국 복식의 역사: 고대편』, 서울: 세종대왕기념사업회.

무하마드 깐수, 1992, 『新羅·西域交流史』, 서울: 檀國大學校 出版部.

문경현, 1983, 「신라국가형성의 과정 연구」 『대구사학』 6.

文化公報部 文化財管理局 (편), 1978, 『雁鴨池發掘調査報告書』, 서울: 文化公報部 文化財管理局.

文化財管理局 文化財研究所 (편), 1984, 『皇龍寺: 遺蹟發掘調査報告』, 서울: 文化財研究所.

閔吉子, 1989, 「韓國傳統染色種類의 範疇에 관한 研究: 防染技法을 중심으로」 『國民大學校 敎育論叢』 9-1.

朴相珍·강애경, 1991, 「百濟武寧王陵出土 棺材의 樹種」 『국립박물관 고적조사보고서』 23.

申瀅植, 1984, 『韓國古代史의 新研究』, 서울: 一潮閣.

兪孝通 外 (편); 安德均 (주해), 1983, 『鄕藥採取月令』, 서울: 세종대왕기념사업회.

李基東, 1980, 『新羅 骨品制社會와 花郎徒』, 서울: 韓國研究院 (1984, 서울: 一潮閣).

_____, 1981, 「百濟王室 交代論에 대해」 『百濟研究』 12.

_____, 1984, 「회고와 전망: 한국사학계, 1979~1983: 고대」 『歷史學報』 104.

李基白, 1954, 「百濟王位繼承考」 『歷史學報』 11.

_____, 1971, 「社會經濟史學과 實證史學의 문제」 『문학과 지성』 1971-봄호 (『民族과 歷史』 수록).

_____, 1973, 「古代韓日關係史 研究의 方向」 『新東亞』 1973년 1월호. (『韓國古代史論』 增補版, 1995 수록)

_____, 1975, 『韓國古代史論』, 서울: 探求堂.

_____, 1984, 「회고와 전망: 한국사학계, 1979-1983: 총설」 『歷史學報』 104.

李基白·李基東, 1982, 『韓國史講座 1: 古代篇』, 서울: 一潮閣.

李萬烈, 1977, 「日帝 官學者들의 植民史觀」, 李佑成·姜萬吉 (편), 『韓國의 歷史認識』 (下), 서울: 창작과비평사.

李丙燾, 1936, 「三韓問題의 新考察 (5)」 『震檀學報』 6.

_____, 1976, 『韓國古代史研究』, 서울: 博英社.

_____·金載元, 1959, 『韓國史: 古代篇』, 서울: 乙酉文化社.

李良燮, 1991, 「韓國傳統染色의 歷史」 『韓國民俗調査報告書』(織物工藝篇).

李如星, 1947,『朝鮮服飾考』, 서울: 白楊堂.

李鐘旭, 1987,「회고와 전망: 한국사학계 1984~1986: 古代」『歷史學報』116.

李鐘旭, 1999,「한국고대사연구 100 년: 과거-문제 (비극과 희극의 세기를 넘어서며)」『韓國史研究』104.

李弘稙, 1973,『韓國 古代史의 研究』, 서울: 新丘文化社.

曺圭和, 1975,「唐草文樣의 系譜: 古代 韓國의 唐草文樣을 중심으로」『美術資料』18.

趙孝淑, 1993,『韓國 絹織物 研究: 高麗時代를 중심으로』, 世宗大學校 박사학위논문.

崔在錫, 1985,「『三國史記』初期記錄은 과연 造作된 것인가: 소위 '文獻考證學'에 의한『三國史記』批判의 正體」『韓國學報』38. (『韓國古代社會史方法論』수록)

_____, 1986,「末松保和의 新羅上古史論 비판」『韓國學報』43. (『韓國古代社會史方法論』수록)

_____, 1987,「今西 龍의 韓國古代史論 批判」『韓國學報』46. (『韓國古代社會史方法論』수록)

_____, 1987,「三品彰英의 韓國古代社會·神話論批判」『民族文化研究』20. (『韓國古代社會史方法論』수록)

_____, 1987,『韓國古代社會史方法論』, 서울: 一志社.

_____, 1988,「末松保和의 日本上代史論 批判」『韓國學報』53. (『日本古代史研究批判』수록)

_____, 1988,「池內 宏의 日本上代史論 批判」『人文論集』33. (『日本古代史研究批判』수록)

_____, 1989,「太田 亮의 日本古代史論批判」『日本學』8·9합집. (『日本古代史研究批判』수록)

_____, 1990,「津田左右吉의 日本古代史論 批判」『民族文化研究』23. (『日本古代史研究批判』수록)

_____, 1990,「오늘날의 日本古代史研究批判: 江上波夫 外 13人의 日本古代史研究를 中心으로」『韓國學報』60. (『日本古代史研究批判』수록)

_____, 1990,「坂本太郎 外 3人의『日本書紀』批判」『韓國傳統文化研究』6. (『日本古代史研究批判』수록)

_____, 1990,「黑板勝美의 日本古代史論批判」『정신문화연구』38. (『日本古代史研究批判』수록)

崔在錫, 1990,「平野邦雄의 日本古代政治過程論 批判」『日本古代史研究批判』, 서울: 一志社.

_____, 1990,『日本古代史研究批判』, 서울: 一志社.

_____, 1990,『百濟의 大和倭와 日本化過程』, 서울: 一志社.

_____, 1991,「武寧王과 그 前後時代의 大和倭 경영」『韓國學報』65. (『統一新羅·渤海와 日本의 關係』수록)

_____, 1991,「韓國內 日本研究誌에서의 韓·日古代史 서술: 日人學者를 중심으로」『朴成壽教授華甲紀念論叢』. (『고대한일관계사 연구 비판』수록)

_____, 1992,「9세기 在唐新羅租界의 존재와 新羅租界의 日本·日本人 보호」『東方學志』75. (『統一新羅·渤海와 日本의 關係』수록)

_____, 1992,「六國史와 日本史學者들의 論理의 虛構性」『韓國傳統文化研究』8. (『統一新羅·渤海와 日本의 關係』수록)

_____, 1992,「日本列島내의 여러 古代小王國 研究序說」『大丘史學』43. (『統一新羅·渤海와 日本의 關係』수록)

_____, 1992,「任那 歪曲史 비판: 지난 150년간의 대표적 일본사학자들의 地名歪曲비정을 중심으로」『겨레문화』6. (『統一新羅·渤海와 日本의 關係』수록)

_____, 1992,「9世紀 新羅의 西部日本 進出」『韓國學報』69. (『統一新羅·渤海와 日本의 關係』수록)

_____, 1992,「『日本書紀』의 變改類型과 變改年代考」『韓國學報』67. (『統一新羅·渤海와 日本의 關係』수록)

_____, 1993,「伽耶史研究에서의 伽耶와 任那의 混同」『한국민족학연구』1. (『古代韓國과 日本列島』수록)

_____, 1993,「三品彰英의 『日本書紀』研究批判: 『日本書紀 朝鮮關係記事考證(上)』을 中心으로」『東方學志』77·78·79合輯. (『고대한일관계사 연구 비판』수록)

_____, 1993,「鈴木靖民의 統一新羅·渤海와 日本의 關係史研究 批判」『정신문화연구』50. (『統一新羅·渤海와 日本의 關係』수록)

_____, 1993,「統一新羅의 日本政治 指導」『韓國學報』71. (『統一新羅·渤海와 日本의 關係』수록)

_____, 1993,『統一新羅·渤海와 日本의 關係』, 서울: 一志社.

_____, 1994,「수출품을 통해 본 統一新羅의 美術工藝」『民族文化論叢』(영남대학교) 15. (『正倉院 소장품과 統一新羅』수록)

崔在錫, 1994, 「造船·航海 수준에서 본 통일신라와 日本의 관계」 『中大 民族發展研究院 창립 학술대회 보고서』.

_____, 1996, 「6세기 百濟 威德王의 對大和倭 불교정책과 法興寺 조영」 『정신문화연구』 65. (『古代韓日佛敎關係史』 수록)

_____, 1996, 「7세기 中國에 파견된 日本사절·學問僧과 新羅」 『韓國學報』 84. (『古代韓日佛敎關係史』 수록)

_____, 1996, 「古代 韓日佛像관계 연구 비판: 松原三郎와 毛利 久의 주장을 중심으로」 『韓國學報』 85. (『古代韓日佛敎關係史』 수록)

_____, 1996, 「田村圓澄의 古代韓日佛敎關係史연구 비판」 『民族文化』 19. (『古代韓日佛敎關係史』 수록)

_____, 1996, 『正倉院 소장품과 統一新羅』, 서울: 一志社.

_____, 1997, 「552년 百濟 聖王의 大和倭佛敎 포교」 『日本學誌』 17. (『古代韓日佛敎關係史』 수록)

_____, 1997, 「法隆寺再建과 통일신라」 『韓國學報』 86. (『古代韓日佛敎關係史』 수록)

_____, 1997, 「일본 古代美術史의 시대구분과 한국」 『韓國學報』 89. (『古代韓日佛敎關係史』 수록)

_____, 1998, 「663년 白江口전쟁에 참전한 倭軍의 성격과 新羅와 唐의 戰後 對外政策」 『韓國學報』 90. (『古代韓國과 日本列島』 수록)

_____, 1998, 「672년 日本에서 일어난 壬申의 전쟁과 統一新羅」 『韓國學報』 93. (『古代韓國과 日本列島』 수록)

_____, 1998, 「7세기 말의 日本의 疆域에 대하여」 『人文論集』 43. (『古代韓國과 日本列島』 수록)

_____, 1998, 「‘新羅送使’와 中國 파견 日本使人에 대하여」 『民族文化』 21. (『古代韓國과 日本列島』 수록)

_____, 1998, 『古代韓日佛敎關係史』, 서울: 一志社.

_____, 1998, 『일본 고대사의 진실』, 서울: 일지사.

_____, 1999, 「신라 文武大王의 對唐·對日 정책」 『韓國學報』 95. (『古代韓國과 日本列島』 수록)

_____, 1999, 「백제 義慈王에 의한 蘇我入鹿 父子 誅殺과 ‘大化改新’에 관한 『日本書紀』 기사에 대하여」 『民族文化論叢』 20. (『古代韓日關係와 日本書紀』 수록)

_____, 1999, 「鈴木英夫의 古代 韓日關係史 연구비판」 『百濟研究』 29. (『고대

한일관계사 연구 비판』수록)

崔在錫, 1999, 「『三國史記』의 加耶 기사와 『日本書紀』의 任那·加羅 기사에 대하여」『民族文化』22. (『古代韓日關係와 日本書紀』 수록)

_____, 1999, 「『일본서기』에 나타난 百濟에 의한 大和倭 경영 기사와 그 은폐 기사에 대하여」『韓國學報』96. (『古代韓日關係와 日本書紀』 수록)

_____, 1999, 「『日本書紀』에 나타난 大和倭 官位제정 기사에 대하여」『韓國學報』97. (『古代韓日關係와 日本書紀』 수록)

_____, 2000, 『古代韓國과 日本列島』, 서울: 一志社.

_____, 2001, 「『日本書紀』에 나타난 7세기말(664～672년)의 唐의 日本進出에 관한 기사」『古代韓日關係와 日本書紀』, 서울: 一志社.

_____, 2001, 『古代韓日關係와 日本書紀』, 서울: 一志社.

_____, 2002, 「6세기의 백제에 의한 大和倭 경영과 法隆寺 夢殿의 觀音像: 百濟 武寧王·聖王·威德王 三代의 大和倭 경영 재론」『韓國學報』109. (본서 제6장 수록)

_____, 2002, 「鈴木靖民의 古代韓日關係史硏究 비판」『民族文化』25. (『고대 한일관계사 연구 비판』 수록)

_____, 2003, 「井上秀雄의 古代韓日 관계사 연구비판」『民族文化』26. (『고대 한일관계사 연구 비판』 수록)

_____, 2010, 『고대한일관계사 연구 비판』, 서울: 경인문화사.

_____, 2010, 『고대한일관계사 연구』(본서), 서울: 경인문화사.

京都帝國大學 文學部, 1934, 『新羅古瓦の硏究』, 東京: 刀江書院.

古田武彦, 1973, 『失われた九州王朝』, 東京: 朝日新聞社.

關野 貞, 1941, 「朝鮮の瓦文樣」『朝鮮の建築と藝術』, 東京: [s. n.].

今西 龍, 1934, 「百濟略史」『百濟史硏究』, 京城: 近澤書店.

_____, 1934, 「百濟史講說」『百濟史硏究』, 京城: 近澤書店.

_____, 1937, 「高句麗五族五部考」『朝鮮古史の硏究』, 京城: 近澤書店.

_____, 1937, 「新羅史通說」『朝鮮古史の硏究』, 京城: 近澤書店.

旗田 巍, 1987, 「日本에 있어서의 한국사연구의 전통」『韓國史市民講座』창간호.

吉田東伍, 1971(초판: 1907), 『(增補) 大日本地名辭書』, 東京: 富山房.

羅幸柱, 1996, 「古代朝·日關係における'質'の意味」『史觀』134.

東野治之, 1977, 『正倉院文書と木簡の硏究』, 東京: 塙書房.

東野治之, 1988, 『正倉院』, 東京: 岩波書店.

_____, 1992, 「朝霞錦考」『遣唐使と正倉院』, 東京: 岩波書店.

末松保和, 1938, 「朝鮮史(4·5)」『朝鮮行政』 2-1, 2-2.

_____, 1954, 『新羅史の諸問題』, 東京: 東洋文庫.

明石染人, 1930, 「御物縹地蓮花大文錦と其の系統」『染織文樣史の硏究』, 京都: 思文閣出版.

邊渡武, 1956, 「正倉院寶庫の藥物」『書陵部紀要』 7.

福岡縣 敎育委員會 (편), 1988, 『大宰府と新羅·百濟の文化』, 東京: 學生社.

佛書刊行會 (편), 1931, 「聖譽鈔」『大日本佛敎全書』, 東京: 佛書刊行會.

杉本正年, 1979, 『東洋服裝史論攷: 古代篇』, 東京: 文化出版社.

三品彰英, 1933, 「新羅の姓氏に就いて」『史林』 15-4.

_____, 1963, 「骨品制社會」『古代史講座』 7.

_____, 1979, 『三國遺事考證 (中)』, 東京: 塙書房.

石渡信一郎, 2001, 『百濟から渡來した應神天皇』, 東京: 三一書房.

松本包夫, 1974, 『正倉院の染織』(日本の美術 102).

_____, 1984, 『正倉院裂と飛鳥天平の染織』, 京都: 紫紅社.

水野 祐, 1954, 『(增訂) 日本古代王朝史論序說』, 東京: 小宮山慶一.

埴原和郎(Hanihara, Kazuro), 1987, "Estimation of the Number of Early Migrants to Japan: A Simulative Study," 『人類誌』 95-3.

鈴木英夫, 1996, 『古代の倭國と朝鮮諸國』.

伊藤唯眞, 1993, 「高麗文化財의 日本傳來」『東國大學校博物館開館 30주년 기념학술대회(高麗佛畵) 보고서』.

李成市, 1982, 「正倉院寶物氈貼布記を通して見た8世紀の日羅關係」『朝鮮史硏究會會報』 67.

日野開三郎, 1960, 「羅末三國鼎立對大陸海上交通貿易(2)」『朝鮮學報』 16.

林 泰輔, 1891, 「加羅の起源」『史學雜誌』 25.

_____, 1894, 「加羅の起源 續考」『史學雜誌』 5권 2호.

前間恭作, 1925(1938), 「新羅王の世次と其名について」『東洋學報』 15-2.

田村圓澄, 1975, 『飛鳥·白鳳佛敎論』.

_____, 1994, 『飛鳥·白鳳佛敎史 (上)』, 東京: 吉川弘文館.

田村專之助, 1939, 「6世紀中葉以降に於ける日羅貿易の硏究」『靑丘學叢』 30.

井上秀雄, 1972, 『古代朝鮮』, 東京: 日本放送出版協會.

正倉院 (編), 『東大寺獻物帳』「種種藥帳」;「國家珍寶帳」.

諸橋轍次 (편), 1968,『大漢和辭典』, 東京: 大修館書店.

齋藤 忠, 1973,『新羅文化論攷』, 東京: 吉川弘文館.

朝比奈泰彦 (편), 1950,『正倉院藥物』.

朝鮮總督府 中樞院, 1940,『朝鮮の國名に因める名詞考』.

池內 宏, 1940,「高句麗王家の上世の世系について」『東亞學』38.

_____, 1941,「新羅の骨品制と王統」『東洋學報』.

津田左右吉, 1921,「百濟に關する日本書紀の記載」『滿鮮地理歷史硏究報告』8, 東京: 東京帝國大學 文學部.

_____, 1922,「三國史記高句麗紀の批判」『滿鮮地理歷史硏究報告』9, 東京: 東京帝國大學 文學部.

_____, 1924(1919),「三國史記新羅本紀について」『古事記及び日本書紀硏究』, 東京: [s. n.].

太田 亮, 1928,『日本古代史新硏究』, 東京: [s. n.].

坂本太郎 外 3人 (校注), 1965,『日本書記』下 (日本古典文學大系 68), 東京: 岩波書店.

찾아보기

ㅇ

최재석

서울대학교 사회학과 문학사 및 문학석사
고려대학교 사회학과 문학박사
중앙대학교 교수, 고려대학교 교수 역임
현재 고려대학교 명예교수
제1회 한국사회학회 학술상, 제46회 3·1문화상 등 수상

〈저 서〉
『韓國人의 社會的性格』,『韓國家族硏究』,『韓國農村社會硏究』,『濟州島의 親族組織』,
『現代家族硏究』,『韓國家族制度史硏究』,『韓國古代社會史方法論』,『韓國古代社會
史硏究』,『韓國農村社會變動硏究』,『百濟의 大和倭와 日本化過程』,『日本古代史硏
究批判』,『統一新羅·渤海와 日本의 關係』,『正倉院 소장품과 統一新羅』,『古代韓日
佛敎關係史』,『古代韓國과 日本列島』,『古代韓日關係와 日本書紀』,『한국 초기사회
학과 가족의 연구』,『한국의 가족과 사회』,『한국사회사의 탐구』,『일본 고대사의 진실』,
『고대한일관계사 연구 비판』,『Ancient Korea-Japan Relations and the Nihonshoki』

고대한일관계사 연구

초판 인쇄 ‖ 2010년 12월 20일
초판 발행 ‖ 2010년 12월 30일

지은이 ‖ 최재석
펴낸이 ‖ 한정희
펴낸곳 ‖ 경인문화사
출판등록 ‖ 1973년 11월 8일 제10-18호
편집 ‖ 신학태 문영주 정연규 안상준 김지선
영업 ‖ 이화표 최지현 관리 ‖ 하재일 양현주

주소 ‖ 서울특별시 마포구 마포동 324-3
전화 ‖ 02-718-4831 팩스 ‖ 02-703-9711
홈페이지 ‖ www.kyunginp.co.kr / 한국학서적.kr
이메일 ‖ kyunginp@chol.com

ISBN 978-89-499-0752-9 93910
값 21,000원